★図解★

最新 不動産登記の基本と実務がわかる事典

司法書士
中村 啓一 監修

**相続登記や住所氏名変更登記の義務化などを定めた
令和3年民法・不動産登記法改正に対応!
不動産登記のしくみと手続きを網羅。**

- 不動産登記の基本事項や全体像がわかる
- 登記簿の見方や登記申請の仕方がわかる
- 売買、贈与、担保権、相続と登記の関係がわかる
- さまざまなケースについての登記申請書を豊富に掲載。

法務局／中間省略登記／登記
記録／登記事項要約書／登記
事項証明書／甲区／乙区／登
記の順位／仮登記／表題登記
／保存登記／登録免許税／登
記申請書／添付情報・添付書
類／登記原因証明情報／登記
識別情報／代理権限証明情報
／資格証明情報／書面申請／

事前通知制度／本人確認情報
／原本還付／補正／登記完了
通知制度／登記・供託オンラ
イン申請／売買／手付／贈与
／死因贈与／遺贈／請負／契
約不適合責任／買戻し／再売
買／担保／抵当権／抵当権抹
消／根抵当権／代物弁済／仮
登記担保／相続登記の義務化

／相続分／相続放棄／特別受
益／寄与分／遺留分／遺言／
自筆証書遺言保管制度／遺産
分割／法定相続情報証明制度
／住所氏名変更登記の義務化
／土地の利用方法の変更／持
分更正の登記／建物滅失登記
信託／配偶者居住権／定期借
地権／など

三修社

本書に関するお問い合わせについて

本書の記述の正誤に関するお問い合わせにつきましては、お手数ですが、小社あてに郵便・ファックス・メールでお願いします。大変恐縮ですが、お電話でのお問い合わせはお受けしておりません。内容によっては、お問い合わせをお受けしてから回答をご送付するまでに１週間から２週間程度を要する場合があります。

なお、本書でとりあげていない事項についてのご質問、個別の案件についてのご相談、監修者紹介の可否については回答をさせていただくことができません。あらかじめご了承ください。

はじめに

不動産登記とは、不動産の所在や面積等の現況や権利関係について、法務局に備えている公の帳簿（登記簿）に記載することをいいます。

不動産には、所有権をはじめ担保権や賃借権などさまざまな権利を設定して登記することができます。しかし、適切に登記がされていない場合には当事者以外の者に対して権利を主張することができないといった不都合が起こってしまいます。

不動産は一般的には他の財産に比べて価値が高い財産ですから、購入を検討する際や相続発生時など、専門家にまかせてしまうこともひとつの方法ですが、対象不動産がどのような状態であるか、契約や手続きの方法や流れを知り、大切な財産を守るためより慎重に適切に行うことが重要です。

近年、相続登記等がなされていないことにより土地の利活用を阻害していることが問題となっており、将来的に相続登記や住所・氏名変更登記を義務化する法律が本年４月に成立しています。

本書では、不動産の登記について登記記録のしくみや登記申請の方法などの基本的な知識はもちろんのこと、身近に起こりやすい売買・贈与、担保権、相続、住所・氏名の変更に関する知識など、登記を行う際に知っておかなければならない事項について、ポイントを絞ったわかりやすい解説を心がけています。また、住宅の新築・配偶者居住権・財産分与など、さまざまな書式サンプルを掲載しています。

平成31年から令和２年施行の民法・相続法改正など、最新の法改正に対応し、令和３年４月に成立した相続登記や住所氏名変更登記の義務化についての民法・不動産登記法などの法改正の概要も解説しています。

本書をご活用いただき、皆様のお役に立てていただければ監修者として幸いです。

監修者　司法書士　中村　啓一

Contents

第3章 登記申請の仕方

第4章 売買・贈与と登記手続き

第6章　相続と登記手続き

第 1 章

不動産登記の基本

巻頭　不動産登記法改正の概要

◎相続登記はなされないことが多い

不動産の所有者が亡くなった場合、相続が発生して相続人等へと不動産の所有権が承継されます。

しかし、相続登記（相続人等への不動産の名義変更）の申請は義務ではなく、これを行うには申請書や戸籍謄本などのさまざまな書類を提出する必要があります。提出書類を調べて集めていくことは時間や手間がかかりますし、登録免許税の負担や、司法書士などの専門家に依頼した場合には費用もかかることから、預金や保険金などの手続きだけ済ませて相続登記の申請が行われないケースも多くあります。

こうして相続登記が行われないまま何年も経過して、当初相続人だった人が亡くなって相続が繰り返されると、相続人の地位にある人が数十人に膨れあがります。そうなると、相続登記の手続きを進めようとしても、協力してもらえない人や所在がわからない人などが出てしまい、遺産分割協議をまとめることが困難となり、さらに相続登記は放置されてしまいます。

放置された不動産は所有者がわからないため、売買などができずに凍結状態となり、公共事業や復旧・復興事業、民間取引などに支障をきたします。

このように、放置されて不動産登記簿上で所有者の所在が確認できない土地（所有者不明土地）の割合は、平成28年の地籍調査では約20％存在し、面積に換算すると九州を上回るとされています。今後も都市部への人口移動や少子高齢化などにより、地方部を中心に所有者不明土地が増加することが予想され、大きな問題となっています。

◎相続登記の義務化

所有者が不明となってしまう問題の解決策が長年検討されてきましたが、「民法等の一部を改正する法律」及び「相続等により取得した土地所有権の国庫への帰属に関する法律」が令和３年４月21日に成立しました（公布は令和３年４月28日）。不動産登記法の改正もこの改正法に含まれています。

これらの法律は、主として所有者不明土地の発生を予防する方策と、すでに発生している所有者不明土地の利用の円滑化の方策から構成され、所有者不明土地の発生予防の方策として、これまでは申請の義務がなかった相続登記が義務化されることになりました。

・相続登記の義務化の具体的な内容

不動産の所有者に相続の開始があったときは、相続人は、相続の開始と所有権の取得を知った日から３年以内に所有権の移転登記を申請しなければなりません。これは、遺言や遺産分割で決められた相続人への相続登記または遺産分割前の法定相続分での相続登記をすることで義務を履行したことになります。

さらに、法定相続分による相続登記をした後に遺産分割で法定相続分を超える所有権を取得することになった相続人は、遺産分割の日から３年以内に所有権の移転登記を申請しなければなりません。この登記申請を正当な理由がなく怠った場合は10万円以下の過料の罰則があります。

しかし、いったん法定相続分で登記申請する場合（前述したように２段階での申請が必要）は別として、遺産分割をする予定が容易に協議がまとまらないなどが理由で、期限内に申請義務を履行するのが難しい場合があります。

そのような場合には、新たに創設される「相続人申告登記」を利用できるようになります。これは、相続人が単独で登記簿上の所有者に相続が発生したこと、自身が相続人であることを申し出た相続人は、申請義務の履行を行ったとみなされる制度です。この申出を受けた法務局は職権でその旨（報告的な内容）を登記します。申出は登記申請よりも簡易な手続きとなりますが、申告した人がその後の遺産分割により所有権を取得した場合は、遺産分割の日から３年以内に所有権の移転登記を申請しなければなりません。

この他、相続人に対する遺贈による所有権の移転登記や、先に法定相続分での登記がされた後に遺産分割をした

相続登記をしないとどんな問題があるのか

不動産や預金などの相続財産の帰属を決め、遺産分割協議書を作成、各財産の名義変更を行うのが原則

↓ **ただ、不動産の名義変更は…**

① 提出書類の収集に時間や手間がかかる
② 登録免許税の負担や司法書士などへの依頼費用もかかる
③ 不動産が遠方の場合や子の不在などで相続人が遠縁となる場合、相続人間が不仲で取得する人が決まらない

↓

預金や保険金などの手続きだけ済ませて不動産の名義変更（相続登記）をしないことがある

↓

相続登記をしていない土地や住所・氏名の変更などの登記がされていない土地は空き家問題や不法投棄など、不動産の利活用を阻害する！

場合や遺言書を発見した場合の登記は、従来は他の相続人と共同で申請する必要がありましたが、単独で申請することができるようになります。

また、相続登記を義務化する際に、相続人の負担を考慮して申請時に必要となる登録免許税の負担を軽減することが予定されています。

なお、相続登記の義務化の施行日は、令和６年頃となる予定です。

住所氏名変更登記の義務化

相続登記の未了に次いで所有者が不明となる要因として、所有者の住所や氏名（法人の場合は名称）に変更があった場合に、その変更登記がされていない点から、登記された後の転居先などがわからず、所有者の所在が不明となることが挙げられます。

今回の改正により、住所や氏名などの変更登記も義務化されることになりました。

・変更登記の義務化の具体的な内容

不動産の所有者の住所や氏名（法人の場合は名称）に変更があったときは、２年以内にその変更登記を申請しなければなりません。また、登記申請の際に、登記名義人が個人（自然人）の場合は生年月日等の検索用情報の申出を行い（検索用情報は登記されません）、法人の場合は会社法人等番号が登記事項となります。相続登記の義務化と同様に罰則があり、正当な理由がなく申請を怠った場合は５万円以下の過料となります。

そして、新たな方策として登記名義人の住所や氏名（法人の場合は名称）の変更情報を不動産登記に反映させるしくみが創設されました。

個人（自然人）の場合は、登記官が提供された検索用情報に基づいて住民基本台帳ネットワークシステムへ定期的に照会を行い、登記名義人の住所や氏名の変更情報を取得し、登記名義人に変更登記について確認をとって登記をします。法人の場合は、会社法人等番号を登記事項に追加し、法人・商業登記システムから不動産登記システムに対して住所や名称が変更された情報を通知し、通知された情報に基づいて登記官が職権で変更登記をします。

なお、住所氏名変更登記の義務化の施行日は、令和８年頃となる予定です。

その他（所有不動産記録証明制度の創設など）

相続登記や住所氏名変更登記の義務化以外にも、さまざまなしくみの創設や見直しが行われます。

・登記名義人の死亡等の事実の公示

登記名義人から提供された検索用情報に基づいて、住民基本台帳ネットワークなどへの照会により死亡等の情報を取得した場合は、登記官がその旨を符号により表示します。これにより、登記簿で登記名義人の死亡の有無の確認が可能となります。

・所有不動産記録証明制度

特定の人や会社が所有者として登記名義人となっている不動産の一覧を証明書として発行してもらえます。これにより相続登記をしなければならない不動産を把握することが可能となり、登記漏れを防止することができます。

・相続等により取得した土地所有権を国庫に帰属させる制度

相続等により望まず取得した土地を、利用する予定もなく手放したいと考える相続人のため、そのような土地を国庫に帰属させる制度です。帰属させるためには承認を受ける必要があり、どのような不動産でもよいわけではなく、以下のような場合は認められません。

① 建物が建っている土地
② 土壌汚染や埋没物がある土地
③ 崖がある土地
④ 権利関係に争いがある土地
⑤ 担保権等が設定されている土地
⑥ 通路など他の人に利用される土地

また、国へ帰属させるためには審査手数料以外にも、各土地の性質などを考慮して定められた10年分の土地管理費用相当額が徴収されます。

これにより、管理されず放置される土地や将来的な所有者不明土地の発生を防止することができます。

この他、所有者不明土地の利用の円滑化の方策として、相続開始から10年を経過した場合に画一的な遺産分割を行うしくみが創設されました。また、共有不動産について所在不明の共有者がいる場合、裁判所の関与により共有不動産の変更・管理、処分が可能となる制度が創設されるなど、所有者不明土地に関するさまざまな新たな制度が創設されます。

相続登記・住所氏名変更登記の義務化

	相続登記	住所氏名変更登記
期限	相続があったこと・所有権の取得を知った日から３年以内	住所・氏名（名称）の変更の日から２年以内
罰則	正当な理由なく申請しない場合は10万円以下の過料	正当な理由なく申請しない場合は５万円以下の過料
関連する制度	・相続人申告登記制度 ・所有不動産記録証明制度 ・遺贈や法定相続分での相続登記がされた場合の登記手続の簡略化 ・登録免許税の軽減（予定）	登記官による登記名義人の住所・氏名（名称）の変更情報を不動産登記に反映させる制度
施行日	令和６年頃	令和８年頃

※施行日については、相続登記義務化関係の改正については公布後３年以内の政令で定める日、住所変更登記義務化関係の改正については公布後５年以内の政令で定める日とされています（公布日は令和３年4月28日）。

1 登記制度

不動産の権利関係を明確にするためのもの

登記とは何か

「不動産の登記」という言葉くらいは聞いたことがある人も多いと思います。では、「登記って、いつ、どこで、誰が、何のために、どうやってやるの？」と聞かれたらどうでしょう。

不動産の取引をした場合、登記をすることになるのですが、たいていは専門家まかせで、その手続きや役割を詳しく知る機会はありません。そのくらい、日常生活にはなじみのない「登記」という制度ですが、法律的にはとても重要な制度です。

不動産登記とは、不動産に関する権利義務について、法務局という国の機関に備えている公簿（登記簿）に記載することをいいます。子どもが生まれると出生届を出すのと同様に、新しい建物を建てた場合に登記をします。結婚すると婚姻届、転居すると転居届を出して、戸籍簿などに記録を残していくように、不動産の所有者が変われば所有権を移転する登記を行います。

なぜ登記が必要なのか

たとえば、他人の所有している土地や建物を買う場合、または抵当権（108ページ）を設定する場合に、本当にその土地や建物が取引相手のものなのか、他の誰かの権利・義務が関わっていないのかを確認する必要があります。そのようなとき、相手に確認するだけではなく、国家機関を通じて確認できれば、安心して取引ができます。

そこで、不動産をめぐる権利義務の関係を国家機関が備えている登記簿に記載して、特定の場所で誰もがそれを閲覧できる制度が設けられています。これが登記制度です。また、不動産について所有権をはじめとする権利をもっている人は、その権利を登記することによって、第三者に対して自分の権利を主張できるようになる、という場合もあります。このように、登記制

登記の役割

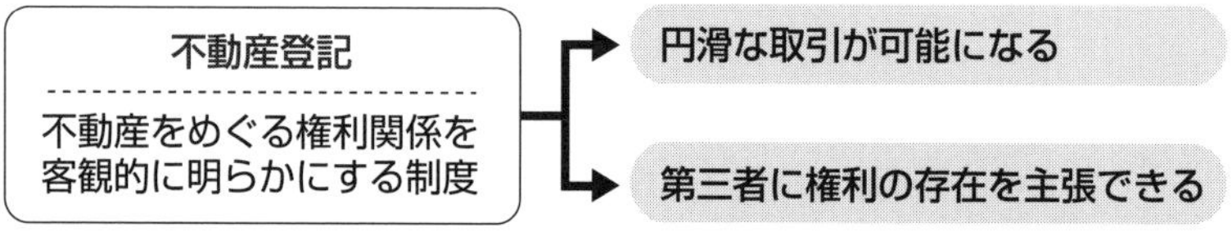

度は、不動産をめぐる自己の権利を守るための手段にもなります。

◎登記の対象となる不動産とは

不動産登記において「不動産」とは、①土地、②建物の２つを指し、一個の不動産ごとに登記簿が作成されます。

◎土地

いわゆる地面です。海は基本的には登記の対象にはなりませんが、人工島のように海上を埋め立てたり、地殻変動で水没していた場所が隆起してきたなど、個人所有が認められる状態になった場合は登記が可能になります。登記をする際の土地の単位は「筆」です。一筆ごとに登記記録（登記内容を記録したもの）が作られます。

筆は土地の単位で、一個の土地のことを一筆の土地といいます。一つの登記記録に、一筆の土地または一個の建物についての権利関係が記録されます。

◎建物

一個の建物ごとに登記記録が作られますが、建築物が登記の対象となる「建物」であるかどうかは、土地への定着性、外気との分断性、用途性、取引性で判断されます。たとえば庭の物置のように、それだけを不動産として取引対象としない建築物は登記対象外となります。

◎付属建物

一個の主要な建物に付属して建てられたもの（母屋に対する離れなど）を付属建物といいます。付属建物は同じ土地上に、同じ所有者が、同じ目的のために建てている場合が多いので、主要な建物とまとめて一個の建物として扱い、同じ登記記録に記録されます。

◎区分建物

一個の建物の中を、複数の人が一室や一フロアというように区画を分けて所有することを認められた建物です。分譲マンションが区分建物の代表的な例です。区画ごとの所有者は、それぞれ登記をすることができます。

不動産とは

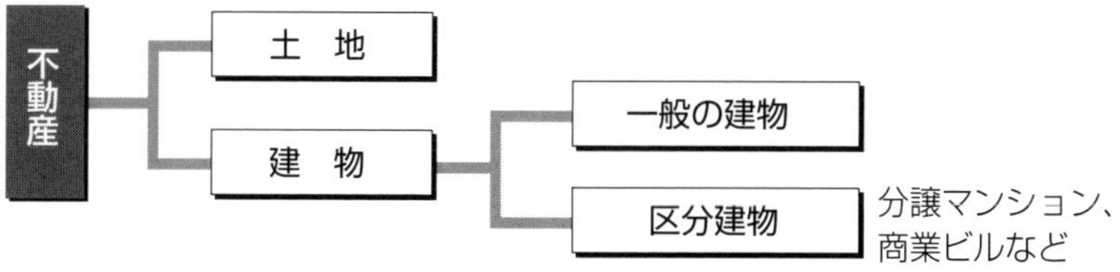

2 登記の効力

権利を保護するために３つの効力がある

登記の３つの効力

登記には、①対抗力、②権利推定力、③形式的確定力の３つの効力が認められています。私たちが登記をすると、この３つの効力によって権利を保護してもらえるわけです。

具体的にどのような形で権利が保護されているのかを知っておくことは、今後の取引やトラブル発生時の対処のためにも大変重要なことです。

・対抗力

たとえば売買で不動産を取得した場合、先に登記をしておけば、その売買の事実を知っていて、あるいは知らずに同じ不動産を買った第三者は自分の権利を主張することができません。これを、登記の対抗力といいます。

たとえば、Aが、所有する家をBとCの２人に二重に譲渡した場合、Cが先に所有権移転登記すると、たとえBがすでに代金を支払い、その家に引っ越していたとしてもその家の所有権をCに主張することができません（ただし、BはAに対して損害賠償を請求することが可能です）。Cから見ると、登記することで所有権を確保できたということになります。

・権利推定力

登記がある以上、その通りの権利関係があるものと推定されます。登記の内容と異なる事実を主張する人は、その人自身がそのことを立証（証明）しなければなりません。これを登記の権利推定力といいます。ただ、権利推定力はあくまでも事実を推定することができるだけで、登記された内容について記載通りの権利関係が存在することを保証するものではありません。

わが国の不動産登記制度では、登記申請の際に登記官が審査をすることになっていますが、書類上の審査だけで、申請の内容と事実が一致しているかどうかを確認することを認めていません。つまり、法務局は申請の内容と事実の一致を保証することができません。これを登記には公信力がないといいます。

・形式的確定力

登記が存在する以上、その登記が有効であるか無効であるかにかかわらず、登記官や当事者または利害関係人は、登記手続上、これを無視することはできません。この効力を形式的確定力といいます。例として、登記簿上、既存の地上権（土地を利用する権利）の存続期間が経過していても、その地上権が抹消されるまでは新たな地上権の設定の登記をすることができない、ということが挙げられます。

3 登記できる権利

所有権の他、用益権や担保権も登記できる

◎登記できない権利もある

不動産に関係する権利としては、所有権、用益権（地上権・永小作権・地役権・賃借権）、担保権（抵当権・根抵当権・質権・先取特権・留置権）、占有権、買戻権（買戻特約）などが挙げられます。

このうち、占有権と留置権は登記できない権利とされています。

◎所有権

その物をどのように扱うかを全面的に支配できる権利です。たとえば、不動産を売買する場合や、相続などの場合には、所有権が移転します。この場合、登記簿に所有権移転登記をすることによって、第三者にも所有権が移転したことを知らせることができます。

売買契約の際に一度手放した所有権をある条件によって買い戻すことができる、という特約をつけた場合の買戻権の登記も、所有権に関する登記のひとつです。

◎用益権

他人の不動産を使用・収益することができる権利です。利用権とも呼ばれます。この権利を登記すると、その後に所有者になった第三者に対しても権利を主張することができます。

地上権とは、他人の土地の上に自分の建物を建てたり、林業を行ったりする権利です。賃借権も他人の土地を利用するという点では同様ですが、権利の譲渡や転貸（また貸し）を自由にはできないという点で地上権と異なります。この他、自宅から道路に出るなどのために他人の土地を利用することができる地役権、現在はほとんど利用されていませんが、他人の土地を使って農業などを行うことができる永小作権などがあります。

◎担保権

不動産を担保に借金をしている場合、その不動産が担保になっていることを明示するために行うのが担保権の登記です。不動産を担保とするには、抵当権・根抵当権、質権などを設定するという方法があります。登記簿には、これらの設定登記を行います。借金が返せなくなると、これらの登記を根拠に競売（115ページ）などが行われることがあります。

なお、先取特権（債権者が他の人よりも先に債務を支払ってもらえる権利）については、その性質上保存登記をします。

4 申請による登記と職権による登記

当事者の申請により行うのが原則

申請（嘱託）による登記

登記は、原則として登記に関係する当事者が申請するか、官庁（役所）などの嘱託（依頼）がある場合でなければすることができない、とされています。

当事者が登記する場合、本人か本人から委任を受けた代理人（司法書士など）が行います。嘱託は、国や地方公共団体が不動産取引（払い下げなど）や差押えを行う場合などに行われます。

職権による登記

登記は、申請または嘱託によって行われることが原則になっています。しかし、例外として、登記官が申請や嘱託なしに、職権（登記官の権限）によって登記を行うことができる場合があります。

埋め立てなどで新たに土地が生じた場合など表示に関する登記は登記官が職権ですることができますし、却下（内容を審査せず門前払いすること）すべき登記をした場合に、職権でその登記の抹消をすることができる場合もあります。

司法書士

登記事項証明書や登記事項要約書を取得する手続きは、それほど難しくありません。したがって、専門家のように深い知識のない一般の人であっても、容易に取得することができます。

ただし、登記の申請は、閲覧したり登記事項証明書（登記内容を記録した書面）を取得する場合と違い、添付する書類も多く、手続きが複雑になることもあります。

また、会社に出勤し時間的に拘束されている会社員や家事に追われている主婦、多忙な自営業者など、なかなか登記手続きのために時間を割くことが難しい人も多いでしょう。

そのために司法書士という権利に関する登記の専門家がいます。報酬を支払えば所有権などの権利の登記の手続きの代理をしてもらえます。

土地家屋調査士

権利の登記をする前提として土地・建物の物理的な状況を調査、測量（土地などの面積を測ること）し、表示に関する登記の申請手続きの代理をする土地家屋調査士という専門家もいます。

不動産売買をする際には、その物件を取り扱う不動産業者や購入資金の融資をする金融機関と知り合いの司法書士や土地家屋調査士に登記手続きを依頼することが多いようです。

5 登記が必要になる場合

権利が変動したら早めに登記する

◎権利の変動と登記

登記を申請するのは、不動産に対する権利に変動があったときです。不動産登記法によると、「登記は、不動産の表示又は不動産についての〔中略〕権利の保存等（保存、設定、移転、変更、処分の制限又は消滅〔中略〕）についてする」と規定されています。

◎保存

契約などによって不動産に対して初めて権利を取得した場合には「設定」登記をします。一方、所有権と先取特権（120ページ）は、性質上すでに存在している権利として登記しますので、設定登記ではなく「保存」登記を行います。

◎設定

不動産に対し、他の人から権利を譲渡されたり、相続したのではなく、契約などによって初めて権利を取得した場合には「設定」登記をします。

◎移転

「移転」登記は、ある権利者から、売買や贈与、相続などによって新たな権利者へ権利が移った場合に行います。ただし、地役権（178ページ）は独立のものとして譲渡することはできないので、移転登記の対象になりません。

◎変更

変更登記とは、実際の権利の内容が、現在登記簿に記載されている内容から変わった場合に、これを修正するために行う登記です。所有者の住所や抵当権によって担保されている債権の利息に変更があったときなどに行われます。

◎処分の制限

「処分の制限」とは、登記名義人（不動産の所有者）が税金を滞納したり、抵当権を設定して受けた融資を返済できなくなった場合などに、財産を勝手に処分できないようにするもので、裁判所の嘱託により差押（189ページ）、仮差押・仮処分（190ページ）などの登記が行われます。

◎消滅

「消滅」とは、登記している権利がなくなった時に、それにあわせて登記を消すことです。契約が終了して、地上権や賃借権がなくなった場合や、登記自体が誤りだった場合に行われます。

6 登記の種類

効力や内容に違いがある

終局登記（本登記）

終局登記とは、正式な登記のことであり、第三者に対する対抗力（物権変動の事実を第三者に主張できる効力）が認められます。終局登記のことを本登記と呼ぶこともあります。

予備登記

予備登記は、何らかの不備があって終局登記ができないときに、その準備段階として行うものです。予備登記には、将来の登記に備えて順位を確保するために行う仮登記（48ページ）があります。

記入登記

記入登記は、所有権の移転など新たに登記原因が発生した時に行う登記です。不動産が売買され、新しい所有者を登記する場合（所有権移転登記）や、新たに抵当権を設定することになった場合などに行われます。

変更の登記

登記した後で登記事項に変更があったときに、該当する登記事項を変更する登記です。

たとえば、登記をした後で、不動産の名義人の氏名が変わったときなどに行います。

更正の登記

登記されている事項に錯誤（勘違い）や遺漏（記入もれ）などの誤りがあり、後にそのことが発覚したときに、その誤りを訂正する登記です。たとえば、登記をした後で、不動産の名義人の氏名が誤っていたときに行います。ただ、名義人をＡという人物にするところを、Ｂという別人にした場合には、更正の登記ではなく抹消登記をすることになります。

抹消登記

債務の弁済（返済）により設定していた抵当権が消滅するなど、登記しておくべき原因がなくなったときに登記を抹消することです。

回復登記

不当に失われた登記を元の状態に戻すことです。登記簿そのものが水害や火災などで一部（または全部）失われた場合に行われる「滅失回復登記」と、不適当に抹消された登記を回復するために行われる「抹消回復登記」があります。

7 表示に関する登記

2つの機能がある

表示に関する登記

不動産登記は土地や建物の権利関係（誰が所有者であるか、あるいは、不動産に抵当権が設定されているかどうか）についての情報を提供するだけではなく、その不動産がどのような物理的・外形的な状況にあるかについての情報も提供しています。つまり、不動産の所在や建物の構造についての情報を提供します。不動産の物理的・外形的な状況については、登記記録のうち「表題部」と呼ばれる部分に記録されます。これを「表示に関する登記」といいます。

表示に関する登記には、大きく分けて次の2つの機能があります。

・報告的登記

同じ不動産でも土地についてはあまり変化が生じませんが、建物は長い年月のうちに老朽化するので増築・改築がよく行われます。この場合は建物の外形に変更が生じているので、それまでの登記記録を改めなければならなくなります。登記制度は不動産の現在ある状況を忠実に反映すべき制度だからです。このように、登記記録を現在の事実に一致させるための表示に関する登記を「報告的登記」といいます。

・形成的登記

土地は埋め立ての場合など以外は自然に作られたものですが、それを一筆（筆は土地の単位。1個の土地を1筆という）ずつに区切って個数を設定したのは人間です。建物も同じです。そして、不動産の個数を変更するときには、登記をしなければ法律的な効果は発生しません。具体的には、一筆の土地を複数に分ける分筆や数筆の土地を一筆に合わせる合筆、または、建物の分割や合体の場合には、その登記がなされてはじめて法律的に別個や1個の不動産として扱われることになるわけです。このような表示に関する登記を「形成的登記」といいます。

土地や建物の表示の登記

表示に関する登記にもいろいろとありますが、具体例としては次のようなものが挙げられます。

まず、土地の場合ですが、埋め立てや国有地の払い下げによってはじめて登記をする場合に、表題登記を行う必要があります。

一方、建物の場合、新築から1か月以内に表題登記をしなければならないと不動産登記法という法律によって規定されています（94ページ）。

8 有効な登記となる条件

実体的要件と手続的要件がある

実体的要件

有効な登記といえるためには、①実体的要件と②手続的要件の双方の要件を満たす必要があります。

実体的要件というのは、登記された内容がその不動産をめぐる実際の法律関係と一致していなければならない、という要件です。具体的には３つあります。第１に、登記される不動産は実際に存在しなければなりません。第２に、登記されている登記名義人が実際に存在しなければなりません。第３に、実際の法律関係が登記に反映されていなければなりません。

手続的要件

手続的要件とは、登記は必要な手続きを経ていなければならないとする要件です。たとえば、本来、登記法上登記できないにもかかわらず登記官が誤って登記してしまった場合や、その不動産を管轄する法務局と違う法務局に登記された場合は、手続的要件を満たさないので無効です。

中間省略登記

中間省略登記とは、売買などを原因とする登記の場合で、途中の権利変動を省略して行われた登記です。たとえば、所有権が実際はＡ→Ｂ→Ｃという順序で移転したのに、登記簿上はＡ→Ｃと記載されている場合です。権利変動の経過を厳密には反映していないので、登記申請時にこのような登記であることが判明した場合には却下されます。ただ、いったん登記されてしまった場合には一応無効ではないとされます（30ページ）。

登記が有効であるための要件

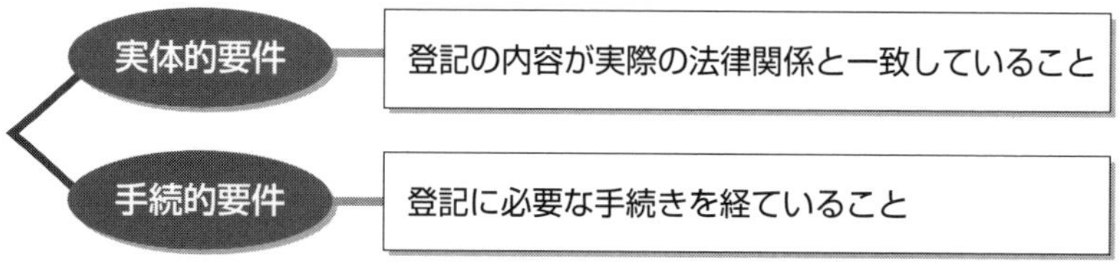

9 法務局

登記は法務局で行われる

法務局はどんな所にあるのか

登記をつかさどるのは、法務局（または地方法務局及びこれらの支局、出張所）であり、登記簿は法務局に備えられています。当然、登記は法務局に申請することになります。これら法務局のことを「登記所」ともいいますが、混乱を避けるために、この本の中では必要がある場合以外は、「登記所」ではなく「法務局」という言葉を使います。「○○法務局」の本局だけでなく、地方法務局や支局、出張所も「法務局」に含まれると考えてください。

これらの法務局は、基本的には行政区画を基準として法務大臣が指定して設置します。法務局は、８つのブロックに分けられ、札幌・仙台・東京・名古屋・大阪・広島・高松・福岡といった大都市に設置されています。法務局についで規模の大きな地方法務局は、これら以外の県庁所在地と北海道の函館・釧路・旭川に設置されています。支局や出張所は、これらの法務局と地方法務局の管内に置かれています。

法務局の組織

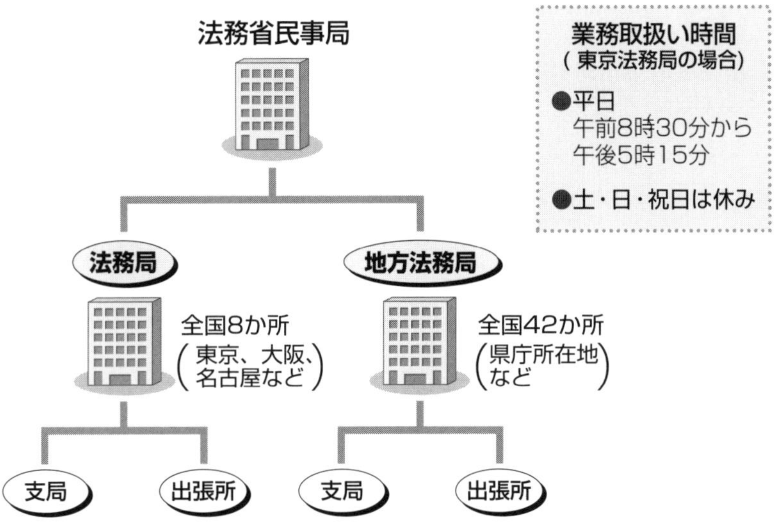

10 二重譲渡と第三者

権利を確実なものとするためには登記が必要

物権変動とは

物権変動とは、「物権の取得・喪失・変更」のことです。これを権利の客体の面から見ると、「権利の発生・消滅・移転」ということができます。

たとえば、Aが甲家屋を新築すれば、甲家屋の所有権が発生し、Aは甲家屋の所有権を取得することになります。また、B所有の乙家屋が火事で全焼してしまったとすれば、乙家屋の所有権は消滅し、Bは乙家屋の所有権を喪失します。さらに、C所有の丙家屋をCがDに譲渡すれば、丙家屋の所有権はDに移転し、丙家屋の所有者はCからDに変更することになります。

多くの場合、物権変動は法律行為（特に売買契約）によって生じますが、時効取得や相続といった事情でも物権変動は生じます。

民法177条

民法177条は、「不動産に関する物権の得喪及び変更は、……その登記をしなければ、第三者に対抗することができない」と規定しています。これは、不動産物権変動があったときは、登記をしないと物権変動を第三者に主張できないということを意味します。

たとえば、Aが甲土地をBに譲渡したが、登記はいまだAの下にあるので、Aがさらに甲土地をCに譲渡して、登記をCに移転してしまった場合は、どうなるのでしょうか。この場合、BはCより先に甲土地を譲渡されていたとしても、登記をしていない以上、Cに対して、自分が所有者であることを主張できないことになります。他方、CはBより後に譲渡されているが、登記をしているので、Bに対して自分が所有者であることを主張することができることになります。

では、B・C共に未登記ならどうでしょうか。この場合には、お互いに自分が所有者であることを主張できない状態が続くだけです。どちらが訴えても、訴えた方が負けます。

このように同一不動産がBとCに二重に譲渡された場合に（二重譲渡）、B・Cのいずれが所有者となるかをB・Cのどちらが先に対抗要件（登記）を備えるかによって決めるというのが、「対抗問題」と呼ばれる問題です。

対抗要件とは

すでに効力の生じた法律関係あるいは権利関係の得喪変更を第三者に主張（対抗）するために必要とされる要件のことを対抗要件といいます。前述した例のようにBが移転登記を得ない間に、後から現れたCがBより先に移転登記をしてしまえば、BとCの関係ではCが勝つことになります。

このようにお互いに相容れない立場に立つ者同士の間の優劣の決定を対抗問題といい、これに決着をつけるときに必要とされる要件が対抗要件です。不動産では登記、動産では引渡し（自動車や船舶などの登録・登記されたものは登録や登記が必要です）、債権では確定日付のある証書による譲渡人から債務者への通知または債務者の承諾などが対抗要件となります。

◎第三者にあたる者とは

不動産物権変動は、登記がなければ第三者に対抗できません（177条）。「第三者」とは、通常、当事者とその包括承継人（相続人などのこと）以外の者をいいますが、ここでいう「第三者」も同じ理解でよいのでしょうか。

この点について、判例は当初、第三者の範囲に制限を設けない立場（無制限説）でしたが、後にこれを改め、177条にいう第三者とは、「当事者およびその包括承継人以外の者で、登記がないこと（欠缺《けんけつ》）を主張する正当な利益をもつ者」をいうとしました。

具体的には、①物権の取得者、②不動産の譲受人により賃借権を否定される賃借人、③差押債権者などは、正当な利益をもつことから「第三者」にあたるとされています。

他方、実質的無権利者（権利がないのに名義上登記をもつ者など）やその譲受人・転得者（物や権利を譲り受けた者から、さらにこれを譲り受けた者のこと）、不法占拠者、一般債権者（抵当権などの担保を設定していない債権者のこと）、受寄者（寄託契約により物を受け取り、保管する者のこと）、転々移転した場合の前主・後主の関係に立つ者などは、正当な利益をもつとはいえないので、「第三者」にはあたらないとされています。

不動産の二重譲渡と対抗問題

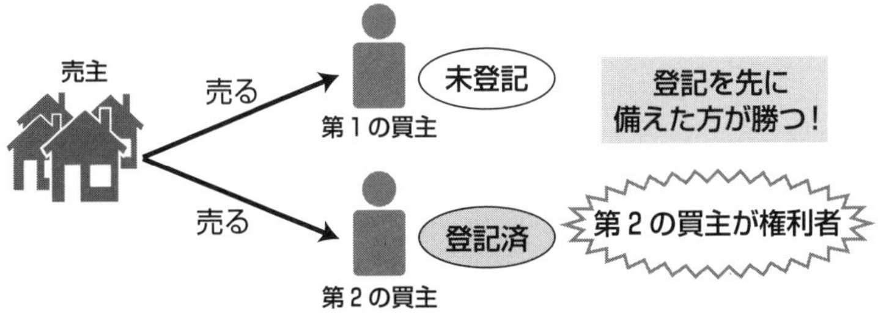

11 物権変動と登記

登記が必要な場合と不要な場合がある

契約の取消と登記

取消しや解除も、権利関係が元に戻る（原状回復）という形で、物権変動の原因となります。

ＡがＢに不動産を売却し、登記をＢに移した後、ＢがＣへ転売し、登記は未だＢにあるとします。ＡＢ間の契約において、①Ａが未成年者などの制限行為能力者であった場合（事例①）、Ｂによる詐欺があった場合（事例②）、Ｂによる強迫があった場合（事例③）について考えてみましょう。これらの場合、Ａはその契約を取り消すことができます。

では、Ａが契約を取り消した場合、不動産の所有権は誰に帰属することになるのでしょうか。まず、Ｂ→Ｃの転売前にＡが取り消した場合には、ＡとＣとで登記を先に備えた方が所有権を取得します（事例①～③のすべて）。他方、Ｂ→Ｃ転売後にＡが取消をしたときは、事例①と事例③の場合には、登記の有無にかかわらずＡが権利を取得します。しかし、事例②の場合、Ｃが詐欺の事実を知らずにＢから不動産を譲り受けていたときは、ＡはＣに取り消したことを主張できません。Ｃは登記がなくても所有権を取得できることになります。

契約の解除と登記

先ほどの例でＢがＡに売買代金を払わなかったために、ＡがＢとの売買契約を解除した場合はどうでしょうか。Ｂ→Ｃ転売前にＡが契約を解除した場合には、ＡとＣとで登記を先に備えた方が権利を取得します（民法545条１項但書）。また、Ｂ→Ｃ転売後にＡが契約を解除した場合も、ＡとＣとで登記を先に備えた方が権利を取得することとされています。

取得時効と登記

Ｂの土地につき、Ａが時効で所有権を取得したとします。Ａの時効が完成する前に、Ｂが同じ土地をＣに譲渡し、登記を備えていたとしても、Ａは登記なしにＣに所有権の取得を主張（対抗）できます。

他方、Ａの時効が完成した後にＢが同じ土地をＣに譲渡した場合は、ＡとＣとで登記を先に備えた方が土地の所有権を取得します。

共同相続

ＡとＢが土地の共同相続人であるときに、Ｂが勝手にＡの相続分まで自分の相続分だとしてＣに譲渡し、登記を移転してしまった場合、ＣはＡの相続分についても権利を取得することができるのでしょうか。

Bが勝手にAの相続分を自分名義にしていたのは、登記として無効です。ですから、たとえCがその登記を信頼してBと取引をしたとしても、CがAの相続分についてまで権利を取得することはできません。Aは、登記がなくても、自分の相続分について権利があることをCに主張することができます。

相続の放棄

AとBが土地の共同相続人であるときに、Bの債権者CがBの相続分を差し押さえたとします。その後、Bが相続を放棄した場合、AとCのどちらが権利を主張することができるのでしょうか。この場合、Aは登記がなくても、Bの放棄による相続分の取得をCに対して主張できます（民法939条）。

遺産分割と登記

相続人AとBが遺産分割協議を行い、相続財産である土地をAの単独所有とすることに決めたが、Bが自分の持分について登記が残っていることをいいことに、Cに売却してしまったという場合について考えてみましょう。この場合、Aは遺産分割によってBの持分を取得したことを登記しなければ、Cに対してそのことを主張できません（民法909条但書、177条）。

共同相続・相続放棄・遺産分割と登記

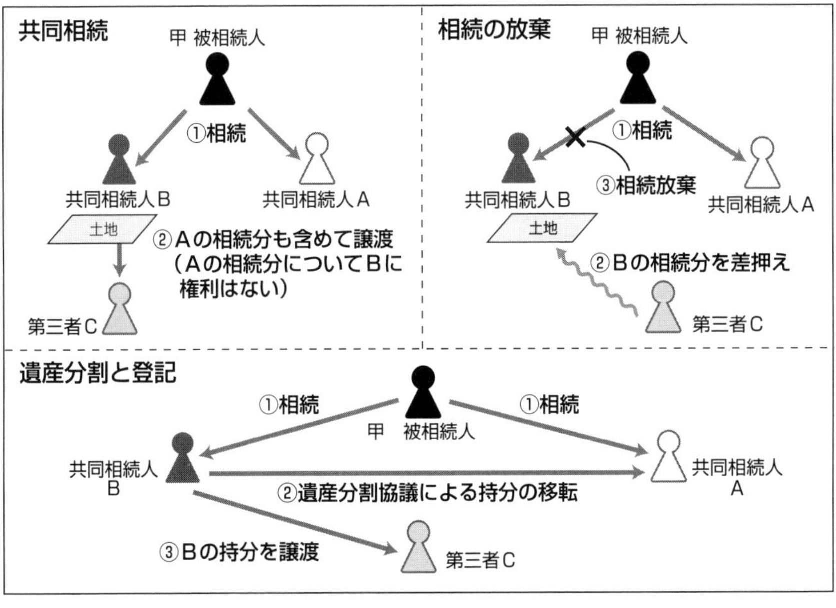

12 中間省略登記

中間省略登記は原則として認められない

中間省略登記とは

中間省略登記とは、Ａ→Ｂ→Ｃと不動産が譲渡された場合において、中間者Ｂを介さないでＡからＣへの移転登記を行うものです。

中間省略登記は、この例で説明すると、Ｃが現在の所有者であるという物権の「現状」には合致します。また、中間省略登記を行うことで、登録免許税などの費用負担を軽減することができるといったメリットもあります。

ただ、物権変動については、物権変動の現状だけでなく、その過程も登記に忠実に反映するのが望ましいといえます。その点で、中間省略登記は、Ａ→Ｂ→Ｃという物権変動の「過程」を忠実に反映するものではありません。

そのため、現在の不動産登記法では中間省略登記をすることは判決がある場合などを除き原則として認められていません。

「新」中間省略登記

原則として認められていない中間省略登記ですが、ＡＢ、ＢＣ間でＢが指定する者（Ｃ）に直接権利を取得させる旨を契約内容とした、「第三者のためにする契約」、ＡＢ間の売買契約につき、Ｂの買主としての地位をＡの同意を得てＣに譲渡する、「買主の地位の譲渡」というそれぞれの契約により、ＡからＣへ直接の移転登記ができるとされています。これらの手続きは、「新」中間省略登記と呼ばれています。

中間省略登記

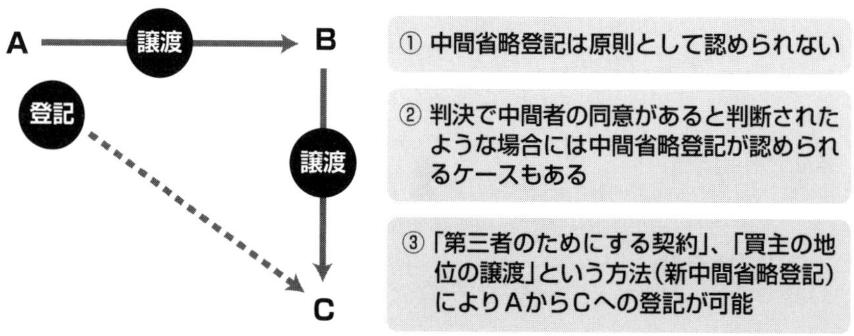

第２章

登記簿の読み方

1 登記記録

現在までの権利関係を記録したもの

◎戸籍簿のような役割をもつ

人が生まれると、その子に名前がつけられて市区町村役場に出生届が出されます。また、人が結婚したときも同じように役場に婚姻届を出します。婚姻届が出されると、それまで親と一緒の戸籍に記載されていた子が、結婚相手と共に新しく独立した戸籍を作ることになります。このように、戸籍簿をみるとその人の人生の経過を知ることができます。

土地や建物の場合に、この戸籍簿の役割を果たしているのが登記記録です。登記記録は、登記簿に記録され、登記簿は、原則として磁気ディスクによって調製されます。

たとえば、土地は埋め立てでもしない限りは新しく生まれるということはありませんが、建物は新築されると新しく生まれ、申請することで（または登記官の職権で）その建物の登記記録が新しく作られます。

また、ある人から別の人へと所有者が変わってもその経過が登記記録に記録されているため、登記記録を調べる、つまり登記事項証明書を見ることによって過去から現在に至るまでの所有者を知ることができます。さらに、後述しますが、抵当権などといったその不動産に関する所有権以外のさまざまな権利も登記記録に記録することができます。そして、人が死んだときのように建物の寿命が来て朽ち果ててしまったときは、建物の滅失の登記を申請することになります。

このように、登記記録には不動産に関する状況や権利関係が過去から現在に至るまで記録されていて、それを見ることによってその不動産の人生の経過などを知ることができるわけです。

◎登記簿と登記記録

登記簿とは登記記録を記録した磁気ディスクのことです。

登記簿とは、磁気ディスクという「物体」そのものを意味します。これに対して、登記記録とは、登記簿の「中身」あるいは「内容」を指す言葉です。つまり、登記簿という物体に記録されている中身のことを登記記録と呼ぶわけです。

◎登記記録の成り立ち

登記記録が人間でいう戸籍簿の役割を果たしていると述べましたが、戸籍簿もただ単に人の名前などを羅列しているわけではありません。戸籍簿を見た人が親子関係などを理解しやすいように、一定のルールに従って整理された記載がなされています。

戸籍簿と同じように、登記記録でも不動産に関する状況や権利関係を一定のルールに従って整理して記録しています。登記記録では戸籍簿の場合よりも多くの複雑な事柄が記録されなければなりません。そのため、記録のためのルールもある程度複雑にならざるを得ません。しかし、それを理解することによって、登記記録の内容を十分に把握できるようになります。ルールの細かい点については後で説明しますが、大まかに述べると以下のようになります。

①　登記記録の構成

登記記録は、「表題部」と「権利部」の２つから構成されています。しかし、権利部はさらに「甲区」「乙区」の２つに分けられますので、表題部と甲区、乙区の３つから構成されているということもできるでしょう。

表題部は、その不動産に関する物理的・外形的な状況が記録されるところです。それに対して、権利部の甲区は不動産の所有権に関する記録がなされるところです。さらに、乙区は抵当権や賃借権など不動産に関する所有権以外の権利関係の記録がなされるところです。ただ、建物が新築されたばかりのときなどは、表題部しかないこともあります。

②　登記の順番

権利部の登記では、各登記がどういう順番でされたかが重要な意味を持ちます。順番の見分け方は簡単にいえば次のとおりです。

甲区、乙区それぞれの区の中では、順位番号の若い方が先に登記されたということになります。甲区の登記と乙区の登記の前後を知りたい場合は、まず受付年月日を見ます。受付の日が早い方が先に登記されたというわけです。受付年月日が同じ場合には、受付番号を見ます。受付番号が若い方が先に登記されたということになります。

登記記録の構成

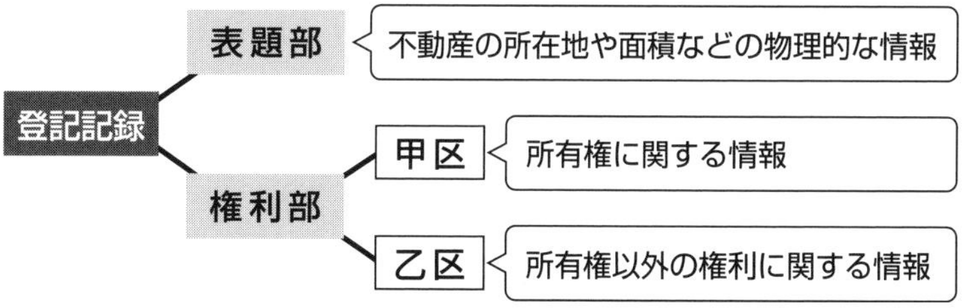

2 登記事項要約書

法務局で交付申請する

交付申請

登記の内容を調べる場合、従来は、登記簿を閲覧するという方法がありました。法務局へ行き、所定の用紙に必要事項を記載して申請すれば、直接登記簿を見ることができたのです。

現在はすべての法務局がコンピュータ化され、紙の登記簿から磁気ディスクの登記簿に変わりました。登記記録は磁気ディスクに記録されており、直接閲覧することはできません（ただし、まれに特殊な事情で紙の登記簿に記載されたままの場合もあります）。そのため、閲覧に代えて、登記記録に記録されている事項の摘要を記載した「登記事項要約書」を取得することになります。しかし、登記事項要約書は過去の権利に関することなどが省略されており、作成日や登記官の認証文は記載されず証明力はありませんので注意が必要です。過去の内容や登記官の証明が必要な場合は、登記事項証明書を取得します。

ところで、どこの法務局へ行っても自分が調べたい不動産の登記事項要約書を交付してもらえるわけではありません。各法務局には管轄があり、原則として、自分が調べたい不動産を管轄

登記事項要約書サンプル

登記事項要約書　　　　土地

1	表題部	新宿区○○町１丁目				
		１番12	宅地	１００:００	１番１から分筆	平成○○年○月○日
	所有権	新宿区○○町１丁目１番８号　鈴　木　太　郎				令和○年○月○日 第11111号
	乙　区	１	根抵当権設定			極度額　金○○○万円 債権の範囲　信用金庫取引 債務者 新宿区○○町１丁目１番８号 鈴　木　太　郎 根抵当権者 渋谷区○○町３丁目４番５号 ○　○　信　用　金　庫 共同担保　目録（あ）第8888号

＊　下線のあるものは抹消事項であることを示す。　　　　整理番号　Ｄ５５５５６　　1／1

する法務局で登記事項要約書の交付を受けることになります。

不動産を管轄する法務局がわからないとき、自分が所有していたり、自分が抵当権者になっている不動産であれば、登記識別情報や登記済証（60ページ）などを見てみましょう。これらのものには、通常、法務局名が記載されているか、登記済の印に法務局名が記されています。その法務局が管轄の法務局です。ただ、登記済証に記されている法務局が統廃合でなくなっていることもあります。その場合は、最寄りの法務局に問い合わせれば管轄の法務局がわかります。調べたい不動産の所在地を伝えれば教えてもらえます。

◎交付手順

調査対象の不動産を管轄する法務局へ行き、書面で請求して登記事項要約書の交付を受ける場合の具体的な手順を見ていきましょう。

法務局の書類交付窓口の付近には、登記事項要約書交付申請書が置いてあります。「不動産用」と「会社法人用」の２種類がありますが、不動産用の方を使用します。用紙の記入と確認が終わると、交付手数料を支払います。手数料は、収入印紙を用紙所定の貼付欄に貼りつけて支払います。

登記手数料の金額は平成25年４月から変更はなく、下図のとおりです。

なお、登記の内容を調べたいが、法務局に行くことができないという場合は、一般財団法人民事法務協会が運営する「登記情報提供サービス」を利用し、インターネット上で登記情報を調べるという方法もあります。

登記簿の閲覧・交付にかかる手数料

（令和３年３月現在）

登記事項証明書の交付	・１通につき600円 ・オンライン請求については、送付を受ける場合は500円、窓口で交付を受ける場合は480円 （50枚を超えるものについては、枚数50枚までごとに100円を加算）
登記事項要約書の交付	・１登記記録につき450円 （50枚を超えるものについては、枚数50枚までごとに50円を加算）
地図などの図面の閲覧	・１筆の土地または１個の建物につき450円 ・オンライン請求については、送付を受ける場合は450円、窓口で交付を受ける場合は430円

3 登記事項証明書

郵送で請求することもできる

交付申請

登記事項要約書の他に、登記記録に記録されている事項の全部または一部を証する書面として「登記事項証明書」の交付を受けることができます。

登記事項証明書の交付を受けたい場合には、登記事項証明書交付申請書に必要事項を記入して提出します。書面で登記事項証明書の交付請求をする場合、１通につき600円の登記手数料の納付が必要です。

不動産登記情報交換サービス

調べたい不動産の管轄法務局が遠い場所にある場合、法務省の「不動産登記情報交換サービス」を利用することで、自宅や勤務先などの近くの法務局で遠隔地にある不動産の登記事項証明書を取得することができます。

手続きは、登記事項証明書交付申請書に必要事項を記入し、収入印紙を貼付して、最寄りの法務局の証明書交付窓口に提出します。郵送の場合は、交付申請書と切手を貼った返信用の封筒を同封して、管轄法務局または最寄りの法務局に郵送します。収入印紙は郵便局や法務局などで買うことができます。また、申請書には、地番や家屋番号を記入しなければなりません。しかし、地番や家屋番号と住居表示（住所の表記）と異なることもあるので、これらが不明だと申請できません。また、窓口で交付請求した場合は即日交付されますが、郵送請求の場合は返送されるまで１週間程度かかることがあります。

なお、登記事項要約書（34ページ）は、登記情報交換システムを利用して遠隔地の法務局で取得したり、郵送で交付請求することはできません。登記事項要約書の交付は、閲覧制度に代わるものであり、登記簿の閲覧は管轄法務局でしかできないものだからです。

インターネット登記情報提供サービス

インターネットを通じた登記情報の提供サービスも行っています。これは「登記事項証明書」と内容的には同じですが、証明書にはなりません。サービスの提供を希望する場合は、一般財団法人民事法務協会が運営する「登記情報提供サービス」（http://www1.touki.or.jp/）にアクセスしてみてください。

なお、登記事項証明書は、インターネット上の「登記・供託オンライン申請システム」を利用して請求することもできます（証明書は、法務局に行くか郵送で受け取る必要があります）。

登記事項証明書サンプル

表　題　部（土地の表示）	調製	余白	不動産番号	0000000000000
地図番号	余白	筆界特定	余白	
所　在	新宿区○○町一丁目		余白	
①地　番	②地　目	③地　積　m²	原因及びその日付〔登記の日付〕	
1番12	宅　地	100 ⁝ 00	○○ 〔平成○○年○月○日〕	
所　有　者	○○区○○町○丁目○番○号　○○○○			

権　利　部（甲区）（所有権に関する事項）			
順位番号	登記の目的	受付年月日・受付番号	権利者その他の事項
1	所有権保存	平成○○年○月○日 第○○○号	所有者　○○区○○町○丁目○番○ ○○○○
2	所有権移転	令和○年○月○日 第○○○号	原因　令和○年○月○日売買 所有者　○○区○○町○丁目○番○ ○○○○

権　利　部（乙区）（所有権以外の権利に関する事項）			
順位番号	登記の目的	受付年月日・受付番号	権利者その他の事項
1	抵当権設定	令和○年○月○日 第○○○号	原因　令和○年○月○日 金銭消費貸借同日設定 債権額　金○○○万円 利息　　年○% 損害金　年○% 債務者　○○区○○町○丁目○番○号 ○○○○ 抵当権者　○○区○○町○丁目○番○号 株式会社○○銀行（○○支店）

共　同　担　保　目　録			
記号及び番号	㈠第○○○○号	調製	令和○年○○月○○日
番　号	担保の目的である権利の表示	順位番号	予　　備
1	○○区○○町○丁目　○○番の土地	1	余白
2	○○区○○町○丁目　○○番地　家屋番号 ○○○番の建物	1	余白

これは登記記録に記録されている事項の全部を証明した書面である。

令和○年○○月○○日
東京法務局○○出張所　　　　登記官　　○　○　○　○

※　下線のあるものは抹消事項であることを示す。　　　　整理番号　○○○○_（1／1）　（1／1）

4 表示に関する登記①（土地）

場所や用途・面積などが記録される

土地の表示に関する登記

埋め立てや国有地の払い下げによって土地を取得した場合、その土地の表示に関する登記がないので「表題登記」という登記を申請する必要があります。土地の表示に関する登記には、次のような事項が登記されます。

所　在

その土地がどこに所在しているかを示しているのが「所在」です。土地の所在する市、区、郡、町、村及び字が記録されます。

地　番

その土地と別の土地を区別するために付けられているゼッケンともいえる番号が「地番」に記録されています。地番は一定の区域ごとに一番、二番、三番…というように順次、一筆の土地単位で付けられていきます。

地　目

その土地が何のために利用されているのか、その用途を示すのが「地目」です。地番もそうですが、地目も所有者が勝手に決められるものではありません。登記簿に記録される地目は全部で23種類あります。地目については、行政内部で23種類の中からどれを選ぶかの認定基準が定められていて、それに従って決められています。

工場に使用していた土地を、住宅を建てるために使いたい場合など、地目の変更も認められています。地目が農地である場合は行政の許可を得なければ売買が有効にならないので注意しなければなりません。ただし、市街化区域（市街地となっている、もしくは市街化予定の区域）では農業委員会に届出をすれば許可は不要とされています。

地　積

土地の面積を「地積」といいます。ただ、登記簿に記載されている地積は正確な面積を表しているとは限りません。土地を売買するときに面積を基準にして代金を決定する場合、登記簿の面積を基準にすると、後々トラブルに発展する可能性がありますので、面倒でも実際に測量した方がよいでしょう。

その他

表題部には、所有者の住所・氏名（共有の場合は持分も）や登記の原因と日付、登記の年月日なども記録されています。

5 表示に関する登記②（建物）

構造や床面積などが記録される

◎建物の表示に関する登記

建物の場合、新築から１か月以内に「表題登記」を申請しなければなりません。また、表題登記をした後で、増改築などによってその状況が変更された場合は、表題部の変更の登記を申請します。建物を取り壊したり、火災によって消失した場合などには、１か月以内に「滅失の登記」を申請しなければなりません。

◎所　在

土地の場合と異なり、建物の場合は、「所在」に市、区、郡、町、村及び字に加えて、土地の地番まで記録されています。時に、「○番地先」という表示がなされていることがあります。これは、その建物の建っている土地に地番がないことを意味しています。そのため、同じ地番区域で敷地と隣接している土地の地番（○番地）を使用して所在を表しているのです。

◎家屋番号

建物の表題部には、「家屋番号」が記録されています。一筆の土地に複数の建物が建っていることもあり、その建物と他の建物を区別するために家屋番号が必要となるわけです（建物が１つしかなくても家屋番号は付けられます。現在、一棟の建物しかなくても、将来、別の建物が建たないとは限らないからです）。

◎種　類

これは建物の用途を示すものです。居宅、共同住宅、事務所、店舗、工場、作業場などの種類があり、かなり細かく分類されています。

◎構　造

建物の主要な構成材料と屋根の種類、階数が「構造」として記録されています。たとえば「木造かわらぶき２階建」などです。

◎床面積

床面積を平方メートルで表示しています。複数階ある場合には、階ごとに表示されます。

◎その他

土地の表題部と同様に、所有者の住所・氏名や登記の原因と日付、登記の年月日なども記録されています。また、車庫や物置のように主たる建物に付属した建築物が「附属建物」として記録されている場合もあります。

6 区分建物の表題部

原則として専有部分と敷地利用権は分離して処分できない

マンションの登記

マンションには、賃貸型と分譲型がありますが、賃貸型では通常は居住している区画は独立して登記すべき対象にはなっていません。一方、分譲型では、所有権を移転したり、抵当権などの担保権を設定したり、賃借権を設定して第三者に貸し出すこともできます。そのため、1つの区画ごとに権利関係を明示する必要性があり、登記の対象となります。

分譲型マンションで独立して所有することができる部分を専有部分といい、エレベーター・階段など共同して利用する部分を共用部分といいます。なお、法律的には分譲マンションは区分所有建物または区分建物と呼ばれています。

マンションの登記は、一戸建ての建物の場合と異なり、表題部についてマンション全体の表題部と専有部分の表題部がそれぞれ備えられています。登記事項証明書を見れば、個々の専有部分だけでなくマンション全体の様子も同時に調べることができるわけです。

表題部

登記事項証明書の最初にはマンション全体についての表題部が記載されています。そこには、所在、構造、床面積などが表示されています。一戸建ての建物と異なる点は種類の表示がないところです。たとえば、1階が商業施設で2階以上が住居というようにマンション全体の中で違った種類の専有部分が存在することになるからです。

また、敷地権について登記がなされ

マンション全体の表題部のサンプル

<table>
<tr><td>専有部分の家屋番号</td><td colspan="5">2－1－○○○　2－1－○○△　2－1－○○□　2－1－○○×</td></tr>
<tr><td colspan="2">表　題　部（一部の建物の表示）</td><td>調製</td><td>余　白</td><td>所在図番号</td><td>余　白</td></tr>
<tr><td colspan="3">所　在　特別区○○町○丁目　○番地○</td><td colspan="3">余　白</td></tr>
<tr><td colspan="3">建物の名称　○○○○○○</td><td colspan="3">余　白</td></tr>
<tr><td>①　構　造</td><td colspan="2">②　床　面　積　㎡</td><td colspan="3">原因及びその日付〔登記の日付〕</td></tr>
<tr><td>○○○○○○</td><td colspan="2">1階　○○:○○
2階　○○:○○</td><td colspan="3">〔令和○年○○月○○日〕</td></tr>
<tr><td colspan="6">表　題　部（敷地権の目的である土地の表示）</td></tr>
<tr><td>①土地の符号</td><td>②　所在及び地番</td><td>③　地目</td><td colspan="2">④　地　積　㎡</td><td>登記の日付</td></tr>
<tr><td>1</td><td>○○○○○○○○</td><td>○○</td><td colspan="2">○○○:○○</td><td>〔令和○年○○月○○日〕</td></tr>
</table>

る場合には、敷地権の目的である土地の所在及び地番、地目、地積などが記載されます。

続いて、専有部分についての表題部が備えられ、床面積や敷地権の割合などが表示されています。この専有部分の表題部に続いて、専有部分に関する権利部が記載されることになります。

敷地権の登記

建物に住むためには、その建物の立っている土地を使用する権限がなければなりません。マンションの場合、この土地（敷地）を利用する権利を敷地利用権といいます。敷地利用権には、所有権や地上権、賃借権などがあります。

マンションの各部屋（専有部分）の所有者は、（たいていは部屋の面積に応じて）敷地となる土地の持分をもつことになり、部屋を所有すると同時に敷地の利用権を確保することができます。

しかし、土地と建物は別個の不動産であるため、マンションにおいても原則どおり別々に売却や相続などができるとなると、部屋の所有者が敷地の利用権を確保できないことにもなりかねません。そこで、昭和58年の区分所有法（正確には「建物の区分所有等に関する法律」）の改正によって、区分建物の専有部分と敷地利用権とは、原則として分離して処分できないことが明確にされました。

これにあわせて不動産登記では、「敷地権」の登記というものができるようになりました。敷地権の登記とは、大ざっぱにいえば、土地の登記記録に登記するのをやめてしまい、土地に関する権利の変動も建物の登記記録に記録してしまうものといってよいでしょう。

つまり、マンションの各部屋の登記簿に「敷地権の表示」などを記録することによって、その登記簿の甲区に売買の登記が記録されていれば、部屋だけでなく敷地利用権も一緒に売買されたということが公示されるわけです。

ただ、区分所有法改正後に建てられたマンションであっても、敷地権の登記は必ずしなければならないというものではありません。

なお、専有部分と敷地利用権との分離処分は原則として禁止されていますが、マンションの規約によって分離処分を可能にすることもできます。

区分建物の登記簿

7 甲区

所有権に関する権利関係が記録されている

◎権利部は甲区と乙区に分かれている

表題部とは異なり不動産に関する権利関係を記録しているのが、表題部に続く権利部であり、権利部は「甲区」と「乙区」に分かれています。このうち、甲区にはその不動産の所有権に関する記録がなされています。また、乙区にはその不動産の所有権以外の権利に関する記録がなされています。ここでは、甲区において記録されている事項について、どのように理解すべきかを紹介することにします。

◎甲区の各欄の読み方

不動産登記記録の甲区には以下の事項が記載されます。

・甲区

登記事項証明書の表題部の下に、甲区であることを示すためのタイトルとして「【権利部（甲区）】（所有権に関する事項）」と記録されています。

・順位番号

登記事項証明書の「順位番号」欄に記載されているのは、「１」「２」といった数字であり、これは登記された順番、厳密にいえば登記の申請が受け付けられた順番を示しています。つまり、前述したように順位番号１の登記の申請の方が順位番号２の登記の申請よりも早く受け付けられたことになります。

なお、甲区の場合、所有者の住所や氏名が変更された場合など、すでに主登記として記録されている内容に変更が生じた場合などに、主登記と同じ順位を維持したまま付記登記がなされます。付記登記は独立した順位で登記されるのではなく、主登記と一体のものとして扱われます。付記登記の内容については、登記事項証明書の「権利者その他の事項」欄に記載されます。

また、仮登記が行われた場合、条件が整って本登記に改めると、仮登記がなされたときの順番で登記がなされたことになります。

・登記の目的

所有権についてどのような目的で登記がなされたかが記録されているのが「登記の目的」の欄です。建物が新築された場合の「所有権保存」、売買や相続による「所有権移転」などの記録がなされます。

・受付年月日・受付番号

受付年月日は、その登記を受け付けた年月日です。また、登記の申請が受け付けられると、受け付けた順番に従って１件ごとに受付番号が付けられます。受付番号は、受付年月日と共にこの欄に記録されます。

・権利者その他の事項

甲区は不動産の所有権に関する記録がなされ、「権利者その他の事項」欄には、通常、所有者の住所や氏名（会社の場合は、本店・商号、その他法人の場合は、主たる事務所・名称）が記録されます。これによって、登記を受けた権利者を特定することができます。

また、登記の原因となった法律行為や事実も、日付と共に記録されます。登記の目的欄に掲げられた権利変動が、いつ、どのような原因で生じたのかを明らかにするものです。

所有権が移転するたびに新しい所有者の住所や氏名を記録します。

通常、甲区の最後に記録されている者が現在の所有者ということになります。甲区の「権利者その他の事項」欄には、権利者（所有者）の表示がなされるだけで、その他の事項が記録されることがないのが原則です。この欄と乙区の「権利者その他の事項」欄に権利者として記録されている者のことを「登記名義人」といいます。

所有権は物を全面的に支配できる権利ですから、誰が不動産の所有者であるかということは、とても重要になります。登記記録を調べるときは、よく注意する必要があります。

なお、不動産の所有の形態としては単独所有だけではなく、共有の場合もあります。たとえば、死亡したAの所有する土地を妻Bと子Cが法定の相続分に従って相続した場合は、BとCが「共有者」として記録されて、それぞれ2分の1の持分をもっていることが氏名の部分に記録されます。

不動産の共有

【権利部（甲区）】（所有権に関する事項）

順位番号	登記の目的	受付年月日・受付番号	権利者その他の事項
2	所有権移転	平成○○年○日○月○日 第○○○号	原因　平成○○年○日○月○日売買 所有者　○○市○○町○番○号 A
3	所有権移転	令和○年○日○月○日 第○○○号	原因　令和○年○日○月○日相続 共有者　○○市○○町○番○号 持分2分の1　B ○○市○○町○番○号 2分の1　C

8 乙区

所有権以外の権利関係について記録されている

◎乙区の各欄の読み方など

権利部の乙区には所有権以外の権利に関する記録がなされます。不動産は利用価値が高い財産なので、所有権以外にもさまざまな権利が設定されたり発生したりしますが、大きく分けて、担保権と用益権に分類されます。

・担保権

担保権は債務が支払われないときに、不動産を競売にかけてその代金から債務の返済をしてもらうことができる権利です。ポピュラーなものは抵当権や根抵当権ですが、他には質権、先取特権などがあります。不動産に抵当権などが設定されている場合には、債務者が期限までに債務を支払わないと担保権が実行されて、不動産の所有者はその所有権を失うことがあります。

・用益権

用益権は他人が所有する不動産を使用することができる権利です。賃借権、地上権、地役権などがあります。用益権が設定されていて登記もなされていると、その不動産の所有権を手に入れても自由に使用することはできません。不動産取引に入る前には登記記録の乙区に担保権だけではなく、用益権が登記されていないかについても十分に注意する必要があります。

以下で登記事項証明書の乙区に記載された事項の意味を簡単に見ていきましょう。

①　乙区

タイトルとして「【権利部（乙区）】（所有権以外の権利に関する事項）」と記録されています。これにより、表題部や甲区との区別ができるようになっています。

②　順位番号

権利関係の優劣を決めるために、甲区と同じように順位番号が振られています。「1」「2」といった数字で記録されます。なお、同じ順位の場合は「1（あ）」「1（い）」と記録されます。

③　登記の目的

その登記がなされた目的が記録されています。たとえば、「抵当権設定」「賃借権設定」、などといった表記がされます。

④　受付年月日・受付番号

登記が申請されて受け付けられた年月日と受付番号が記録されています。

⑤　権利者その他の事項

乙区には何種類もの権利が記録されるので、その内容について記録しなければなりません。

抵当権などの担保権であれば、債務者が誰であって、担保される債権額・

利息・損害金がいくらになるのかなどの情報が記録されています。賃借権などの利用権であれば、月々の賃料や利用できる期間などが記録されることになります。

また、登記がなされるにいたった原因も記録されています。担保権の場合は債務を担保するために設定されるので、その債務の発生原因が記録されることになります。たとえば、「令和○年○月○日金銭消費貸借令和○年○月○日設定」のように記録されます。

◎共同担保目録

抵当権または根抵当権の記録の末尾に「共同担保目録」という表示がなされていることがあります。これは、同じ債務を担保するために他の不動産にも担保権が設定されていることを示しています。つまり、1つの債務を担保するために1つの不動産では不十分なことがあるため、同時に複数の不動産に担保権が設定されることがよくあります。その場合に、各々の不動産の登記記録だけを見たのでは、他にどの不動産に担保権が設定されているのかが明らかになりません。そこで、法務局では共同担保目録を備えていて、他にどの不動産に担保権が設定されているのかが調べられるようになっています。

◎順位変更

抵当権や根抵当権といった担保権の場合、その権利がどの順位で登記されているかが非常に重要です。この順位を担保権者同士の話し合いで入れ替えることもでき、その場合には、順位変更の登記がなされます。順位変更の場合、当事者同士の合意だけではその効果は発生せず、順位変更の登記をして初めて効力が発生します。

共同担保目録のしくみ

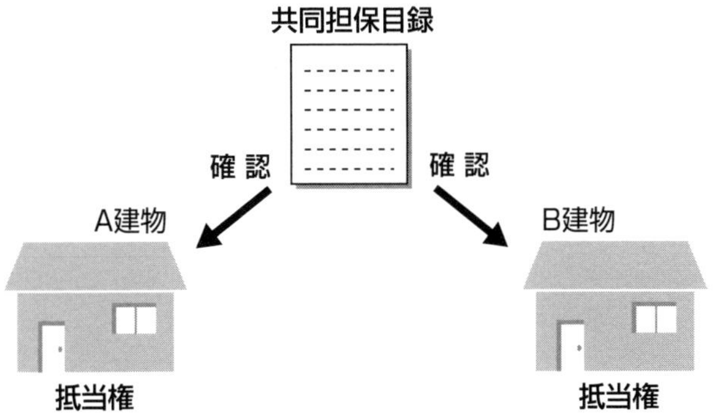

9 登記の順位

順位番号が優劣の判断の際に重要になる

登記の順位

不動産をめぐる権利関係がどのような優劣関係になっているのかは、「登記の順位」によって決まります。登記の順位は以下のようになります。まず、甲区の中では「順位番号」の若い方が先の順位となります。同様に乙区の中でも順位番号の若い方が先の順位となります。そして、甲区と乙区の間では、受付の日付が早い方または同じ日付の場合は「受付番号」の若い方が先の順位となります。

甲区の順位

甲区にも順位番号はあります。ただ、甲区ではこの順位番号が問題になることはあまりありません。後述するように、乙区では各種の担保権（抵当権や不動産質権）、用益権（賃借権や地上権）が登記され、複数の登記がなされているときに、それぞれの登記の優劣を判断するのに順位番号が非常に重要です。甲区の場合、たとえば、順位番号１番でＡの所有権保存登記がなされ、２番でＡからＢへの売買を原因とする所有権移転登記がなされ、甲区の記録はそれだけであるとします。この場合、登記記録上の所有権者はあくまでも２番の登記の所有権者Ｂであり、１番で登記されたＡがＢに優先するというようなことはないからです。

ただし、仮登記（48ページ）や差押の登記（競売などで差押をされたときにされる登記）がされているときは、その順位番号が重要な意味を持つ場合があります。

通常、順位番号は「１」「２」といった数字で表現されます。こうした数字で順位が表示されている登記は「主登記」と呼ばれるものです。登記は主登記でなされるのが原則です。

これに対し、登記事項証明書の順位番号欄に「付記１号」などと記載されている登記があります。

たとえば、順位番号１番でＡの所有権保存登記がされ、そのすぐ下に「付記１号」などと書かれているわけです。

このような順位番号が付けられている登記は、「付記登記」と呼ばれるものです。甲区の場合、所有者の住所や氏名が変更された場合など、すでに主登記として記録されている内容に変更が生じた場合などに、主登記と同じ順位を維持したまま付記登記がなされます。つまり、付記登記は独立した順位で登記されるのではなく、主登記と一体のものとして扱われるのです。

乙区の順位

甲区と比較して、乙区の場合、順位番号は非常に重要です。たとえば、順位番号１番でＡを抵当権者とする抵当権、２番でＢを抵当権者とする抵当権が設定されている場合、それぞれの抵当権が消滅などしていなければ、債務者が債務を履行できず、抵当権が実行される、つまり不動産が競売などにかけられたときには、まずＡが優先的に自分の債権を回収し、その残りからＢが自分の債権を回収することになります。

この順位は甲区と同じように受付の順番で決まります。抵当権者Ａが抵当権者Ｂより少しでも早く抵当権設定の登記を申請すると、Ａの順位が上になり、ＡがＢに優先するというわけです。

乙区の順位に関しては、原則として、順位番号１番が２番に、２番が３番に優先する、と理解しておけばよいのですが、たとえば順位変更の登記がなされていたり、また順位の譲渡の登記がなされていたりすると、その優先順位は変わってきます。

乙区の順位番号欄にも甲区と同様、「付記○号」という記載がされている場合があります。これも甲区の場合と同様に、付記登記であることを示すものです。乙区の付記登記は、甲区の場合と同様に抵当権者などの住所、氏名などに変更が生じた場合の他、抵当権が移転した場合にも行われます。つまり、順位番号１番のＡの抵当権がＣに移転した場合、１番の「付記登記１号」でＣへの移転登記がなされます。この場合、Ｃの抵当権は、あくまでも第１順位を保ったままなのです。

登記記録の記載と登記の順位

権利部（甲区）（所有権に関する事項）			
順位番号	登記の目的	受付年月日・受付番号	権利者その他の事項
1	所有権保存	平成○○年○月○日 第○○○号	所有者　○○区○○町○丁目○番○ ○○○○
2	所有権移転	平成○○年○月○日 第○○○号 ※	原因　平成○○年○月○日売買 所有者　○○区○○町○丁目○番○ ○○○○
付記 1号	買戻特約	平成○○年○月○日 第○○○号 ※	原因　平成○○年○月○日特約 売買代金　金○○○万円 契約費用　金○万円 買戻期間　平成○○年○月○日から５年間 買戻権者　○○区○○町○丁目○番○ ○○○○
3	所有権移転	令和○年○月○日 第○○○号	原因　令和○年○月○日売買 所有者　○○区○○町○丁目○番○ ○○○○

※　買戻特約の登記申請は、所有権移転登記と同時にすることを要するため、同じ受付番号が付される

10 仮登記①

とりあえず登記の順番を確保する

仮登記の効力

通常の登記は一般には本登記と呼ばれます。本登記にはさまざまな効力がありますが、その中でも最も重要な効力は対抗力です。権利関係の変動を登記しておけば、当事者だけでなく広く第三者に対してもその権利関係の変動を主張することができます。このことを「対抗することができる」といい、登記のもつこのような効力を「対抗力」といいます。

典型的な例ですと、土地の所有者ＡがＢと売買契約を結んで、その後にＡがＣにもその土地を売却してしまったとします。まだ、所有権の登記名義がＡのままだと、ＢもＣもお互いにＡから所有権を譲られたことを主張（対抗）することはできません。土地の所有権を対抗できるのは、先にＡから所有権移転の登記を受けた者です。

このことは抵当権などの担保権や賃借権などの用益権を登記する場合にもあてはまります。結局、登記の世界では先に登記された方が優先するのが原則なのです。そのため、不動産登記を申請する人は、対象となる不動産について他の誰よりも先に登記をしようとするのです。

ただ、場合によってはどうしてもすぐに登記を申請することができないこともあります。登記申請に添付すべき情報がそろわない場合や契約上の条件がまだ満たされず、当事者の間でも所有権が移転していないという状態もありえます。このように手続的または実体的に登記を申請するための要件が整っていないと、登記の順番を少しでも早くしようと心を砕いていても実際の申請はできません。

そこで、登記法ではそのような場合でもとりあえず順番だけは確保しておくことができるように仮登記という制度を設けました。入手の困難なコンサートのチケットを買おうと並んでいる時に、順番を整理するために整理券が配られる場合をイメージしてもらえればよいと思います。

仮登記の申請がなされると登記記録にその記録がなされます。そして、その後に手続的または実体的に不足していた要件が整った時点で本登記とする申請をすると、登記記録の仮登記が本登記に改められます。この時、仮登記の申請がなされた時の順番が確保されていて、仮登記の後に誰かが権利の登記をしていたとしても、その人に優先することができるのです。たとえば、Ａが所有する土地を条件つきでＢに売買してその仮登記がなされた後に、ＡがＣにも同じ土地を売却してその本登記がなされたとします。その後に、ＡＢ間の条件が整ったために仮登記を本登記にする申請がなされると、本登記はＣの方が先でもＢの順番が確保されているため、Ｂは土地の所有権をＣに主張（対抗）することができるわけです。

ただ、仮登記それ自体には対抗力は認められていません。この例ですと、Ｂの仮登記が本登記に改められるまでは、Ｃの本登記に対抗力があることになります。Ａが土地をさらにＤに売却した場合、Ｂの登記が仮登記である間はＤに対して土地の所有権を主張（対抗）できるのはＣということになるのです。

仮登記を本登記にするとき

仮登記してある権利について手続的・実体的な条件が整うと本登記に改めるための申請ができます。申請の手続は概ね本登記の申請の場合と同様ですが、登記の原因は仮登記の原因に対応していなければなりません。なお、仮登記の申請に際して気をつけるべき点は、仮登記から本登記に改められることによって不利益を受ける人がいる場合、その人の実印を押した「承諾書」と「印鑑証明書」を添付しなければならないということです（書面申請の場合）。

仮登記が本登記に改められると、その本登記とは相容れない仮登記の後の登記は抹消されてしまいます。前述した例でいうと、ＢがＡとの売買による所有権移転の仮登記を本登記に改めると、Ｃの本登記は登記官によって抹消されてしまいます。Ｂ名義の所有権移転登記とＣ名義の所有権移転登記が矛盾するからです。ですから、この場合はＣが不利益を受ける者であって、仮登記を本登記に改めるための申請をするときには、Ｃの承諾書と印鑑証明書を添付することになります。Ｃの承諾が得られない場合には、Ｃに勝訴した裁判の謄本を添付することになります。

仮登記の効力

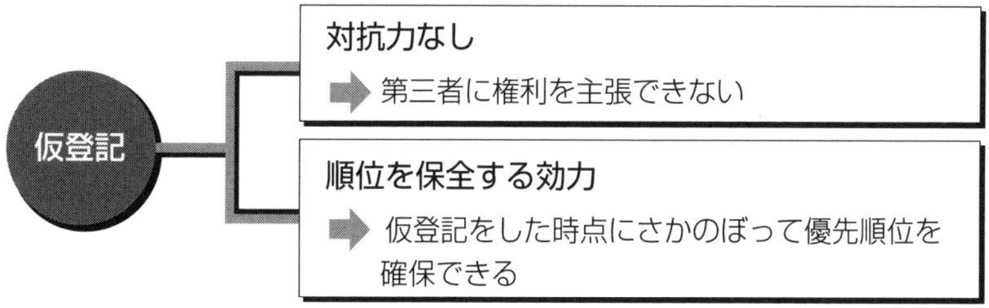

11 仮登記②

仮登記を残しても意味がない場合、仮登記を抹消する

仮登記を抹消するとき

仮登記は手続的または実体的な条件が整うまでの順位を確保しておくためのものです。逆に言うと、結果的に条件が整わないことになったら、意味をなさないので抹消されることになります。

抹消の申請は一般の登記申請の場合と同じように行います。登記の目的として、申請書に仮登記の抹消であることを明らかにしつつ、抹消すべき仮登記を特定するために仮登記の順位番号を記入するか、その仮登記の受付年月日・番号を記入するようにします。「登記権利者」は仮登記の抹消によって利益を受ける者で、「登記義務者」は仮登記の抹消によって不利益を受ける者です。

なお、仮登記の後に本登記をした者がいる場合に、条件を満たさないことが確実な仮登記が残っていることは、その後の不動産取引の障害になる可能性があります。前の例ですと、Bの仮登記が将来にわたって条件を満たさないことが確実なのにそのまま登記記録に残っていると、本登記の名義人であるCがDに土地の売買をもちかけてもDは仮登記があるので警戒して売買に応じてくれない可能性があります。このような場合のために、仮登記に関して利害関係をもつ人が単独で仮登記の抹消の申請をすることが認められています。Cや仮登記の後の抵当権登記名義人などは、抹消の申請を単独でできるのです。ただ、この申請では、仮登記の名義人（B）の承諾書と印鑑証明書の添付が必要になります。

仮登記担保とは

期限までに借金を弁済できない場合に備えて、あらかじめ不動産で代わりに弁済することを契約しておく場合があります。これを停止条件付代物弁済契約または代物弁済の予約契約といいます。この契約を仮登記しておけば、期限が来たのに借金が返済されない場合に本登記に改めることによって債権者は不動産を手に入れることができます。

これを「仮登記担保」といって登記記録の甲区に記録されますが、実質的には乙区に記録される抵当権と同じように担保権の役割を果たしています。仮登記担保は債権者にとって有利なものなので、債務者に必要以上の負担を与えないように「仮登記担保契約に関する法律」によって規制されています。一見したところ仮登記担保と通常の仮登記とは登記記録上は同じように見えるので注意してください。

12 各種の図面による調査

法務局には公図や建物図面も備えてある

◎図　面

登記事項証明書を取得して登記記録の内容を調べれば、現在の権利関係がどうなっているかということだけではなく、これまでどのような権利変動があったかという過去の経緯もわかります。

しかし、登記記録だけからその不動産についての情報をすべて得られるわけではありません。

特に、登記記録には図面は含まれませんので、図面で表さざるを得ない情報については、登記記録の調査だけでは不十分です。

そこで、法務局では以下のような各種の図面を備え置くことで、不動産について調査するときの便宜を図っています。登記記録からだけではわからない土地の正確な面積や形状、建物の寸法や内部などを知ることができます。これらの図面も手数料を納付すれば閲覧することができます。

・地図・地図に準ずる図面（公図）

土地の大まかな位置や形状、方位や縮尺を記載した図面です。

・地積測量図

土地の面積を記載した図面です。地積測量図には、面積算定のための計算表（求積表）、方位、境界の種別なども記載されています。

・建物図面

建物の１階の部分の形状と敷地との位置関係を図示した図面です。

・各階平面図

建物の各階の形状や床面積が表示されている図面です。

◎地役権図面、閉鎖された図面

法務局では上記の図面以外にも不動産を調べる手がかりとして、地役権の及ぶ範囲を示した地役権図面や閉鎖された図面などを用意しています。不動産について調査するときに、調査の目的などに応じて活用してみるとよいでしょう。

◎各種図面の保存期間

地図・地図に準ずる図面については閉鎖されたものも含み永久保存されますが、地積測量図、建物図面や各階平面図は閉鎖されるまでは永久保存されますが、閉鎖されたものは閉鎖された日から30年間保存されることになります。その他、地役権図面は閉鎖された日から30年間保存され、閉鎖された登記記録（登記簿）は土地は50年、建物は30年となりますので過去の状況を確認する際は注意が必要です。

資料　不動産登記についての主な登録免許税

登記の原因		税率・税額
所有権保存		不動産価額の４／1000
所有権移転	相続（相続人に対する遺贈を含む）	不動産価額の４／1000
	合併	同上
	共有物の分割	同上（一定の要件を満たす場合）
	その他の原因によるもの（売買、代物弁済など）	20／1000 ただし、令和５年３月31日までに受ける土地の売買による所有権移転の登記については15/1000
賃借権の設定		不動産価額の10／1000
地役権の設定		承役地の不動産の個数１個につき1500円
抵当権の設定		債権額の４／1000
根抵当権の設定		極度額の４／1000
先取特権・質権・抵当権の移転		債権金額または極度金額の２/1000 （相続または法人の合併による移転は１/1000）
所有権の信託の登記		不動産価額の４／1000
仮登記	所有権移転の仮登記、所有権の移転の請求権の保全のための仮登記（相続または法人の合併、共有物の分割によるものを除く）	不動産価額の10／1000
	その他の仮登記（本登記の課税標準が不動産の価額であるものに限る）	本登記の税率の１／２
登記の抹消		不動産１個につき1000円 ただし、同一の申請により20個を超えるときは２万円

※　個人が、自己の居住のため、住宅用家屋を新築・取得した場合については、登録免許税の軽減措置が設けられている。たとえば、個人が、令和４年３月31日までの間に、自己の居住のため、住宅用家屋を新築した場合の保存登記の登録免許税は、1000分の1.5に軽減されている。
なお、書面申請でもオンライン申請でも登録免許税の税率・税額は同一である。

第３章

登記申請の仕方

1 共同申請主義

間違いのない登記をするための原則である

申請主義の原則

登記は、当事者（またはその代理人）による申請あるいは官庁などによる嘱託がなければ行うことができません。言い換えれば、登記申請しない自由もあるわけです。これを申請主義の原則といいます。ただし、土地や建物の表題登記の申請はその所有者の義務とされており、罰則規定もあります。

申請主義の例外として、登記官が誤った登記をした場合の更正登記など、登記官の職権による登記が認められることもあります。また、表示に関する登記は登記官が職権で行うこともできます。

共同申請主義

登記を申請する当事者とは、登記によって利益を受ける登記権利者と不利益を受ける登記義務者の双方のことを指します。たとえば、不動産売買による所有権移転登記を例にとると、不動産を購入して新しく所有者になる人が登記権利者にあたり、その反対に、売却して所有権を手放す人が登記義務者にあたります。

登記申請の際には、登記権利者と義務者が共同して登記を行うことが義務付けられています。これを共同申請主義といいます。法務局は、基本的に申請を書面で確認するだけです。したがって、当事者の一方が虚偽の申請をしても、それを判別することは難しくなっています。そこで、権利者と義務者の双方を手続きに関与させることによって、虚偽の申請を防止することを目的としています。

もっとも、当事者双方が実際に法務局に出向かなくても、双方から委任を受けた代理人（司法書士など）によって申請手続きが行われれば、共同申請主義の要請は満たされます。

共同申請主義によると、登記義務者が申請に協力しない場合には、登記ができないということになりそうです。しかし、それでは登記権利者に不都合が生じます。この場合、訴訟を起こし、勝訴判決を得てそれが確定すると、権利者が単独で登記申請できます。

その他、後述する登記名義人の表示変更登記や所有権保存の登記、相続による登記などは、例外として単独申請が認められています。

共同申請主義の例外

虚偽の申請を防止するために登記申請は登記権利者と登記義務者の共同で行わなければならないのが原則です

（共同申請主義）。ただ、共同申請の必要がない場合や、そもそも共同申請の不可能な場合には、例外的に登記権利者が単独で申請することが認められています。

◎所有権保存の登記

建物を新築した場合は、登記義務者がいるわけではありません。そのため、所有権保存の登記は単独で申請することができます。

◎登記名義人の氏名等の変更・更正登記

登記名義人の住所や氏名が変更されたり、もともと誤った記載がなされたりしている場合があります。これらの場合は、登記によって不利益を受ける者がいるわけではありませんし、正確な住所や氏名の証明は比較的簡単です。そのため、登記名義人の氏名等の変更・更正登記（表示変更登記）の申請は単独で行うことができます。

◎相続による登記と合併の登記

相続による不動産の移転の場合、登記義務者はすでに死亡していますし、相続の事実は戸籍謄本や遺産分割協議書などを添付して証明されるので、単独で申請できることになります。

また、会社などの法人が合併する場合も、相続の場合と同様に登記されることで不利益を受ける登記義務者はいませんので、単独で登記申請することになります。

◎判決による登記

判決が確定した場合には、登記義務者が登記申請の意思を表示したとみなされることになるため、登記権利者が単独で登記を申請できるようになります。

◎仮登記や表示に関する登記

多くの場合、手続的または実体的な条件が整わない場合に順位を保全するため申請される仮登記では、対抗力をもたないことから相手方の承諾書等を添付することで、単独での申請が許されています。また、表示に関する登記も登記義務者はいないので、単独で申請することになります。

登記申請のルール

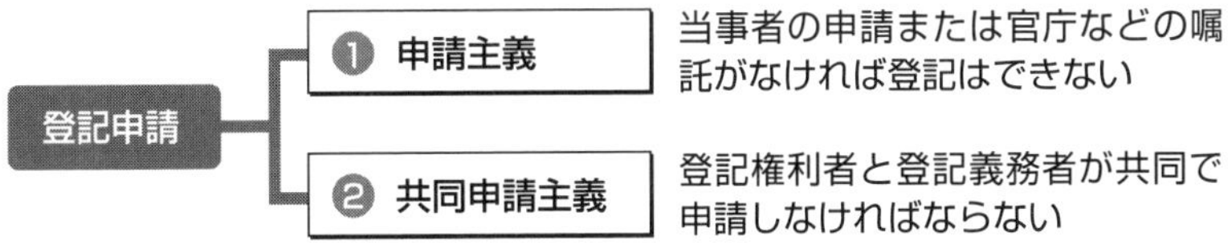

2 登記申請書の記載内容

一般的な記載事項をおさえておく

◎登記の記載内容は正確に

権利に関する登記申請では、登記官に申請書に記載された内容が真実であるかどうかを調べる権限がありません。申請人が希望する登記の内容は申請書とその添付書類によって登記官に伝達され、その記載内容通りに登記記録に記録されます。申請書は登記官に正しく登記内容が伝わるように、正確に記載しなければなりません。

◎記載事項

法務局では受け付けた申請書の内容通りに登記記録への記録がなされます。ですから、申請書に記載する内容は、登記をするために必要な事項ということになります。

登記にはさまざまな種類があるので、記載事項もその登記によって異なります。一般的な記載事項としては、次のようなものがあります。

①　登記の目的

売買で所有権を取得した場合の「所有権移転」や債務の担保として抵当権を設定した場合の「抵当権設定」のように、登記をする目的を記載します。

②　登記の原因

登記の目的として掲げた物権変動は、売買や贈与、抵当権設定などの法律行為、または相続、時効、弁済といった法律事実を原因として生じることになります。そこで、そのような登記をする原因となった法律行為または法律事実を記載します。

「令和○年○月○日売買」というように、原因が生じた年月日も記載します。もっとも、登記によっては、所有権の更正登記のように原因日付のない場合や、所有権の保存登記（207ページ）のように原因そのものがない場合もあります。

③　申請人

登記を申請する人の住所、氏名（法人の場合は本店所在地と商号、代表者の資格及び氏名、会社法人等番号）を記載します。

共同申請の場合は、登記権利者と登記義務者の区別をします。登記権利者とは登記によって利益を受ける者のことであり、登記義務者とは登記によって不利益を受ける者のことです。

申請人自身で申請するときは、氏名の後に押印することを忘れないようにしましょう。申請人の電話番号などの連絡先も記載します。

④　添付書類

登記識別情報、登記済証、登記原因証明情報、印鑑証明書など、申請書に添付する書類の名称を記載します。

⑤　**申請日と法務局**

登記申請の年月日を記載します。また、申請書を提出する管轄法務局の名称を記載します。

⑥　**代理人**

本人ではなく司法書士などの代理人が登記申請を行うときは、その代理人の住所と氏名、連絡先を記載し、氏名の後に代理人が押印します。この場合、申請人の押印は必要ありません。

⑦　**課税価格**

不動産の価格（固定資産税評価額）や抵当権の債権額などを基準として登録免許税を計算する場合に記載します。1000円未満は切り捨てます。

⑧　**登録免許税**

課税価格を基準として登録免許税の額を計算し、金額を記載します。100円未満は切り捨てます。たとえば、土地の売買において、その土地の価格が2000万円であった場合、登録免許税を算出する基準の課税価格は2000万円になります。売買を原因として土地の所有権移転登記をする場合の登録免許税は課税価格の1000分の20（令和５年３月31日までに登記を受ける場合は1000分の15に軽減されます）ですから、登録免許税額は40万円（30万円）になります。

⑨　**不動産の表示**

登記の対象となる不動産を記載します。土地の場合は、所在、地番、地目、地積で特定します。建物の場合、一戸建ては、所在、家屋番号、種類、構造、床面積で特定し、マンションなどの区分所有建物は、一棟の建物の所在、建物の名称、専有部分の建物の家屋番号、種類、構造、床面積、敷地権の目的となる土地の情報で特定します。

登記申請書に記載する一般的な事項

登記申請書

①	登記の目的	所有権移転
②	原因	令和○年○月○日売買
③	権利者	住所・氏名
	義務者	住所・氏名
④	添付情報	登記識別情報・登記原因証明情報など
⑤	令和○年○月○日申請○○法務局○○支局（出張所）	
⑥	代理人	住所・氏名
⑦	課税価格	金○○○○円
⑧	登録免許税	金○○○○円
⑨	不動産の表示	

3 添付情報・添付書類

オンライン申請では電子化された情報を提供する

添付情報とは

申請書と共に添付情報を提供しなければなりません。オンライン申請の場合は、申請情報と共に電子的データとしての添付情報を送信します。書面申請の場合は、添付情報を記載（記録）した書面または磁気ディスクで提供することになります。

以下で書面申請の場合の基本的な添付情報を見ていきましょう。

・登記原因証明情報

権利の登記を申請する場合は、ごく一部の例外を除いて、すべての登記に登記原因証明情報の提供が必要です。

・登記識別情報または登記済証

共同申請の場合における登記義務者は、登記識別情報を提供します。登記識別情報という重要な情報を提供させることによって、登記義務者に間違いなく登記を申請する意思があることを確認するためです。

ただ、管轄法務局のオンライン化前から登記名義人である場合（登記識別情報が交付されていない場合）は、登記済証（権利証）を添付します。

・事前通知制度

登記識別情報や登記済証の提供もなく申請がなされた場合、申請者が本人であることを確認するための制度です。売主など登記義務者に対して、登記の申請があった旨、申請に間違いないときはその旨の申出をするべき旨が通知されます。通知を受けとった登記義務者がこれに署名し印鑑（申請書または委任状に押印したのと同じ印鑑）を押し、申請が本物である旨の申出をします。この事前通知は本人が確実に受け取る必要があるため、本人限定受取郵便により行われます。

主な書面申請の添付書類

書　類	備　考
登記原因証明情報	登記すべき原因となる法律関係や事実を証明する情報。売買契約書や遺産分割協議書など
登記識別情報	登記識別情報の代わりに、登記済証・資格者代理人による本人確認情報の添付、事前通知制度を利用することもある
印鑑証明書	売買による所有権移転、抵当権設定などの登記義務者の印鑑証明書を添付する
その他	会社法人等番号（資格証明書）、許可証、承諾書、住民票の写し

4 登記原因証明情報

登記原因の真正を担保するための情報

登記原因証明情報とは

登記原因証明情報は、登記の原因となる法律行為や事実が真に発生したことを証明する情報のことです。

オンライン申請または書面申請かを問わず、登記原因証明情報の提供は必須とされています。ただし、所有権保存の登記（表示の登記の後に行う権利を保存するための登記）など、登記原因の存在しない一部の登記の申請では、登記原因証明情報を提供する必要はありません。

なぜ必要なのか

登記原因証明情報を必ず提供しなければならないとされている理由のひとつとして、登記の原因となる事実や法律行為について記載された書面を提出させることによって、登記官が、真に登記すべき原因が発生したか否かを審査する際の大きな資料とする、という点があります。

登記原因証明情報の具体例

どのようなものが登記原因証明情報となるか、書面申請の場合の具体例を挙げてみましょう。

売買による所有権移転の場合の売買契約書（及び売買代金領収書）、抵当権抹消登記の場合の解除証書なども、登記原因、申請人、不動産の表示など必要事項が記載されていれば、登記原因証明情報として提供することができます。

売買契約書の場合、当事者の表示や不動産の表示が誤っていたり、記載事項が不十分だったりすると、登記原因証明情報としては使用できない場合があるので注意が必要です。

売買契約書などがない、あるいは大事なものなので契約書や領収書などの原本はできれば提出したくない、というような場合は、その登記申請のために報告形式の登記原因証明情報を作成し、これを提供することができます。報告形式の登記原因証明情報とは、登記の原因となる事実や法律関係などを記載したものであり、売買の場合であれば、売買契約の事実、所有権移転時期の特約など必要事項を記載し、登記権利者及び登記義務者が記名押印したものです。

相続による所有権移転登記、住所移転や氏名変更による登記名義人表示変更・更正の登記の場合は、戸籍謄本や遺産分割協議書、住民票の写しなどが登記原因証明情報となりますので、これを提供します。

5 登記識別情報

登記名義人を識別するための情報

登記済証から登記識別情報へ

登記識別情報とは、登記名義人が登記義務者として登記を申請する場合において、真に登記名義人がその登記を申請していることを確認するために、登記申請時に提出することを求められる英数字12桁を組み合わせた、いわば暗証番号です。

なお、不動産登記法改正前に行われた登記や、オンライン庁に指定される前の不動産の登記については、添付されていた登記原因証書や申請書副本に登記済の印が押されて法務局から返されていました。これが登記済証です。

現在では、すべての法務局がオンライン申請できる法務局となったため、オンライン申請はもちろん、書面申請の場合でも登記申請後には登記済証ではなく、登記識別情報が通知されることになります。

登記識別情報を提供する意味

登記の申請は原則として登記権利者と登記義務者が共同して行います。登記権利者は登記をすることによって形式的に利益を受ける者、登記義務者は登記をすることによって形式的に不利益を受ける者です。「形式的に」というのは、たとえば売買による所有権移転登記の場合、現在の所有者が登記義務者となりますが、この登記義務者は代金を受け取るのであり、実質的には不利益を受けることはないかもしれません。

しかし、登記の面からだけ考えれば、登記義務者は自己の登記を失うことで不利益を受けることになるのです。登記義務者が登記識別情報を添付していれば、その申請が登記義務者の真意に基づくものであるという可能性が非常に高いといえます。

登記識別情報

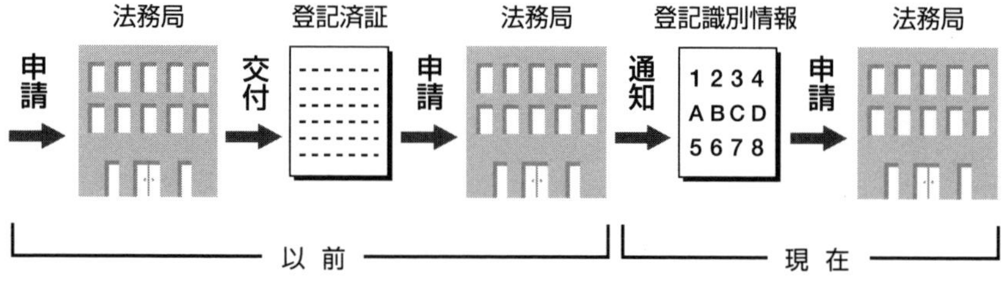

6 その他の添付書類・添付情報

住所証明書は省略できる場合がある

印鑑証明書

所有権の登記名義人が登記義務者となって登記申請をする場合、印鑑証明書（作成後３か月以内のもの）を添付しなければなりません。登記義務者が個人の場合は、市区町村発行の印鑑証明書、登記義務者が会社など法人の場合は、法務局発行の代表者の印鑑証明書（会社法人等番号の提供で添付を省略可能）を添付します。

住所証明書

実際には存在しない人物や法人の名義で登記申請がなされることを防止するために、登記権利者の住所証明書を添付します。

① **個人の場合**

個人の場合は、住所証明書は住民票や戸籍の附票の写しまたは印鑑証明書です。住民票の写しは住所地の市区町村役場、戸籍の附票の写しは本籍地の市区町村役場で交付されます。なお、個人の住所証明書は、申請書に住民票コードを記載した場合は、添付を省略することができます。

② **法人の場合**

法人の場合、住所は本店（本社）などの主たる事務所の所在地であって、商業登記の登記事項証明書によって証明します。また、会社法人等番号を提供（記載）することによって省略可能となります。

オンライン申請の場合

オンライン申請はすべて電子化された情報の提供によって行われます。たとえば印鑑証明書を提出する代わりに、電子署名した文書を提供することになります。また、公的個人認証に基づく電子証明書により電子署名をした場合には、住所証明情報の提供を省略できます。

住所を証する情報の提供

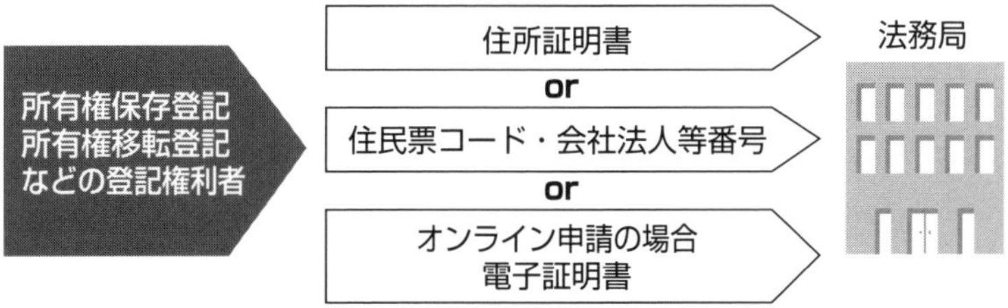

7 登録免許税

登記の種類によって税額が異なる

◎登録免許税とは

登録免許税とは、登記の際に納付しなければならない税金です。登記を申請する当事者は、登記によって、所有権などの財産権を保護してもらえるという利益を受けることになりますから、その利益に対して課税されるのです。

不動産登記のうち、登録免許税を支払わなければならないのは、所有権、抵当権など「権利に関する登記」で、分筆登記など一部を除き表示に関する登記では、登録免許税は不要です。

登録免許税の金額は、登記の種類によって異なります。たとえば、所有権保存登記の場合は、課税価格の1000分の４の額が登録免許税の金額になります。所有権移転登記の場合は、登記原因によってさらに区別されます。たとえば、売買による所有権移転の場合の登録免許税は不動産価格の1000分の20ですが、相続による所有権移転の場合は不動産価格の1000分の４になります。

なお、軽減税率が適用される場合もあります。たとえば、一定の条件をそろえた長期優良住宅の場合、所有権保存の登記は1000分の１、売買による所有権移転の登記は1000分の１（共同住宅）または1000分の２（戸建住宅）に税率が軽減されます（令和４年３月31日まで）。申請前に必ず確認しましょう。

◎登録免許税の納め方

書面申請の場合、登録免許税は、現金納付が原則です。この場合、所定の納付書を使って日本銀行本支店、代理店または郵便局で納付し、受け取った領収書を申請書または台紙に貼付して提出します。ただ、以下の場合には例外的に領収書に代えて、収入印紙を台紙に直接貼付して納付ができます。

・登録免許税の金額が３万円以下のとき
・登録免許税額のうち３万円未満の端数部分を納付するとき
・法務局付近に現金納付取扱機関がなく、法務局または地方法務局の長が収入印紙納付を認めて、そのことが法務局に公示されているとき（多くの場合は、これにあたり３万円以上でも納付可能とする法務局が多いようです）

オンライン申請の場合には、歳入金電子納付システムを使って、オンラインで登録免許税を納付する他、現金納付の領収書または収入印紙を管轄法務局に持って行くか、送付する方法で納めることができます。

なお、収入印紙は郵便局や法務局などで販売されています。

8 代理権限証明情報と資格証明情報

代理人が申請する場合は委任状または委任データが必要

代理権限証明情報・資格証明情報とは

代表者や代理人が登記申請をする場合は、その者が代表権または代理権を有することを証明する情報を添付しなければなりません。株式会社などの法人が登記申請する場合は、法人の代表者の資格証明書を添付します。また、司法書士などの代理人に登記を依頼する場合は、代理権限証明情報として委任状を添付します。

登記の申請は基本的に申請人本人によって行われることが想定されています。しかし司法書士などの専門家に依頼することがよくあります。また、会社などの法人は、代表者が法人の行為（登記申請など）を行うことになります。そのような場合に、本人を代理して登記申請する権限が本当に与えられているのかどうかを証明する書類やデータが添付されます。これを「代理権限証明情報」や「資格証明情報」といいます。

① 代理権限証明情報

必要事項を記載し、本人が署名（記名）・押印した委任状を作成して、代理人に交付します。押印に使用する印鑑は、所有権の登記名義人が登記義務者になるときは印鑑登録されている実印を使用して、作成後３か月以内の印鑑証明書を添付します。また、未成年者の親などの法定代理人が代理して申請するときは、親子関係を示すため作成後３か月以内の戸籍謄本が必要です。

② 資格証明情報

本人が法人の場合は、以前は代表者の資格を証する書面（代表者事項証明書、商業登記登記事項証明書など）を法務局で取得して添付する必要がありました。しかし、平成27年11月から上記に代え、申請書に会社法人等番号を記載することになり、原則として資格を証する書面は添付しない取扱いとなりました。会社法人等番号とは、会社を識別するために付された12桁の番号で登記簿などで確認できます。この番号の提供（具体的には申請人の事項に記載します）により、登記官は申請人である会社の登記記録を確認できるため証明書の添付が不要となっています。

なお、従前どおり作成後３か月以内の資格を証する書面を添付して申請することも可能です。

オンライン申請の場合

オンラインで登記申請する場合は、添付情報として、電子証明、電子証明書つきの委任データを提供することになります。

9 登記申請の方法

インターネットを利用して申請することもできる

どこで登記申請するのか

登記の申請は法務局にします。法務局は全国にありますが、どこでも登記申請が自由にできるわけではありません。自分が登記申請しようとしている不動産を管轄する法務局に申請しなければなりません。

管轄法務局については、登記識別情報（登記名義人となった申請人に発行される情報）または登記済証（権利証）などに記載されています。法務局の統廃合がなされていることもあるので、法務局に行く前にホームページなどで確認しておくとよいでしょう。

2種類申請方法がある

登記の申請方法には、オンライン申請と書面申請の2種類があります。オンライン申請とは、申請人（または代理人）が申請情報や添付情報をインターネットによって法務局に送信する方法です。書面申請とは、申請情報を記載した書面（申請情報を記録した磁気ディスクを含む）に、添付情報を記載した書面（添付情報を記録した磁気ディスクを含む）を添付して法務局に提出する方法です。

実際のところ、添付情報のすべてが電子情報になっているわけではありません。たとえば、登記済証です。各法務局でオンライン指定日（平成17年から20年にかけて）は異なりますが、オンライン申請が可能となって以降の新たな登記名義人や合筆をした場合などは登記識別情報が交付されていますが、オンライン化以前からの登記名義人は原則登記済証をそのまま使用します。

このように、添付情報のすべてが電子情報になっているわけではない現状をふまえ、特例方式という申請方法も認められています。一部の申請をオンラインにより行うことから、半ライン申請とも呼ばれています（78ページ）。

登記の申請方法

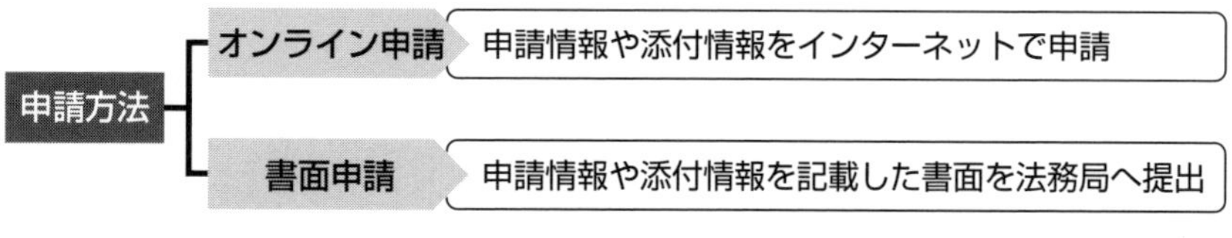

10 書面申請

郵送でも申請できる

書面申請の流れ

書面によって登記申請を行う場合は、まず申請内容に合わせた登記申請書（申請情報を記載した書面）を作るところから作業を始めなければなりません。申請書の作成に際しては、記入もれや誤記入が生じないよう、正確な記入を心がけるようにしましょう。申請書の作成は、法務局の申請書様式の利用やQRコード（二次元バーコード）付き書面申請の場合は申請用総合ソフトを利用して作成することができます。

申請書の他に、申請内容を確認するために必要な情報（添付情報）を提供しなければならない場合は、それらが記載されている書面も忘れずに用意します。登記申請の際に必要となる添付書類として、登記識別情報（登記済証）、登記原因証明情報、印鑑証明書、住所証明書などを挙げることができます。

書類の準備ができたら、不動産の所在地を管轄する法務局へ提出します。登記申請の受付は、平日の午前8時30分から午後5時15分までとなっています。

申請書の提出と登記の完了

法務局へ行ったら、申請書の内容に間違いがないことを確認してから、窓口に提出します。申請書の提出は、窓口で提出または返信用封筒を同封して郵送で提出することも可能です。

登記内容に不備があった場合には補正が必要です。申請内容に問題がなければ、申請時にわかる完了予定日（補正日）に、登記が完了することになります。

登記手続きの流れ

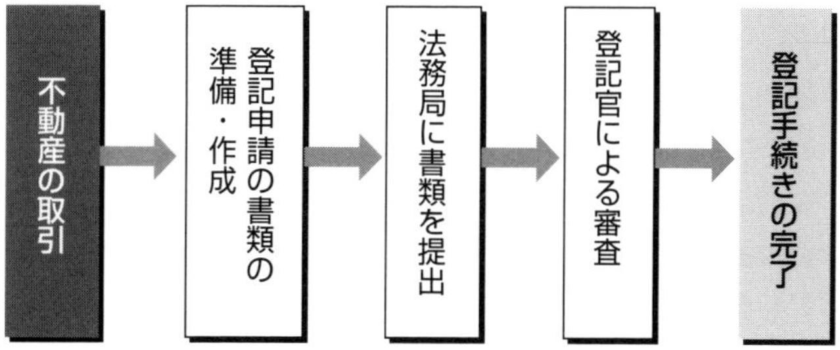

11 登記識別情報の管理

情報の漏えいに注意する

登記識別情報が不要なケース

申請する登記の種類によっては、登記識別情報（60ページ）が必要ない場合もあります。建物の表示の登記は建物の新築時に行われるため登記識別情報はもともと存在しません。

登記名義人住所（氏名）変更・更正登記は実際には権利関係の変動がなく、記録を改めるだけなので登記識別情報は必要ありません。登記の順位を確保するためだけに行われる仮登記も登記識別情報は不要です。さらに、相続の登記、判決による登記、官公署（役所）の嘱託による登記も登記識別情報を添付する必要はありません。

登記識別情報の失効の申出

登記識別情報の失効の申出とは、登記名義人の請求により、いったん有効に取得した登記識別情報を失効させる制度です。この請求は登記識別情報をなくした場合や、盗まれた場合など、登記識別情報を使用した不正登記の防止に利用されます。この請求には登記識別情報の提供は必要ありません。しかし、この請求が登記名義人からの請求であることを確認する必要があります。そこで、オンラインによる請求であれば電子署名と電子証明書、請求書による請求であれば印鑑証明書つきの印鑑で確認されることになります。

なお、いったん有効な登記識別情報が提供され、登記の申請がなされた後に失効請求が行われた場合は、当該登記申請は有効な登記識別情報の提供があったものとみなされます。

登記識別情報の不通知希望

登記識別情報は情報そのものなので、一度他人に知られるだけで悪用される可能性があります。そこで、「登記識別情報の管理を適切に行う自信がない」という登記名義人は、事前に登記識別情報の通知を拒否することができます。この申出があると登記識別情報は通知されません。通知を拒否した者がその後権利に関する登記を行うには、事前通知制度や資格者代理人などによる本人確認制度を利用します。

登記識別情報の有効証明

登記済証の有効性は、登記済証に記載されている受付年月日や受付番号を、登記簿と比べることによって確認することができました。しかし、登記識別情報は「情報」なので一度でも人に見られると悪用される危険があり、原本が手元にあるとしても安心とは限りません。そこで登記識別情報が有効かどうか確かめる手段として、登記識別情報の有効証明という制度があります。

登記識別情報の有効証明の制度を利用し、不正に情報を取得されないために請求者や請求手段は限定されています。この請求のための条件として以下のものが挙げられます。

① 請求者は当該登記識別情報をもっている登記名義人またはその代理人に限られます。

② 有効証明の請求には登記識別情報の提供が必要です。

③ オンライン申請による請求であれば請求情報に電子署名をし、一緒に電子証明書の提供をします。

④ 請求書による請求であれば請求書に実印で押印し、印鑑証明書を添付することが必要です。

⑤ 委任による代理人が行うのであれば、委任情報に電子署名と電子証明書または実印での押印（印鑑証明書を添付）が必要です（司法書士が代理人の場合、委任状は不要）。

◎有効証明の内容

有効証明は、請求のあった登記識別情報が有効であるとの内容であり、登記識別情報自体は開示されません。登記識別情報の有効証明は、登記名義人の利益のために認められるものなので、その実費を支払います。

登記識別情報有効証明書サンプル

登記識別情報に関する証明

1．請求に係る登記

【不動産】

新宿区○○町一丁目１番１２の土地

【不動産番号】

○○○○○○○○○○○○○

【受付年月日・受付番号（又は順位番号)】

令和○年○月○日受付　第○○○○号

【登記の目的】

所有権移転

【登記名義人】

○○区○○町○丁目○番○号

○○○○

（以下余白）

2．回答

上記の登記について令和○年○月○日受付　第○○○号の請求により提供された登記識別情報は、当該登記に係るものであり、失効していないことを証明する。

令和○年○月○日

東京法務局

登記官　　○○○○

12 事前通知制度

登記識別情報を提供できない場合の本人確認

事前通知制度とは

登記識別情報や登記済証の提供もなく申請がなされた場合、申請をしてきた者が本人であることを確認する必要があります。そこで売主など登記義務者に対して、登記の申請があった旨、この申請に間違いないときはその旨の申出をするべきことが通知されます。

この通知を受けとった登記名義人がこれに署名し印鑑を押し、申請が本物である旨の申出をします。この事前通知は本人が確実に受け取る必要があるため、本人限定受取郵便により行われます。

前住所への通知

所有権に関する登記の申請については、申請の一定期間以内（３か月）に住所が移転したとして登記名義人表示変更（登記名義人の氏名や住所が変更された場合にされる登記）の登記がなされている場合は、変更前の住所にも当該申請があった旨の通知がなされます。これは登記の申請者が、本人になりすまして、勝手に住所移転の届出をして登記名義人表示変更登記をすることがあるからです。そのため、前の住所にも通知をして安全を図っているのです。

事前通知制度による受付順位の確保

登記申請の受付の順位は権利の争いがあった場合、非常に重要になってきます。もし、先に取引を行ったとしても、後から取引を行った者が先に登記をしてしまうと権利を主張することは難しくなります。

本人限定受取郵便

本人限定受取郵便で郵送された郵便物は名宛人本人しか受け取ることができません。

郵便物が郵便局に届くと、届いた旨の通知が送られてきます。この通知が届いてから郵便局の窓口で身分証明書を提示すると郵便物を受け取ることができます。氏名や住所、生年月日の記載のある身分証明書を提示し、本人確認を行った上で郵便物が渡されますので、確実に本人に事前通知が届けられます。郵便物の留置期間は10日間になります。

資格者代理人などによる本人確認情報

登記識別情報や登記済証が添付できない場合、事前通知を省略して登記申請を行う方法として、資格者代理人などによる本人確認の制度があります。この制度は、代理人である資格者（司法書士、土地家屋調査士、弁護士）が申請人と面談を行い登記名義人本人であることを確認します。わかりやすくいうと、司法書士が「本人であることに間違いない」と確認できれば、事前通知の手続きを経なくても、登記識別情報（登記済証）を添付せずに登記手続きができるということになります。本人確認の手段として、使用した資料や面談の日時、本人確認を行った場所などを明らかにし、本人確認情報として法務局に提供します。提供された本人確認情報が相当であると認められれば、事前通知は省略され、登記が実行されます。しかし、本人確認情報が相当と認められない場合、この制度は利用できません。その場合は事前通知による方法で申請を行う必要があります。

公証人による認証

登記識別情報や登記済証が添付できない場合、申請情報や代理人の権限を証明する情報を記載した書面や記録について、公証人から必要な認証をもらい、さらに登記官がその内容を相当と認めた場合も、事前通知を省略することができます。

登記官による本人確認

たとえば、①誤った登記識別情報を提供した登記申請や有効証明請求が何度もなされた後、申請があった場合、②誤った登記識別情報を提供してなされた申請が却下される前に、正しい登記識別情報に補正された場合、③真実の登記名義人と称する者が、自らの身分を明らかにする資料を提供した上、第三者による不正な登記があった旨を主張し、これを裏づける資料（被害者届けなど）を提供した場合、④所有権に関する登記申請について、転送不要で発送した登記記録上の前住所への通知が法務局に返送されなかった場合などに、登記官による本人確認が行われ、その結果、申請人に権限がないと認められると申請は却下されます。

事前通知制度

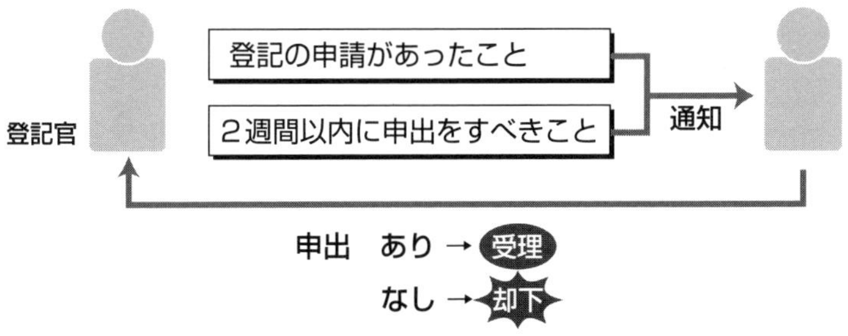

13 原本還付

提出した書類の一部を返してもらう手続き

原本還付とは

添付書類の中には、公的機関や銀行などで別途手続きをする際に必要になってくるものもあるでしょう。そこで、「原本還付」という手続きが設けられています。

原本還付を請求できるのは、登記原因証明情報、代理権限証書（一部例外あり）、住所証明書などの書類です。

これに対し、印鑑証明書（遺産分割協議書に添付したものなどは還付されます）、その登記申請のためだけに作成された委任状、報告形式の登記原因証明情報などの書面については原本還付請求ができません。

原本還付の手続きは、まず、原本をコピーします。そのコピーに法務局の受付に置いてある「原本還付」の判を押すか、自分で赤い字で「原本還付」と書いた上で、「右は原本と相違ありません」と申請人が記入して、記名押印します。原本ではなく、コピーの方を申請書に添付して法務局に提出することになります。

なお、相続による所有権移転登記の申請の場合、戸籍謄本や除籍謄本を登記原因証明情報として提供することになりますが、これらをコピーして申請書に添付しなくても、相続関係説明図を添付することで、戸籍謄本や除籍謄本の原本還付を受けることができます。

一方、遺産分割協議書や特別受益証明書などに添付した印鑑証明書、住民票の写しについて原本還付を受けるためには、別途それらのコピーを添付することが求められています。

原本還付のしくみ

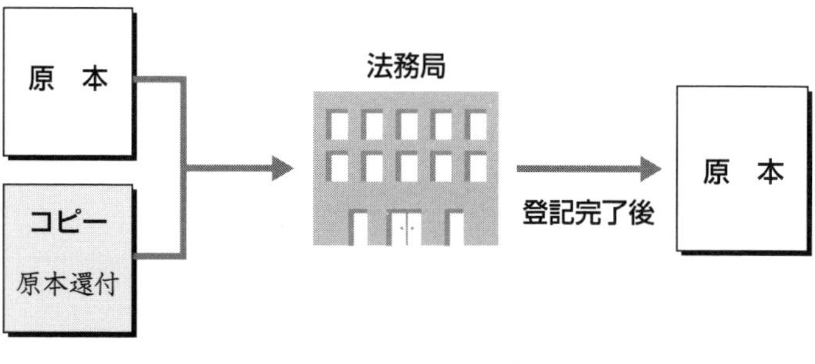

14 補正

申請書の不備を訂正するための手続き

補正とは

登記申請書に何の不備もなければ、申請内容が登記簿に記載されます。もし、申請書に不備が見つかった場合でも、不備を補正できる場合には、登記官は申請を却下せずに、申請人に対して補正（不備の訂正）を指示します。

なお、補正しない場合、申請は却下されますが、実務では、不備を説明した上で、申請人に取下げを促している場合も多いようです。申請を取り下げた場合、すでに納付した登録免許税も還付されるからです。

また、取り下げる際に、取下書と共に再使用申出書を提出すると、領収書または消印済の収入印紙に再使用ができるという判が押印されて返ってきます。再申請時には、それをそのまま使用することができます。

補正は次のような方法・手順で行われます。

書面申請の場合

書面申請の場合、登記申請書に申請人の電話番号などの連絡先を記載することになっています。申請書、添付書類などに不備があり、そのままでは登記の実行ができない場合、いついつまでに補正を行うよう法務局から電話がかかってきます。そこで、補正の要請があったら、定められた補正期限内に法務局に行き、補正をすることになります。なお、登記官には、補正の必要がある場合に、必ず申請人に連絡をしなければならない義務があるわけではありませんが、通常、そのままでは登記できない不備がある場合には、連絡があるといえるでしょう。

郵送で書面申請を行った場合、郵送で補正をすることができます。郵送で補正をする場合は、訂正後の申請書または添付書類を郵送するか、正誤を明らかにした補正書を郵送します。なお、郵送で申請を行った場合であっても、直接法務局に行って補正してもかまいません。

オンライン申請の場合

オンライン申請の場合には、補正もオンラインで行わなければなりません。

補正の必要がある場合、補正を要する事項、補正期限の年月日、補正期限内に補正がなされなければ申請を却下する旨、補正の方法、管轄法務局の電話番号が登記・供託オンライン申請システムに掲示する方法によって告知されますので、指示に従って補正をすることになります。

15 登記申請の却下

却下事由は法律で定められている

登記申請の却下

以下のような不備があると申請が却下されてしまいます。

① 登記を申請した不動産の所在地がその法務局の管轄に属さないとき

登記の対象となる不動産物件を管轄する法務局に申請しなければ、申請は却下されます。

② 申請が登記事項以外の事項の登記を目的とするとき

たとえば、所有権移転の登記の申請の場合に、「債権額　〇〇〇円」と書いて登記申請しても却下されます。それは債権額が所有権移転の登記の登記事項ではないからです。

③ 申請した登記がすでに登記されているとき

まったく同じ登記を二重に申請することはできません。

④ 申請の権限のない者の申請

調査の結果、申請権限のない者による申請と認められる場合には、申請が却下されます。

⑤ 申請情報またはその提供の方法が法令で定められた方式に適合しないとき

必要事項が記載されていない場合、押印がない場合、鉛筆で記入されている場合などは申請が却下されます。

⑥ 申請情報の内容である不動産または登記の目的である権利が登記記録と合致しないとき

たとえば申請書に記載されている不動産の表示が誤っている場合です。

⑦ 申請情報の内容である登記義務者の氏名や住所が登記記録と一致しないとき

登記義務者の氏名または名称、住所が登記記録と一致しない場合は申請が却下されます。

⑧ 申請情報の内容が登記原因を証する情報と一致しないとき

登記簿には登記申請書に記載された

登記申請後の流れ

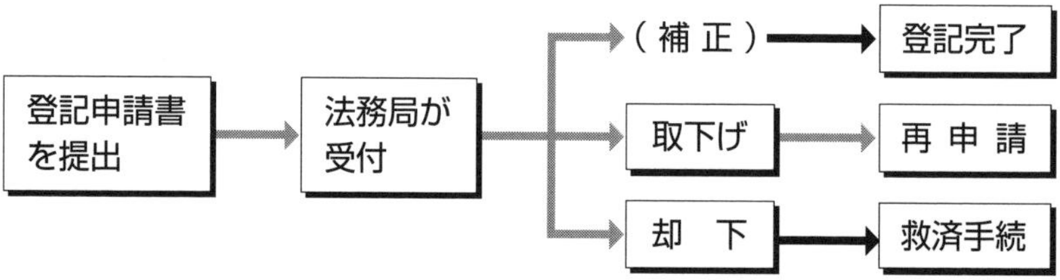

登記原因が記録されます。そのため、原因となる事実を証明するために登記原因証明情報を添付しますが、申請書と登記原因証明情報の記載内容に食い違いがあれば、申請は却下されます。

⑨　**申請情報とあわせて提供しなければならない情報が提供されないとき**

たとえば登記識別情報を提供しなければならない場合においてこれを提供しない場合、また登記原因証明情報を提供しなければならない場合においてこれを提供しない場合には、その申請は却下されます。

⑩　**登記識別情報を提出できない場合の事前通知に対して、期間内に登記義務者からの申出がなかったとき**

国内では２週間、海外では４週間の期限内に申出をしなければ申請は却下されます。

⑪　**表示登記の申請書に掲げた不動産の表示が、登記官の調査の結果と一致しないとき**

登記手続きでは書面審査が原則で、登記官には形式的審査権しかないのですが、土地や建物の表示についての登記の場合は、登記官による実地調査が行われます。実地調査の結果と申請内容が一致しなければ、却下されます。

⑫　**登録免許税を納付しないとき**

額が不足している場合にも却下されます。

⑬　**登記すべきものでないときとして、政令で定めるとき**

具体的には、不動産以外のものを目的とする登記申請などは却下されます。

◎却下処分に対する救済手段

もし登記申請を却下されたことについて納得がいかない場合は、監督法務局または地方法務局の長を相手どって審査請求を行ったり、裁判所に行政事件訴訟や国家賠償訴訟を提起することができます。

却下処分に対する救済手段

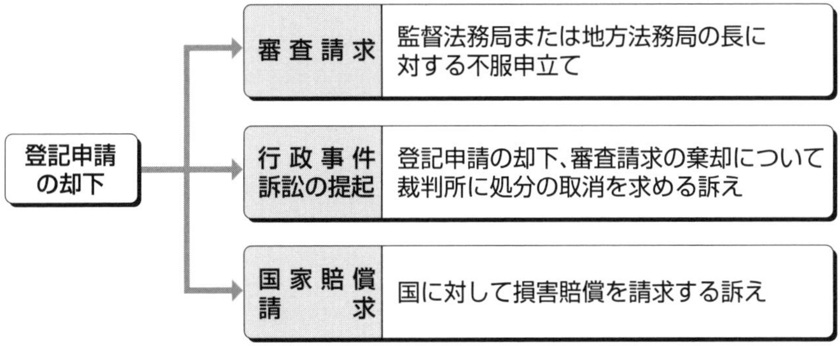

16 登記完了通知制度

登記を完了したことが通知される

登記の完了

登記が完了すると、登記が完了したことを知らせる登記完了証が法務局から申請人に交付されます。登記申請を行い、登記が完了すると、通常は申請人は登記事項証明書などを取得するので、登記が完了したことがわかりますが、完了したことを法務局から知らせてもらった方が安心できます。

オンライン申請の場合、登記完了後、登記完了証をインターネットでダウンロードすることで登記が完了したことを知ることができます。オンラインで申請した登記申請について、書面で登記完了証を受け取ることもできます。

一方、書面申請の場合、登記識別情報が通知される登記では、登記識別情報通知書を受け取ることにより登記が完了したことがわかるので、登記完了証の交付はあまり実益があるとはいえないかもしれません。

しかし、登記名義人氏名変更登記や抵当権抹消登記のような登記識別情報が通知されない登記では登記完了証の交付は実益があるといえるでしょう。

登記識別情報の不通知を選択することができますが、この場合も、登記完了証が交付されることによって、迅速に登記が完了したことを知ることができます。

また、申請人が複数の場合、そのうちの一人に交付されます。

登記完了後の通知等

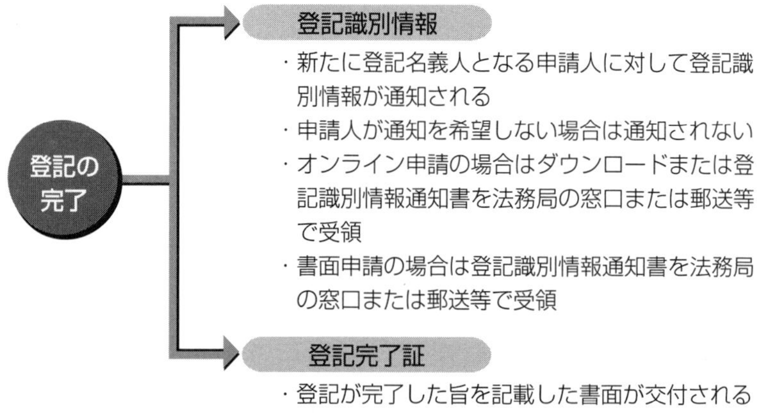

17 登記簿・地図・建物所在図のIT化

行政サービスの効率化に役立つ

オンライン申請には不可欠

不動産登記の世界にインターネットによる登記申請の時代が到来したことにより、あらゆる書面が電子情報化される必要がでてきました。

書面で作成されていた登記簿や地図、建物所在図などは、原則として電子情報として電磁的記録媒体に保管されるようになっています。地積測量図や建物図面などが書面で提供された場合は、登記官は電子情報に変換して記録することになります。

オンライン申請を行う場合、添付情報である戸籍謄本などの公文書もすべて電子情報化されている必要があります。また第三者の承諾や許可の情報もすべて電子情報として提供できなければ、オンラインによる申請はできません。さらに、書面での申請の際に印鑑を必要とするような申請をオンラインで行う場合は、電子署名、電子証明書の取得が必要です。

登記簿や地図などが電子情報化されることの最大のメリットは、効率的な登記事務が可能になるという点です。たとえば、最寄りの法務局での登記簿の取得や登記申請書に不備があった際に法務局に出向かずに補正をすることができるようになりました。特に地図の場合、電子化によって、紙の地図のように劣化することがなくなり、正確な地図を管理できます。

地図の電子化のメリット

①紙の地図のような劣化がなくなり、正確な地図を管理できるようになる
②登記事務の効率化を図ることができる
③証明書の交付などが迅速かつ簡単にできるようになる
④インターネットを利用した行政サービスを実現できる
⑤分筆や地積更正の登記が正確な数値に基づいて行える
⑥地図の尺度を自由に変更できるようになる
⑦他の関連情報と連携させることができる

18 登記・供託オンライン申請①

インターネットを利用して不動産登記申請をすることができる

◎どんなシステムなのか

登記・供託オンライン申請システムは、申請や請求についてインターネットを利用して行うシステムです。

このシステムは、法務省関連のさまざまな手続のうち、登記関係手続の申請・請求に特化したオンライン申請システムです。従来の書面申請では管轄の法務局へ出向いて申請書を窓口に提出するか郵送で申請書を送付する必要がありましたが、システムの利用により、自宅やオフィスなどから申請の手続きをすることができます。また、証明書等の請求時の手数料が少し安くなっています。

従来の書面申請に比べて利便性は向上しましたが、後述する（78ページ）ように、添付情報等の提供について環境が整っていないのが現状です。

◎利用可能な手続きは2種類ある

不動産登記手続、商業・法人登記手続、動産譲渡登記手続、債権譲渡登記手続、成年後見登記手続、供託手続、電子公証手続での利用が可能になっています。

登記・供託オンライン申請には、申請用総合ソフトとかんたん証明書請求・供託かんたん申請という２つのしくみがあり、利用できる手続が異なります。

①　申請用総合ソフトで行う手続き

申請用総合ソフトは、登記・供託オンライン申請システムで取り扱うすべての手続を対象としています。

不動産登記については、以下の手続きを行うことができます。

・不動産登記の申請または嘱託
・登記識別情報に関する証明請求
・登記識別情報の失効の申出
・登記識別情報の通知・未失効照会
・登記事項や地図・図面証明書の交付請求

②　かんたん証明書請求で行う手続き

かんたん証明書請求とは、インターネット上に開設したウェブサイトから電子署名や添付ファイルを必要とせずに証明書の請求をすることができるしくみです。不動産登記については、かんたん証明書請求では、登記事項証明書、地図・図面証明書の交付請求をすることができます。

◎申請の流れ

以下、申請用総合ソフトを利用した場合の一般的な登記・供託オンライン申請の手続きの流れを説明します。

① 事前準備と環境設定

登記・供託オンライン申請システムを利用するために、申請者ID及びパスワードを登録します。申請用総合ソフトを利用する場合には、申請用総合ソフトのダウンロード及びインストールを行います。また、オンラインによる不動産登記申請は電子署名が必要ですので利用可能な電子証明書を取得しておきます。

② 申請内容の入力・作成

申請用総合ソフトで申請内容の入力・作成を行います。

③ 申請内容の送信準備及び送信

添付書類が必要な手続の場合には、申請書に添付書類を添付します。電子署名が必要な手続の場合には、申請書に電子署名を付与します。送信対象となる申請データが正しいことを確認し、作成した申請データを送信します。

④ 処理状況の確認

申請した手続の処理状況の確認や処理状況に応じた処理が行われます。

申請データが登記・供託オンライン申請システムに到達した時点で、申請番号、申請データが申請先法務局で受付された時点で受付番号を確認できます。登録免許税の納付については、インターネットバンキングなどを利用し、電子納付を行うこともできます。補正すべき事項がある場合には、補正の情報が通知されてきます。手続きに不備がなければ、登記・供託オンライン申請システムから登記完了証などの公文書が発行され、電子公文書を取得できます。

ただし、電子公文書のダウンロードができるのは1回だけです。

オンライン申請のしくみ

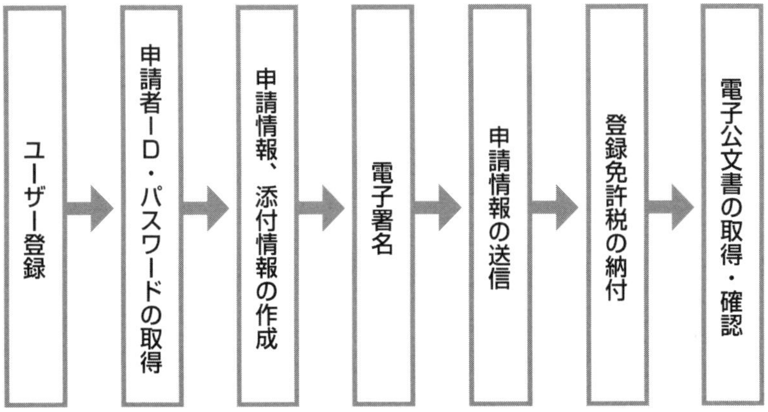

19 登記・供託オンライン申請②

半ライン申請という申請方法もある

利用上の注意点

登記・供託オンライン申請システムを利用する際には、申請者情報登録を行い、申請者ID及びパスワードを取得することが必要です。

このシステムを利用するための利用料は必要ありません。しかし、手続によっては別途登録免許税や手数料などを納付する必要がありますが、申請画面からログインしてインターネットバンキングを利用して納付することもできます。

なお、オンライン申請システムを利用せず、従来どおり書面による申請をすることもできます。

電子証明書とは

オンライン申請をするには、申請人や代理人などが申請情報に電子署名をし、登記官が電子署名が正しく申請人などによって行われたものであることを確認するために、電子証明書を送信しなければなりません。不動産登記のオンライン申請に使用可能な電子証明書は、現在のところ、公的個人認証サービスによる電子証明書、電子認証登記所電子証明書、特定認証業務電子証明書などです。

注意したいのは、オンライン申請では、登記権利者の電子署名、電子証明書も必要になることです。書面による登記申請では、実印を押印し、印鑑証明書を添付しなければならないのは登記義務者や承諾書の作成名義人などに限られていますが、オンライン申請では、これらの者に加えて、登記権利者や単独申請の申請人も申請書などに電子署名をし、電子証明書を送信しなければなりませんので、当事者にオンライン申請が可能となる環境が整っていることを確認しておく必要があります。

半ライン申請とは

オンライン申請をするには、添付情報のすべてが電子情報になっている必要があります。ただ、実際のところ、添付情報のすべてが電子情報になっているわけではありません。

1つでも電子化されていない添付情報がある場合にはオンライン申請をすることができないとなると、オンライン申請の普及は難しくなります。

そこで、不動産登記のオンライン申請をする場合において、添付情報（登記識別情報を除く）が記載された書面を法務局に提出する方法により不動産登記の申請をすることができるようになっています。具体的には、登記原因証明情報（売買契約書など）が記載されている書面をPDF化して、登記識別情報の場合は情報を入力して申請情報と共に送信し、申請の受付日から2日以内に登記原因証明情報の原本及び他の添付書類を法務局に持参するか、書留郵便等で郵送します。この方式を特例方式といいますが、一部の申請をオンラインにより行うことから、半ライン申請とも呼ばれています。

司法書士など代理人による申請の際によく利用されています。

また、令和2年1月よりQRコード（二次元バーコード）付き書面申請ができるようになりました。

これは、電子証明書がなくオンライン申請できない場合でも、申請用総合ソフトを利用して申請書を作成し、その申請情報を事前にインターネット経由で送信（電子署名は不要）しておき、QRコードが付された申請書を印刷して添付書類と一緒に法務局の窓口または郵送で提出する方法です。この方法により、申請用総合ソフトの機能を利用してより正確な申請書の作成やWeb上で処理状況の確認などができます。

しかし、あくまでオンライン（半ライン）申請ではなく書面申請ですので、従来どおり申請書へ申請人等の押印が必要であり、申請情報を送信した段階では登記申請が受付されたことにはならず、QRコードが付された申請書を法務局に提出した段階で受付されることになりますので注意が必要です。

◎オンライン申請が主流になるのか

登記の申請をオンラインで行うためには、①申請人が認証機関から電子証明書の発行を受けていること、②すべての添付情報をインターネットにより送信できること、などの条件があります。

たとえば、添付情報の中には判決正本や戸籍謄本などの公文書をすべて電子情報化し、オンライン申請に対応できるようにするためには、必要な法整備をしていかなければなりません。法令の改正やソフトウェアの改良など社会全体が対応できる環境を整える必要があるといえるでしょう。

今後、相続登記の義務化などに向け、一気に普及が進む可能性もあります。

半ライン申請のしくみ

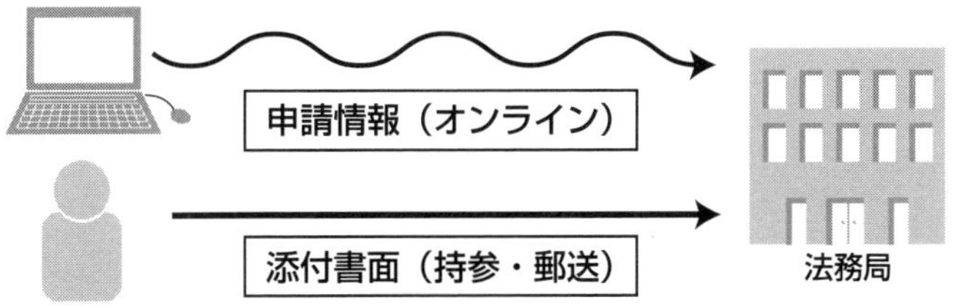

20 オンラインによる表示登記の申請

申請人の負担を軽減する制度がある

表示に関する登記

登記記録は表示に関する登記と、権利に関する登記から成り立っています。表示に関する登記は土地、建物の所在、地番、地積、床面積、家屋番号などその不動産の現況を明らかにするための登記です。

書面によって作成された添付情報

表示に関する登記を行う際、添付情報として送信しなければならない情報が書面で作成されている場合もあります。オンラインで書面そのものを送信することはできませんから、そのような場合は、「原本の写しに相当する情報」を添付情報として提供することができます。

「原本の写しに相当する情報」とは、申請人または代理人が原本である書面の内容と相違ない旨を明らかにした情報です。

「原本の写しに相当する情報」については、原則として、原本の作成者が内容を確認して、電子署名と電子証明書をつけます。ただ、表示登記の申請をオンラインで行う場合、作成者の電子署名や電子証明書までは要求されません。

「原本の写しに相当する情報」を提供すると、原本である書面そのものが提出された場合と同じ効力が認められます。

なお、土地家屋調査士等が代理してオンライン申請を行う場合に、一定の要件を満たすと、すべての原本の提供を原則不要とすることができます。

原本の写しに相当する情報の提供

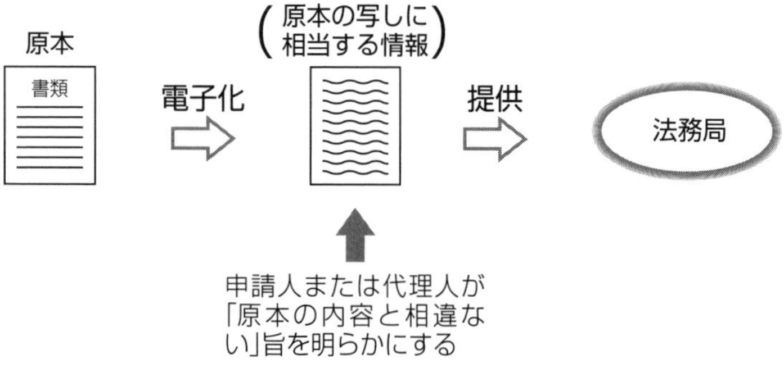

第４章

売買・贈与と登記手続き

1 売買契約

売主・買主それぞれに義務が発生する

売買とは

当事者の一方がある財産権を相手方に移転することを約し、相手方がこれにその代金を支払うことを約束することによって成立する契約です（民法555条）。

売買契約の効力として、売主は目的物の財産権を買主に移転すべき義務を負い、買主は代金支払義務を負います。売主には、ただ目的財産を引き渡すだけでなく対抗要件（目的財産が不動産であればその移転登記、債権であれば譲渡通知）を備えるところまで買主に協力する義務があります。

不動産の売買契約とは

不動産の売買時には、重要事項説明書と共に、売買契約書が作成・交付されます。売買契約書は、売買契約の内容を書いた書類で、売主・買主共にこの書類に書かれた内容に従って契約を遂行していくこととなり、契約書に押印をすると、契約当事者はその内容に拘束されます。契約書を渡されたときには、まずは売主の氏名・住所を確認し、その不動産の所有者が売主本人であるかどうかも確認しておきましょう。次に、売買の対象となる不動産について、場所や面積、地目、法律上の制限といった情報を確認します。

土地については、登記簿上と実測の面積が異なる場合があります。売買の際には、代金を決めるもととなる土地面積の根拠を登記簿上のものとするか、実際に測った面積をもととするかについても確認する必要があります。契約する際には、あらかじめ、対象となる土地の面積を測った上で取引を行う慎重さが必要です。

売買契約の基本的な義務

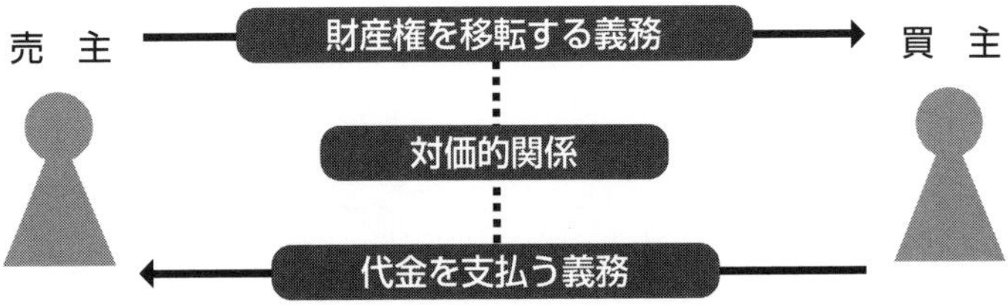

2 手付

解除権を留保する解約手付が原則

手付とその種類

家や土地などの大きな買い物をする場合には、まず手付を払ってそれから残額の支払いをするというのが普通です。手付とは、契約締結の際に交付される金銭や品物（ほとんどの場合は金銭である）です。

手付にもいくつかの種類・性質がありますが、手付が払われた場合、その手付は原則として解約手付です。解約手付とは、手付の金額だけの損失を覚悟すれば、相手方の契約内容の不履行がなくても契約を解除できるという趣旨で交付される手付のことです。つまり、解約手付を払うということは、解除権を留保するという意味になるわけです。相手方が履行をはじめる前なら、手付を交付した者は手付を放棄し、手付を受け取った者は、その倍額を償還することによって、契約の解除をすることができます。

その他、手付には、契約締結の証拠として授受される「証約手付」や債務不履行があれば違約罰として没収できるという趣旨で交付される「違約手付」などがあります。

ただし、不動産売買の売主が宅建業者の場合には、手付金の金額の上限は売買代金の20％以内とされています。

手付に似たもの

手付に似たものとして、「内金」があります。内金は、単に代金の一部を前払いするというだけで、手付のような法的な効果はありません。一般に代金の20～30％くらいであれば内金で、代金の10％くらいであれば手付であるとされています。

また、不動産の賃貸や売買などでは、「申込証拠金」の支払を請求される場合があります。これは後で契約を結ぶための優先順位をとりあえず確保しておくために払っておくお金です。契約が成立すれば代金の一部にあてられますが、契約が成立しなかった場合には返還されます。

解除と手付の関係は

相手方が契約の履行の着手後には、手付金による解約を行うことはできません。たとえば、売買契約の内容を実行する際に、土地上にあった古い建物を取り壊し、更地での引渡しが条件だった場合に、その建物を実際に取り壊した場合などです。契約行為の着手後に契約を破棄する場合には、契約違反と同じ扱いとなり、相手方が契約を解除することができます。

3 贈与契約

書面で行った贈与は取り消せない

贈与とはプレゼントのこと

贈与とは、簡単に言ってしまえばプレゼントの事です。「自分の持っているモノをプレゼントするよ」といい、相手が、「ではいただきます」と言って贈与契約は成立します。

贈与については、民法で「贈与は、当事者の一方が自己の財産を無償で相手方に与える意思を表示し、相手方が受諾をすることによって、その効力を生ずる」と規定されています。

贈与はある人の一方的な意思だけで成立するものではありませんが、口約束でも、当事者があることに合意すれば成立します。これは、たとえ酒の席での約束でも同じことです。

では、酔いがさめてから「あれは冗談だよ」となったとき、相手方は、贈与契約の不履行だといって訴えることができるのでしょうか。

贈与は、契約には違いがありませんが、家族や親しい人に対する好意や感謝の気持ちを表わすために行うものです。つまり、他人間や商取引における売買契約などとは、本質的に異なったものといえます。そこで、民法では、口約束のような書面によらない贈与については履行に着手しない限り、取り消すことができるとしています。

ですから、酒の席で成立した100万円の贈与契約も、酔いがさめてから「あれはなかったことにしてくれ」と言われれば、それで解消してしまうことになります。

書面による贈与契約

書面による贈与契約については、そうはいきません。利害の反する者の間の取引では、必ず契約書を作り、署名押印しています。契約書を作成することは、それぞれの当事者の意思を明確にし、後日起こりがちな「言った」「言わない」のトラブルを防止する効果があります。書面にした以上は贈与者の意思も明確なわけですから、一方的に取消しを認めるのは、相手方の期待を裏切ることになります。

そこで、書面による贈与には、口約束のものよりも強い拘束力を与えることにしています。

特殊な贈与の形態がある

民法は、特殊な形態の贈与についても規定しています。

大学卒業までの学費を毎月仕送りするというように、定期の給付を目的とする贈与のことを定期贈与（552条）といいます。定期贈与は、当事者のどちらかが死亡すると効力を失います。

また、家を贈与する代わりに庭の手入れをしてもらうというように、受贈者（もらう側）に対価性のない一定の負担をさせる贈与のことを負担付贈与（553条）といいます。贈与契約は双務契約（契約当事者がお互いに対価的意義をもつ債務を負担する契約）ではありませんが、負担付贈与については、負担の限度においては実質的な対価関係に立つといえます。そのため、負担付贈与には、性質に反しない限り、双務契約の規定が準用されます（553条）。

なお、贈与者の死亡によって効力を生ずる贈与のことを死因贈与といいます（100ページ）。

生前贈与とは

自分の生きているうち（生前）に、配偶者や子供などに財産を贈与することを生前贈与といいます。特に、死因贈与と比較するときに使用される用語です。

相続を考えるような事態に至ったときに、生前贈与は、相続税対策として利用されることがあります。贈与税には、年間１人あたり110万円の基礎控除があります（年間１人あたり110万円までは贈与税がかかりません）。

そのため、たとえば110万円ずつ10年間にわたって贈与すれば、無税で１人あたり1100万円までの贈与が可能となります。ただし、連続した贈与（連年贈与）は最初の年に贈与すべき金額を分割したものとして贈与税が課される可能性があるので注意が必要です。

負担付贈与

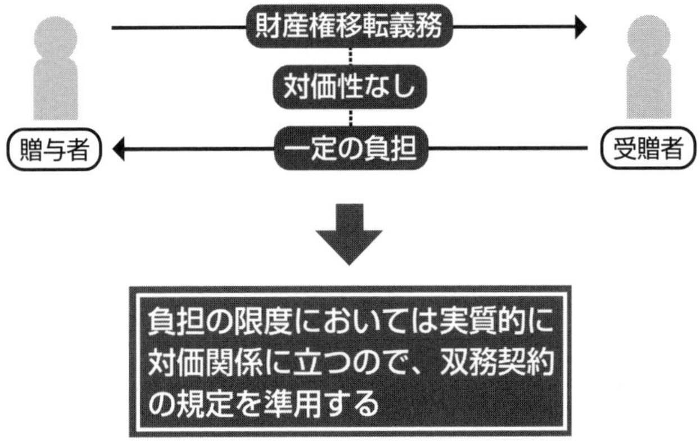

4 不動産購入手続き

現地調査や届出義務などがないか確認する

◎不動産・土地の購入は慎重に行う

不動産とは、土地とその上に建っている建物のことです。

ただ、一口に土地といっても、田畑などの農地や山林のような土地から家屋を建築するために整備された宅地のような土地まで、さまざまな種類の土地があります。マイホームや賃貸マンションなどを建築するために購入する土地は一般的に宅地と呼ばれています。

不動産は、動産と比べて一般的に経済的価値が高いため、購入に際しては慎重に手続きを進める必要があります。

もし、何の法律的知識もないまま売買契約の相手方に手続きのすべてをまかせてしまうと、購入代金をだましとられたりして、結局、不動産が手に入らないといったトラブルも起こりかねません。そのため、登記簿の見方なども知っておく必要があるのです。

土地を購入する場合、まずは必ず現地に行って購入する土地を自分の目で確認することです。図面ではわからなかった土地の起伏や周りの環境を確認することができます。また、建築基準法上の問題がある土地、抵当権や他人の権利がついた土地など目に見えない部分に問題がある場合もあります。農地や市街化調整区域の土地も要注意です。登記事項証明書や公図で場所を確認し、地積測量図がある場合には地積についても確認する必要があります。

◎届出が要求される場合もある

土地売買は自由なはずですが、国土利用計画法では、適正かつ合理的な土地利用を達成するために、土地売買の契約後２週間以内に買主が売買価額と利用目的を都道府県知事などに届け出ることになっています。

そして、売買される土地の利用目的が周辺地域の土地利用に対して著しく支障を生じさせると判断された場合、利用目的などの変更が勧告されます。国土利用計画法では土地の取引に伴って地価が高騰することを抑制するため、行政が土地取引に直接介入することを認めているのです。

ただ、すべての土地売買について届出が必要なわけではなく、一定面積以上の土地取引をした場合に適用されます。

また、この他に、注視区域（相当な程度を超えて地価の上昇が見込まれる地域）という制度も設けられています。

不動産購入手続きの流れ

不動産購入計画を立てる

↓

- 土地であれば、場所などを特定する
- 建物であれば、新築にするか中古にするか決める
- 住宅ローンの種類やしくみを調べる

購入物件を特定し、物件の情報を収集する

↓

- 折込みチラシなどで物件を探す
- 展示場に行ってみる
- 関係法令などを調べる

不動産業者を確認する

↓

- 業者名簿などで不動産業者を調べる
- 周辺環境や立地条件なども確認する

不動産についての重要事項の説明を受ける

↓

- 不動産に欠陥がないか調べる
- 気になる点があれば確認する
- 重要事項の説明を受ける

不動産売買契約を結ぶ

↓

- 契約書の内容を確認する
- 購入代金の支払方法を決める
- 引渡時期と移転登記について確認する
- 手付金を支払う

金融機関などに住宅ローンを申し込む

↓

- 融資条件を確認する
- 書類をそろえて申し込む

不動産の引渡しと登記を受ける

- 代金(残代金)と引換えに不動産の引渡しを受ける
- 所有権移転登記をする

5 請負契約

過程ではなく仕事の完成を求める

◎請負契約とは

請負とは、平たく言うと「他人に仕事をしてもらう」契約です。つまり、ある者（注文者）が、他人（請負人）の労務を利用して仕事を完成させ、その仕事の結果に対して報酬を与える契約です。請負は業務（仕事）を請け負うことから、業務請負と呼ばれることもあり、契約書の表題についても「業務請負契約書」とされることがあります。請負契約にあたるというためには、主に以下の要件を満たす必要があります。

①　注文者が直接指揮命令をしない

注文者（使用者）が作業従事者に対して直接指揮命令をしない、ということがあります。作業従事者の個別の作業に対して指示したいことがあっても、注文者は直接その作業従事者に対して指示することができません。請負人側の責任者の指揮命令の下で、作業従事者が注文者の意に沿った仕事をすることになります。ここが派遣先や出向先から直接指揮命令を受ける「派遣」「在籍出向」と大きく違う点です。

②　請負は仕事を完成させることが目的

請負は「仕事の完成」が契約の目的であり、仕事を完成させることが請負人の義務にもなっています。ここが仕事の完成を目的としていない「委任」との違いです。

請負の場合は、請負人の管理下で作業が行われるのを原則としています。そこで、注文者から仕事を請けた場合、請負人は自社に持ち帰って仕事をします。そして、完成した物（成果物）を注文者に納品するわけです。そのため、仕事のプロセスよりも結果が重要になり、請負人は仕事を完成させるという、いわば結果責任を負うことになります。

請負契約のしくみ

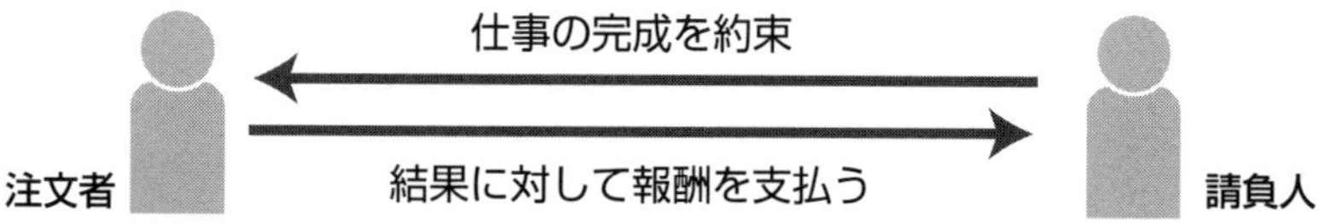

Point

- 仕事の完成が目的
- 請負人が目的物の契約不適合について責任を負う

6 売主の契約不適合責任①

両債務の価値アンバランスを調整する制度である

売主の契約不適合責任が登場した背景

有償契約・双務契約の代表である売買契約では、売主は対価である代金を得ているので、目的物が代金に見合う価値をもっていることについて、買主に対して責任を持たなければなりません。そうしなければ、売買代金と商品のバランス（等価性）が崩れてしまうからです。

改正前の民法では、この等価性を保つ制度として、瑕疵担保責任という特定物に関する売主の責任を規定し、特定物については債務不履行責任とは別に、瑕疵担保責任を認めるという二元的な構造を採用していました。しかし、現実社会で起こる契約内容に関する売主の責任問題は、特定物のみに生じるものではなく、特定物と不特定物といった目的物の種類によって責任を異にする合理性はありません。むしろ契約内容に基づいた適切な給付が行われたかという観点から、売主の責任を一元的に構成する方が適切だと認識されるようになりました。

たとえば、「微細な粉じんを含めたあらゆる粉じんを除去する」という目的で、高性能の空気清浄器を購入する売買契約を考えてみましょう。この空気清浄器のフィルターに若干の不具合があるため、一般的な空気清浄器と同等の性能は持っているが、買主が要求する高性能の物ではなく微細な粉じんは除去できないとします。とはいえ、売主は一般的な空気清浄器として、通常使用する上では支障がない物を引き渡しています。

この場合、改正前の民法では、空気清浄機として一般的に使用するには支障がない場合、買主が売買契約の締結に至った目的として、あらゆる粉じんの除去ができる高性能な空気清浄器を望んでいたとしても、一般的な空気清浄器の引渡しという意味では、売主としての義務を果たしたと評価されます。しかし、買主の目的に沿うような空気清浄機の引渡しを行ったのかといえば、そのように言うことは難しいものと思われます。

そこで、令和２年４月１日施行の民法改正では、改正前民法における瑕疵担保責任を含む売主の担保責任に関係する規定を削除し、瑕疵という考え方を用いず、契約不適合責任という考え方を導入して、目的物が種類・品質・数量・権利に関して契約の内容に適合しない場合における買主の請求権を定める形で、売主の責任に関する制度を整えました。

7 売主の契約不適合責任②

契約不適合責任は特約で排除することも可能

契約不適合責任に基づく救済手段

民法は、契約不適合責任として、以下の救済手段を用意しています。

① 追完請求権（562条）

買主は、引き渡された目的物が契約の内容に適合しない場合、売主に対して、ⓐ目的物の修補、ⓑ代替物の引渡し、ⓒ不足している分に関する追加の引渡しを請求することができます。

② 代金減額請求権（563条）

買主は、ⓐ相当な期間を定めて上記の追完を催告しているにもかかわらず、売主によって適切な追完が行われない場合、ⓑそもそも履行の追完が不可能である場合、ⓒ売主が履行の追完を拒絶する意思を明確に表示した場合などには、追完が行われないことによる不適合の程度に応じて、売主に対して売買代金の減額を請求することができます。

③ 損害賠償請求および契約解除権（564条）

買主は、一般の債務不履行に関する規定にのっとって売主に対して損害賠償請求をすることや、契約の解除をすることができます。

追完方法について

令和２年４月１日施行の民法改正では、買主に対して追完請求権を認めていますが、買主が請求したとおりに対応しなくてもよい場合があります。売主は「買主に不相当な負担を課するものでないときは、買主が請求した方法と異なる方法による履行の追完をすることができる」と規定しているからです（562条１項ただし書）。前ページの事例で、買主が別の空気清浄器を持ってくるよう指示した場合であっても、買主に大きな負担を与えない限り、売主は、代替品の給付ではなく、給付済みの空気清浄機の修理をすることによって、追完に応じることも許されます。

期間制限について

契約不適合責任に基づいて履行の追完請求、代金減額請求、損害賠償請求、契約の解除をする場合には、買主がその不適合を知った時から１年以内に、不適合であることを、売主に対して「通知」しなければならないと規定しています。つまり、「知った時から１年」というのは権利（前述した①～③の救済手段）を保存するための期間にすぎず、売主に通知を行うことにより、その時点から各権利について、一般の債権の消滅時効期間内において権利を行使することができます。

8 買戻し・再売買

実務では再売買の方がよく利用される

再売買の予約

再売買の予約とは、いったん相手方に売り渡した物を、再び買い戻すことができるとする約束のことをいいます。

不動産を融資の担保として相手方（債権者）に売却し、融資金の返済と引換えに再度売買により取り戻すという形でなされます。

売買契約の際にはよく再売買や買戻しといった契約が行われます。

再売買の予約とは、Ａがその不動産を2000万円でＢに売却し、将来Ａが2500万円でＢから買うという予約をした場合のように、売買の当事者間で、二度目の売買について予約（556条）をすることです。

このような契約は、ＡがＢから融資を受けたいという場合に行われるもので、その担保として不動産の権利がＡからＢにいったん移転します。再売買の予約は、一度目の売買と別のときにもできます。前述の例では、予約完結権をもつＡが買主Ｂに予約完結の意思表示をすることで再売買の予約を完結することができ、Ａは代金2500万円で不動産を取り戻すことができます。

買戻しとは

買戻しとは、Ａがその所有不動産をＢに売却する際に、それと同時に、Ｂに対して、Ｂが払った代金と契約の費用を返還して、Ａが後日売買を解除する旨を特約することです（579条以下）。買戻しが認められるための要件は、契約の目的物が不動産であること、買戻しの合意が、売買契約と同時に、買戻しの特約を締結することが必要です。特約への締結が、売買契約と同時ではなく、売買契約締結後に、同様の取り決めを締結した場合は、再売買の予約にあたります。

買戻しは、担保として利用されることがよくあります。融資の際に特約により融資額を代金と見立てて不動産を売り、期限までに金銭を支払うことで不動産を取り戻すというしくみです。

これは、再売買の予約と同じく、債権担保のために利用されることが多いですが、再売買の予約と異なり、一度行った売買を解除するという形をとります。解除ですから、売主は、原則として売買代金をそのまま返還すれば不動産を取り戻すことができます。

買戻しは、対象が不動産であること、買戻しに関する特約を、売買契約と同時に結ぶ必要があるなど、制約が多いので、実務上は再売買の予約が行われることが多いようです。

9 所有権の登記

保存・移転・更正登記などがある

所有権保存の登記

登記簿の甲区（42ページ）の最初の登記として登記されるのが「所有権保存の登記」です。たとえば、建物を新築した場合、建物の所有者はまず表題登記（94ページ）をします。それによって表題部が作成されます。通常はその所有者がそのまま建物の所有権保存の登記をします。

もちろん、表題部に記録された所有者は単独の場合に限られず、複数の場合もあります。その場合は、通常、共有者全員の名義で所有権保存登記をします。

所有権移転の登記

所有権移転の登記は登記の中でも最もポピュラーなものです。不動産の所有権そのものが移転した場合に申請されます。

所有権が移転する原因にはさまざまなものがありますが、主なものとしては、売買、贈与、相続などがあります。

所有権一部移転の登記

不動産の所有権は全部だけではなくその一部だけを他人に譲ることができます。たとえば、Aが単独で所有する土地の持分３分の１をBに譲ることができ、その結果その土地はAが持分３分の２、Bが持分３分の１で共有する状態になるわけです。

所有権一部移転の登記がなされると通常、現時点でのその不動産の所有者（共有者）は一番最後の順位番号の者とその前の順位番号の者ということになります。前の例でいえば、一番最後の順位番号の者であるBとその前の順位番号の者であるAの共有となります。

持分移転の登記

「持分全部移転」や「持分一部移転」といった記載があると、それは共有状態にある不動産の共有者がその持分の全部や一部を売買や贈与などによって第三者に移転したことを意味します。共有者がその持分の全部または一部を第三者に譲ることは原則として自由であり、他の共有者の承諾や同意は必要ありません。

買戻特約の登記

買戻し（前ページ）の登記がなされていると、たとえ買主が他の第三者に不動産を転売しても、売主は買戻を主張して不動産を取り戻すことができます。これを買戻権の行使といいます。

買戻しの制度は、公的機関による宅

地分譲の際の条件外利用の防止や借金を担保するために利用されています。たとえば、土地を所有しているＡがＢからお金を借りる際、担保としてその土地をいったんＢに売買の形で引き渡します。そのときに、売買契約と同時に買戻しの特約も結んで登記もします。そして、期限までに借金（Ｂから受領した売買代金）と契約にかかった費用を返すことができれば、買戻権を行使して土地を取り戻すことができます。逆に、借金を返せなければそのまま土地はＢのものになってしまうわけです。

このように実際には担保権の役割を担っている登記でも、乙区ではなく甲区に記載されていることもあるので注意する必要があります。

◎差押登記

他人から借金をしている人が、そのたった１つの財産である不動産を第三者に譲ってしまうと、債権者は借金が期限までに返済されない場合に不動産を目当てに債権を回収することができなくなってしまいます。そこでこのような場合には、裁判所に申し立てて、将来不動産を競売（債務者の不動産を強制的に売却すること）してその配当から債権の回収をする準備として、不動産を差し押さえることができるようになっています。

そして、差押えがあったことをだれもが知ることができるように、裁判所の嘱託（法務局への依頼）によって「差押登記」が行われます。

◎所有権更正登記

実際にはＡ単独の所有であるのに、登記がＡＢ共有になっている、あるいは逆に実際はＡＢ共有なのに、登記はＡの単独所有になっているといったように登記にもともと誤りがある場合には、所有権更正登記をすることになります。この登記は、更正の前後に一部同一性がある場合にだけ行われます。そのため単独所有者をＡからＢに変える所有権更正登記はできません。

買戻権の行使

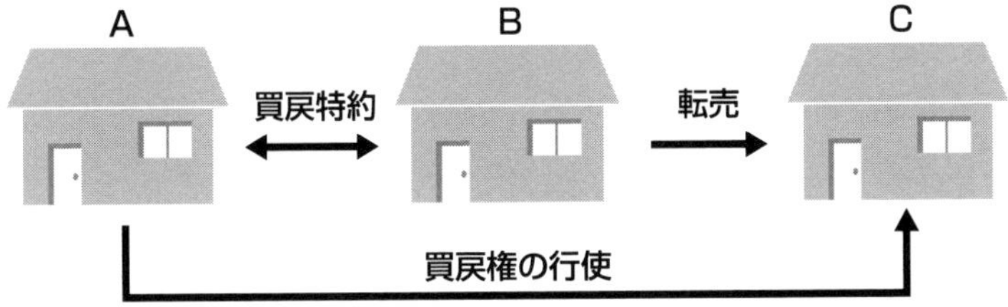

10 表題登記・保存登記の申請

新築をした場合に登記する

表題登記とは

住宅を新築した場合には、その登記をすることが必要です。中古建売住宅や土地の場合はすでに登記記録が作成されているのが普通ですが、新築の場合は登記記録そのものがありません。そこで、登記記録を作る手続きをすることになります。登記記録には表題部と権利部がありますが、いきなり権利部を作る手続をすることはできません。まず、表題部を作るための登記の申請をしなければならず、この登記を表題登記といいます。

表題登記の申請

表題登記は建物の建築後１か月以内の申請が義務付けられており、この義務に違反すると10万円以下の過料に処せられます。表題登記には権利の登記が有する対抗力はありませんが、表題登記をしないと、権利に関する登記をすることもできず不動産に関する権利の確保がままならなくなってしまいます。なお、建築後１か月を経過したとしても、表題登記の申請自体は認められます。

建物の表題部には、建物の所在地や家屋番号の他、建物の面積、構造、種類などの物理的状況が記録されます。ですから、表題登記を申請する場合には、建物の測量をする必要があり、測量によって作製した各種の図面を法務局に提出しなければなりません。

そこで表題登記は、測量や作図の専門家（地積測量図や建物図面を作成する）でもある土地家屋調査士に依頼することが多いようです。土地家屋調査士は建物のある現地へ行って、建物の物理的状況を調査・測量します。そして、その結果をもとに、敷地と建物の位置関係を現した建物図面と建物の各階の様子を図示した各階平面図を作製します。

保存登記とは

表示に関する登記だけでは、登記は対抗力を持ちません。対抗力を持たせるためには「所有権の保存登記」をしなければならないことになります。所有権の保存登記とは、誰の所有物であるのかを公示して、所有者としての権利を広く知らせるための登記です。

所有権保存登記をすることによって初めて登記記録に「権利部」が作られます。通常、表題登記は土地家屋調査士に依頼しますが、所有権保存登記は司法書士に依頼します。

登記申請から数日間から十数日間程

度で所有権保存登記手続きが完了します。所有権保存登記の場合も、手続きが完了すると登記識別情報通知が交付されます。

◎借地上の建物の保存登記の効力

賃料を払って土地を借りていても、土地の所有権が移転し、新所有者から建物の撤去と立退きを請求されたら、それに従わなければならないのが原則です。

しかし、それではせっかく建てた新築の建物がムダになりますし、そこで仕事や生活をしている人にとっては酷な結果になってしまいます。そこで、民法では土地の登記簿に借地権（賃借権、地上権）を登記すれば、その借地権を第三者にも主張することができるとしています。つまり、土地の所有権が譲渡されても新所有者に対して借地権を主張することができるのです。

ただ、一般に地主は、借地権の登記には消極的です。借主の立場を強くし、自分の立場を弱くするからです。そのため、借地借家法という法律によって借主の保護を充実させています。借地借家法は、借地上にある建物について登記がなされていれば、土地について借地権の登記がある場合と同様に対抗力（第三者に対して不動産に関する権利を主張できる効力）が生じるとしています。建物の所有権保存登記は地主の協力がなくても自分で手続きができますから、容易に借地権あるいは建物を保護することができるのです。

なお、建物の所有権保存登記がされていなくても、表題登記がなされていれば、借地権の対抗力を認めてよいとされています。

結論としては、借地上に建物を建てたときは、できる限り早期に表題登記、できれば所有権保存登記を行っておくべきだということです。

表題登記と保存登記の違い

表題登記	⟷	保存登記
対抗力なし		対抗力あり
過料あり		過料なし
依頼先　土地家屋調査士		依頼先　司法書士
登記識別情報通知交付されない		登記識別情報通知交付される

11 不動産売買の登記申請①

代金と書類のやりとりが重要

対象となる不動産をよく調査する

不動産を購入する場合、大多数の人は、宅地建物取引業者の仲介で不動産を見つけ、業者が作成した契約書に署名・押印をし、登記の申請は司法書士にまかせると言ってよいでしょう。その意味で、不動産の売買契約やその登記についての知識がまったくなかったとしても、家を買い、登記をすること自体は可能です。しかし、ある程度の知識をもっていれば、よりスムーズに手続を進めていくことができますし、より自分の希望に沿った取引を実現させることもできるのではないでしょうか。

ここでは主に買主の視点から、不動産売買の契約から登記の完了にいたるまでの流れを見てみましょう。

不動産の売買をする場合、買主としてはまず慎重にその不動産について調べることが必要でしょう。通常は業者からいろいろと資料を提供されたり、現地で説明を受けたりします。これにとどまらず、自分たちだけで現地に行って物件を見たり、環境を調べたり、また業者から登記事項証明書を渡されていたとしても、改めて自分で登記事項証明書を取得したり、法務局で公図、建物図面などを閲覧するなど、より念を入れた調査をするとよいでしょう。

契約書を作成し、署名・押印する

物件をよく調べ、問題がないとなれば、売主と売買契約を締結することになります。法律的には売買契約は口頭での合意だけでも成立しますが、不動産のような高価な物の取引に際しては、契約内容を明確にするために契約書を作成するのが一般的です。そして、契約書に記載された対象の不動産や売買代金、特約など合意した内容を確認して当事者が契約成立を互いに保証するために署名・押印を行います。売主・買主の他、立会人などが署名・押印する場合もあります。契約書は２通作成し、売主、買主の双方が１通ずつ保管します。

手付金の受け渡しと必要な書類の取得

宅地建物取引業者が仲介する不動産の売買の場合、契約時に売買代金の全額を支払うことはありません。それは不動産を購入するのにローンを利用する人が多いからです。不動産購入のためのローンを組むためには、対象不動産が決まっていなければなりません。売買契約を締結することで、対象となる不動産が決定し、それと同時にローンを申し込んだとしても、申込みから融資の実行まで早くても１週間程度、場合によっては数週間かかります。そこで契約の時点では買主は売買代金の一部として手付金を売主に支払います。

◎残代金の決済

買主がローンの審査に通り、融資が実行されることが決まると、いよいよ残代金を支払い、同時に売買による所有権移転登記の申請に必要な書類のやりとりなどが行われることになります。残代金の決済の場には、司法書士が立ち会います。これは次のような理由によります。

不動産の売買代金は通常数千万円にのぼります。買主が売主に代金を渡したものの、買主名義の登記がなされなかったということになると、これは一大事です。買主がその不動産の所有権を確実に手に入れたといえるのは、買主名義の所有権の登記が完了したときだからです。そこで登記と同時に買主が売主に残代金を支払うという方式をとればよいのですが、通常、登記は申請してから完了するまで早くて数日間、場合によっては１週間から十数日間かかることがありますので、これは不可能です。

その代替策として、登記の専門家である司法書士が残代金決済の場で、登記に必要な売主と買主双方の書類をチェックします。そして、問題がない場合には、これで確実に登記ができる旨を宣言し、その代わりに買主は売主に残代金を支払うという方式がとられています。

なお、実際には、決済の場で金融機関から融資が実行されて、そのお金が売主に渡ることになります。また、この場合には、売買される不動産を担保にする抵当権設定の登記もなされることになります。通常は、残代金の決済に立ち会った司法書士が抵当権設定の登記も行い、売買による所有権移転登記を１件目、抵当権設定登記を２件目とする連件申請をします。

不動産購入の際の注意点

①不動産売買契約を結ぶ	・契約書の内容を確認する ・購入代金の支払方法を決める ・引渡時期と移転登記について確認する
②金融機関などに住宅ローンを申し込む	・融資条件を確認する ・書類をそろえて申し込む
③不動産の引渡と登記を受ける	・代金と引換えに不動産の引渡しを受ける ・所有権移転登記をする

12 不動産売買の登記申請②

売買契約書などが添付書類となる

目的物の引渡し

残代金の決済の場では、目的物の引渡しも行われます。とはいえ、決済は通常、対象不動産から離れた銀行の応接室で行われますので、現地に行って売主が買主に不動産を引き渡すことはなく、住宅の場合には鍵を渡すことが目的物の引渡しとなります。この他、決済の場では固定資産税の精算なども行われます。

不動産売買の登記に必要な添付書類

不動産の売買をしたときの登記、つまり売買を原因とする所有権移転登記の申請の際に、登記申請書に添付する書類として必要なものは、一般的には次のとおりです。

① 登記原因証明情報

登記原因証明情報として必要な事項が記載された不動産の売買契約書（及び領収書）、あるいは報告形式の登記原因証明情報などです。

② 住所証明書

登記権利者（買主）が実在することを証明するためのものであり、住民票の写しなどが該当します。住民票コードを申請書に記載することにより、添付を省略できます。

③ 登記識別情報または登記済証

申請人の意思に基づく申請である証明のため、登記済証または登記識別情報を添付します。登記識別情報は書面申請のときは封筒に入れて提出します。

④ 印鑑証明書

登記義務者の印鑑証明書です。登記義務者が個人の場合には市区町村役場で取得し、登記義務者が会社など法人の場合は、法務局で代表者の印鑑証明書を取得します。発行から３か月以内のものでなければならないという制限があります。なお、会社の印鑑証明書は会社法人等番号を記載して添付を省略することができます。

⑤ 資格証明書（資格証明情報）

登記権利者または登記義務者が会社など法人である場合、会社法人等番号を記載することで添付する必要はありませんが、会社法人等番号を記載しない場合は、代表者の資格を証する書面として代表者事項証明書、現在事項全部証明書などを添付します。

⑥ 委任状

司法書士などを代理人として申請する場合には、申請人が司法書士などに委任したことを証する委任状を添付しなければなりません。登記義務者の委任状には実印が押印されていなければなりません。

⑦　固定資産税評価証明書

課税価格の計算の基準を証明するために添付します。

登記識別情報・登記済証を提供できない場合

登記識別情報（または登記済証）を紛失した場合など、登記義務者がこれらの書類を提出できないことについて正当な理由がある場合は、事前通知制度や資格者代理人による本人確認制度（200ページ）、あるいは公証人による登記申請者が登記義務者本人であるとの認証によって登記を申請することになります。司法書士が登記申請の代理人となる場合には、資格者代理人による本人確認情報を提供することが多いでしょう。この方が手続がスムーズに進むからです。

登記事項証明書で内容をチェックする

通常、司法書士は残代金の決済日当日に登記の申請を行います。それから数日から十数日程度たって登記が完了し、買主が実際にそれを確認して初めて不動産取引が完全に終了したということができるでしょう。

登記が終わると司法書士から手渡しまたは郵送で、登記識別情報通知書、その他、登記事項証明書や原本還付された書類などを受け取ることになります。登記識別情報については不通知を選択することも可能です。

登記事項証明書を受けとった際には、きちんと自分名義の登記がなされていることを確認しましょう。万一、誤った登記がなされていたり、住所や名前の文字が間違っていたときは、訂正のための手続きを司法書士に相談するとよいでしょう。

売買による所有権移転の登記

権　利　部（甲区）（所有権に関する事項）			
順位番号	登　記　の　目　的	受付年月日・受付番号	権　利　者　そ　の　他　の　事　項
1	所有権保存	令和○年○月○日 第○○○号	所有者　○○区○○町○丁目○番○ A
2	所有権移転	令和○年○月○日 第○○○号	原因　令和○年○月○日売買 所有者　○○区○○町○丁目○番○ B
3	所有権移転	令和○年○月○日 第○○○号	原因　令和○年○月○日売買 所有者　○○区○○町○丁目○番○ C

①　売買により、不動産の所有権がBに移転している（順位番号２番の登記）

②　売買により、不動産の所有権がCに移転している（順位番号３番の登記）

13 不動産贈与の登記

贈与は書面で行うこと

贈与は親族間でなされることが多い

売買の他に、不動産の所有権が移転する場合としては「贈与」があります。贈与は「あげます」「もらいます」というお互いの合意の上に成立する契約です。他人同士の贈与よりも、親族間での贈与が多い傾向があります。たとえば、婚姻期間が20年を過ぎた夫婦の場合、夫婦間の贈与では贈与税が軽減されることがあり、この制度を利用して夫が妻に居住用の不動産を贈与する例がときに見られます。

贈与については民法の規定によって、書面によらない場合は解除できることになっています。ですから、贈与といっても念のために書面にしておくべきでしょう。ただ、書面によらない贈与でも、所有権移転の登記や不動産の引渡など、履行がなされた後は解除できません。

なお、贈与と区別すべき用語として遺贈と死因贈与があります。遺贈とは、遺言による財産の贈与のことで、財産を与える相手方の同意を得ないで行うことができます。これに対して、贈与する人の死亡という条件がついた贈与を死因贈与といいます。死因贈与も贈与者の死によって有効になりますが、相手方との合意が必要です。

登記申請前に登記記録を確認する

登記を申請する前に贈与される不動産について登記記録にどのように記録されているかを確認しておきます。登記記録の内容とは矛盾する登記の申請をしても却下されるおそれがあります。

登記記録を調べる前提として、土地であれば所在と地番を、建物であれば所在と家屋番号を確認しましょう。地番や家屋番号は登記識別情報や登記済証、固定資産税評価証明書、固定資産税の納付書を参照すればわかります。

次に、法務局に行って登記事項証明書の交付申請をします。登記事項証明書を見て、土地であれば所在・地番・地目・地積（面積）が登記識別情報の内容と一致しているか、建物であれば所在・家屋番号・種類・構造・床面積について確認してみてください。

引越しなどによって所有権の登記名義人の住所が変わっているときは、登記名義人住所変更登記を申請する必要があります。登記記録上の登記義務者の住所と印鑑証明書などの添付書類に記載されている住所とが一致していなければならないからです。

登記申請書の記載

登記記録の内容を確認し、問題がな

けれぱ申請書を作成します。

・**登記の目的**

所有権移転と記入します。

・**原因**

贈与の行われた年月日、及び登記原因である「贈与」を記載します。

・**権利者**

受贈者つまり贈与を受ける者の住所と氏名を記載し、名前の後に押印します。住所は添付書類に記載されたものと一致しているように気をつけてください。司法書士など代理人が申請する場合は、この押印は不要です。

・**義務者**

贈与者の住所と氏名を記載し、名前の後に押印します。印鑑は印鑑登録された実印を使用します。司法書士などの代理人が申請する場合は、この押印は不要です。

・**課税価格**

固定資産税評価証明書に記載されている評価額の1000円未満を切り捨てた金額を記入します。

・**登録免許税**

課税価格に1000分の20を乗じて100円未満を切り捨てた金額になります。

◎添付書類をそろえる

贈与による所有権移転登記の添付書類は次のとおりです。

・**登記原因証明情報**

贈与契約書または報告形式の登記原因証明情報です。

・**登記識別情報または登記済証・印鑑証明書**

贈与者の登記識別情報または登記済証と印鑑証明書を添付します。印鑑証明書は発行から３か月以内のものを使用してください。

・**住所証明書**

受贈者の住民票の写しを添付します。戸籍の附票の写しや印鑑証明書を住所証明書とすることもできます。

・**固定資産税評価証明書**

課税価格の計算の基準を証明するために添付します。

相続・遺言・死因贈与・生前贈与

	内容	相続人・受遺者	課せられる税
相続	被相続人の死亡によって財産が移転	一定の身分関係の人が相続人になる	相続税
遺贈	遺言書による財産の贈与	遺言者が指定した受遺者	相続税
死因贈与	人の死亡を条件とする贈与	贈与者が指定した受贈者	相続税
生前贈与	生前に財産を無償で他人に譲渡	贈与者が指定した受贈者	贈与税

14 任意売却

不動産競売よりも自己責任が伴う

任意売却とは

土地や建物を担保にお金を借りた人が、その返済を続けられなくなった場合、お金を貸した銀行などの債権者は、担保にとった土地や建物を処分して債権を回収することになります。土地や建物の処分というと、競売が思い浮かぶかもしれません。しかし、競売は手続きに時間がかかる上に回収額が低くなることが多いため、実際には、民事執行法に基づく不動産競売手続きによらずに処分することが多いようです。

競売によらずに不動産を処分することができれば、面倒な手続きを経ることなく不動産の売却によって得た代金を債権の回収にあてることができます。このような方法を任意売却と言い、債権者にとっては非常に便利な方法であるため、実務上よく利用されています。

たとえば、債務者が債権者のために、1500万円の建物に抵当権を設定して、1000万円を借り受けたとします。このときに、債務者が借金を返すことができなくなって、債権者が競売の申立てを行っても、1500万円の建物は、競売市場では３割以上減少した1000万円弱の価額でしか売り出されません。しかも、売れるかどうかわからない上に、手続きも煩雑で時間がかかるとなると、債権者としてはすぐにでも売り飛ばして換金したいと思うはずです。買受人にしても、面倒で時間がかかる競売手続きを省略して、物件を手に入れることができれば願ったりです。そこで、当事者間で直接交渉して、競売予定の不動産の売買契約を成立させて買い受けてしまうのが任意売却による購入方法です。前述した例でいえば、買受人が1000万円を債権者に払えば、お互いに損はないだろうということになります。

利害関係人の合意が必要

任意売却は、所有者が売却の意思をもっていることが前提になります。任意売却を行う場合、利害関係人が多数存在しているケースがほとんどです。任意売却を成功に導くには、すべての利害関係人の合意を得る必要があります。利害関係人は「いくらで売却するのか」「売却代金からいくら配分されるのか」「いつまでにもらえるのか」といった、自身の債権回収に関連する内容について検討の上、合意することになります。不動産の占有者の場合は、「そのまま占有を続けてよいのか、それとも立ち退かなければならないのか」「立ち退いた場合には、立退料をもらえるのか」「立退料をもらえるとすれば、いくらもらえるのか」そして「いつまでに立ち退かなければならないのか」といった条件について合意できるかどうかを判断することになります。

◎どんな手続きをするのか

まず、債権者・債務者・所有者の実態調査と、抵当不動産の現況調査を行い、また、抵当不動産の調査時点での資産価値の査定をして、売却による回収見込額を見積ります。これらの資料をもとに各利害関係人の意向を確認し、売却までの期間、予定価格、代金の配分方法につき同意をとりつけます。

次に、合意に至った条件で買い受けてくれる買受希望者を探します。

買受希望者が見つからない場合や条件面で折合いがつかない場合には、売却価格の見直しを行い、それに応じて再度配分の調整を行い、利害関係人の同意を得るようにします。買受人が決まり、売却に関する条件が整うと、最終的な合意をまとめた上で、取引の日時・場所・当日の段取りを決めます。

取引当日は、抵当不動産の売却・抵当権解除・登記抹消手続きと売却代金の受取り・配分を同時に行います。契約書にサインをした後に、契約に基づいて買受人が債権者に代金を支払い、続いて、利害関係人に配分表に基づいた支払いをします。

◎担保の解除と売却代金の配分

任意売却の取引の際には、売買代金の受取りと抵当権の解除は同時に行います。配当を得ることのできない劣後債権者（下位債権者）も、抵当権の解除と登記の抹消手続きに協力することが必要になります。一般的に、配当を受けられない利害関係人に対しては、他の債権者が譲歩して、解除料や抹消料（担保解除料）が支払われます。

なお、任意売却の売却代金の配分方法には法的なルールがないため、抵当権の順位や金額とは異なる基準で配分することも可能です。

任意売却の手続きの流れ

物件所有者の同意 ▶ 物件の調査 ▶ 買受希望者の意思確認 ▶ 利害関係人の調整 ▶ 売買契約の締結 ▶ 買受人の代金支払い ▶ 配分表に基づく支払い

15 農地の売買

農業を守るために、農地の売買・転用には厳しい規制がある

どんな契約なのか

農地とは、耕作の目的に供される土地のことをいい、田、畑、果樹園、牧草採取地などが農地にあたります。農地を売買や転用（地目を農地以外に変更すること）する場合には厳しい規制があり、農地法の定める許可（市街化区域の農地は届出）が必要になります。また、農地の売買や贈与など（相続の場合は不要）による所有権移転登記を申請する際は、これらの許可書等の添付が必要となります。農地の売買に関わる主な契約書は以下のとおりです。

① 農地売買契約書（３条許可が必要になる場合）

農地の売買後もその土地を農地として使用する場合、つまり「田」または「畑」となっている地目を変更せずに権利を移転する場合の契約書です。農地を耕作目的で売買するためには農地法３条に規定されている許可（３条許可）を得ることが必要になります。なお、農地を農地として取得できるのは農家に限られています。

② 農地売買契約書（５条許可が必要になる場合）

農地を宅地や工場用地など農地以外に使用するために売買する場合、つまり地目を農地以外に変更して権利を移転する場合に使用する契約書です。農地を転用目的で売買するためには農地法５条に規定されている許可（５条許可）を得ることが必要になります。この許可を受けるためには、売買契約の当事者の双方が署名した申請書を、農業委員会を経由して都道府県知事に提出しなければなりません。

自己使用目的での転用など

自分の農地を自分が使用するために宅地、駐車場、一時的な資材置き場、作業員仮宿舎などに転用する場合、農地法４条の許可が必要です。また、農地を相続により取得した場合は、許可等は不要で、農業委員会へ相続した旨の届出が必要となります。

農地転用などの許可基準

農地法４条、５条の農地転用が許可されるためには、立地基準や一般基準を満たす必要があります。立地基準とは、生産力の低い農地や市街地に近接した農地などの営農条件等から農地を区分し、その区分に応じて、許可の可否を判断する基準です。そして、一般基準とは、農地等の転用の確実性や周辺農地への被害の防除措置の妥当性などを審査する基準です。

第５章

担保と登記手続き

1 担保の特徴

人的担保と物的担保の違いを知っておく

◎担保とは

銀行などの金融機関が多額の融資をする場合は、相手方から確実に代金を回収できるようにするため、融資に際して何らかの担保をとるのが取引社会の常識です。

仮に、相手方が倒産などした場合には、「一般債権者」（担保をとっていない債権者のこと）よりも、抵当権（108ページ）などをもつ担保権者が優先して債権を回収できるからです。

このように契約の相手方が倒産するなどして、返済が困難になった場合のリスクを回避する手段として、担保制度が活用されます。なお、担保を付けられた債権のことを被担保債権と呼びます。被担保債権は、売買代金・請負報酬・貸金債権などの金銭債権であるのが通常です。

◎保証とは

貸金などを担保するための制度として、「保証」というものがあります。

たとえば、金を貸している債権者は、債務者本人の財産に加えて、保証人という第三者の財産も引き当てとすることができます。債務者の資力に不安がある場合に、資力がある人を保証人とすることで、債権の回収をより確実にします。

保証は、保証人という「人」の財産を担保とする制度であることから、人的担保と呼ばれています。

◎物的担保とは

債務者以外の第三者（保証人）の財産が担保となる保証に対して、債務者本人または第三者のもつ特定の財産を担保とする制度があります。代表的なのは、土地や建物を担保とする抵当権です。その他に、質権や譲渡担保、仮登記担保などがあります。

これらは、債務者または第三者の「特定の財産」つまり物を担保とすることから、物的担保と呼ばれます。

物の価値はある程度一定していますので、担保としては確実性・堅実性があるといえます。

物的担保は、後述する留置権（119ページ）など法律上当然に発生する「法定担保物権」と抵当権や質権など当事者間の合意（契約）によって担保権が発生する「約定担保物権」に分けられます。さらには法律に規定のない「非典型担保物権」もあります。

◎人的担保の長所と短所

人的担保は、物的担保と比べると簡

単に設定できるため、債権者としては、主たる債務者の資力に不安がある場合は保証人を複数人立てさせることにより、債権回収をより確実にすることができます。

もっとも、保証人に資力があるかどうかによって確実に債権を回収できるかどうかが決まることから、物的担保と比べて担保としては不確実であるというデメリットがあります。

物的担保の長所と短所

物的担保の長所は、他の債権者に優先して債権の回収を実現できるという点にあります。

たとえば、抵当権が土地に設定されている場合、他に一般債権者が多数存在したとしても、抵当権者がその土地の換価代金から優先して配当を受け、一般債権者はその残額から債権額に応じて配当を受けることになります。

ただ、物的担保はこれを主張するためには原則としてその存在を登記などで世間一般に公示する必要があります。

また、強制執行（国家が債権者の権利を強制的に実現する手続）の場面においても、差押え・競売などの法的な手続きが要求されます。

このように、物的担保は強い効力がある反面、煩雑な手続きが要求されており、これが短所だといえます。もっとも、手続きさえ踏んでいれば一般債権者に優先する効力が得られるのですから、債権者としては債権回収を確実に図るためには物的担保を設定することが望ましいといえるでしょう。

物的担保と人的担保

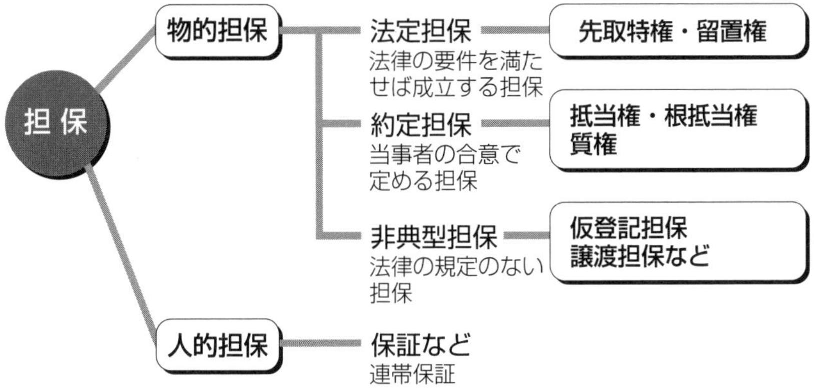

2 抵当権

物的担保の代表格である

抵当権とは何か

抵当権とは、貸金などの債権を担保するために、債務者（第三者も含む）の土地や建物に設定される権利です。債務者が債務を返済しない場合には、抵当権者（＝債権者）は、抵当権設定者（＝債務者または第三者）の土地・建物を競売し、その売却代金から債権の回収を図ります。

抵当権には、抵当権設定後も債務者が従来通りに目的物を使用・収益することができ、そこから債務の弁済資金を得ることができるという利点があります。抵当権は、「担保の女王」などと呼ばれ、実務上多く利用される担保物権です。

なお、抵当権には、大きく分けて通常の抵当権と根抵当権の２種類があります。一般に抵当権という場合には、通常の抵当権のことを指します。

抵当権の効力

抵当権の一番重要な効力が優先弁済権です。これは、債務者が返済しないときに、抵当権の設定された不動産を換価処分（＝競売）して、その代金から他の債権者に優先して債権の弁済を受けられるという効力です。

さらに、抵当権の登記がなされているのであれば、抵当権の設定された不動産を債務者が第三者に売却しても、その不動産に対する抵当権の効力は第三者のもとにも及びます。

また、抵当権には物上代位という効力も認められています。これは、抵当権の目的物に代わる金銭にも抵当権の効力が及ぶというものです。

たとえば、抵当権の目的物である建物が火災により滅失したために、火災保険金が債務者に支払われるとします。このとき、抵当権者は債務者に支払われる前に、その火災保険金を差し押さえて、自己の債権への優先的な弁済に充てることができます。

抵当権を設定する

抵当権は、貸金債権などを担保するために設定されます。抵当権によって担保される債権のことを被担保債権といいます。

たとえば、ＡがＢに5000万円の貸金債権を持っていたとします。これについて、抵当権を設定するには、ＡとＢが抵当権設定契約を締結して、抵当権の登記をします。その結果Ａは5000万円を被担保債権とする抵当権を取得することになります。

その後、Ｂが5000万円を弁済した場

合には、Aがもっていた抵当権は消滅することになります。

物上保証と共同抵当

その他にも抵当権の設定方法として物上保証や共同抵当があります。

①　物上保証

物上保証とは、債務者以外の第三者が所有する目的物に抵当権を設定することです。たとえば、AがBに対して5000万円の貸金債権をもっている例で借り手であるB所有の不動産に抵当権を設定するのではなく、第三者CがC所有の土地にAのために抵当権を設定することもできます。

Cのように他人の債務を担保するために自己の不動産に抵当権を設定させる者を物上保証人といいます。もし、Bが貸金債務を弁済しない場合には、AはCの土地を競売して、その売却金から自己の債権を回収することができます。

②　共同抵当

共同抵当とは、1つの債権を担保するために複数の不動産に抵当権を設定することをいいます。債務者の1つの土地だけでは、債権額を担保するのに不十分な場合や、土地とその上の建物の両方に抵当権を設定する場合などに利用します。

たとえば、AがBに5000万円の貸金債権をもっているとします。このとき、Bが所有する甲地の評価額が3000万円で、乙地の評価額が2000万円だとすれば、甲地・乙地は単独では債権の担保として金額が不足しています。

しかし、甲地と乙地とに「共同抵当」を設定すれば、あわせて5000万円の評価額となり、被担保債権を担保するのに十分な金額になります。

このような共同抵当では、Bが貸金債権を返済しない場合には、Aは甲地と乙地の両方を競売することができます。

抵当権とは

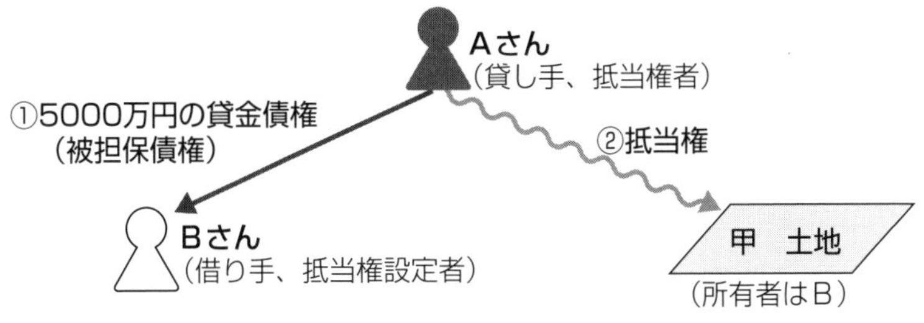

AはBと①貸金契約（金銭消費貸借契約）と②抵当権設定契約を結ぶ。Aさんを「抵当権者」、Bさんを「抵当権設定者」、5000万円の貸金債権を「被担保債権」という。

3 根抵当権

土地や建物に根抵当権を設定したら登記する

根抵当権について

根抵当権とは、一定の範囲にある不特定の債権を、限度額（極度額）まで担保する形式の抵当権です。

通常の抵当権とは、次のような違いがあります。通常の抵当権は、被担保債権が個別に特定されており、その債権を担保するために設定され、その債権が弁済などで消滅すれば抵当権も消滅します。

これに対して、根抵当権では、一定の範囲に属する債権であれば、個々の債権を特定することなく複数の債権を極度額に至るまで担保することができます。

さらに、通常の抵当権と異なり、被担保債権の金額がゼロになっても根抵当権は消滅しません。

つまり、根抵当権は極度額という「枠」を設定して、その枠の内部であれば、被担保債権が増減したり入れ換わったりすることのできる権利です。

根抵当権は、継続的な取引をしている債権者が債務者に対する債権を一括して担保するのに有益な制度です。

根抵当権を設定する

根抵当権は、債務者に対する債権であれば何でも担保できるわけではありません。一切の債権を担保するなどという包括的な定めはできません。

ただ、ある「範囲」を決めて、その範囲に属する債権であれば、増減したり入れ換わったりしても担保されます。

たとえば、A社とB社が継続的に取引をしており、A社がB社に対して常に売掛金債権をもっているとします。そして、個々の売掛金債権が増減したり入れ換わるような場合には、根抵当権の被担保債権の範囲（債権の範囲）を「令和○年○月○日商取引契約」というように決定し、その契約から生じる債権を被担保債権とする旨を根抵当権設定登記の内容とします。

根抵当権は、債務者の不動産に一定の担保「枠」を設定するものですから、その金額（極度額）も「金○○○○万円」というように根抵当権の設定に際して決めなければならず、極度額も根抵当権設定登記の内容となります。

根抵当権には、極度額という枠が設定されますが、実際の被担保債権は常に変動しており、担保される債権は一定の範囲のものに限定されます。

また、被担保債権を特定するためには債務者が誰かがわからなければなりません。そのため、債務者も登記事項とされています。

この極度額、債権の範囲、債務者は必ず根抵当権を設定する登記に記載しなければならない事項となります。

また、元本が確定する日を定めた場合には、確定期日も登記事項となります。

元本を確定する

根抵当権は元本の他、利息・遅延損害金をすべて極度額まで担保します。

元本は一定の事由があると確定します。元本が確定すると、その額の債権を被担保債権とする通常の抵当権とほぼ同様に扱うことができます。

たとえば、極度額が6000万円の根抵当権について元本が5500万円と確定されたのであれば、その後は5500万円の債権及び利息などを担保する通常の抵当権とほぼ同じように考えればよいわけです。

このような元本の確定が生じる原因には、いくつかありますが、主な原因を挙げると、まず、根抵当権設定時に根抵当権者と根抵当権設定者があらかじめ定めておいた「確定期日の到来」が挙げられます。

また、確定期日を定めていないときは、根抵当権者や根抵当権設定者が「元本確定請求」をした場合にも根抵当権の被担保債権は確定します。

根抵当権者は、いつでも元本確定請求をすることができ、根抵当権設定者は根抵当権を設定した日から３年を過ぎたときに元本確定の請求をすることができます。ただ、根抵当権設定者の場合、元本が確定するのは、請求時から２週間後になります。

なお、根抵当権者や根抵当権設定者による「元本確定請求」は、確定期日を定めている場合にはできません。

根抵当権とは

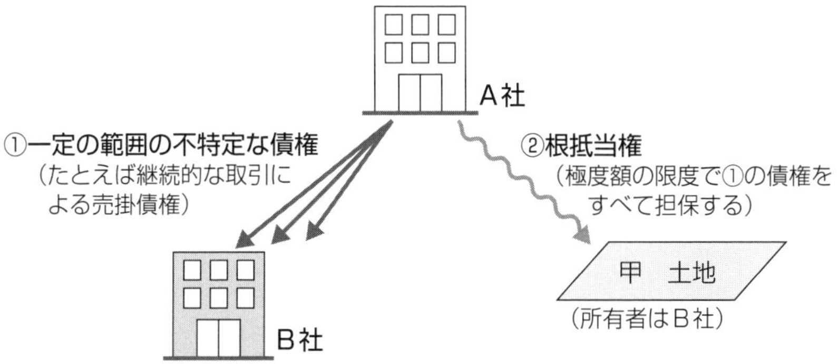

4 抵当権の処分

抵当権を他の債権の担保にすることもできる

◎転抵当とは

抵当権者が、その抵当権をさらに自身（抵当権者）の債務などの他の債権の担保とすることを転抵当といいます。抵当権の被担保債権は、弁済期まで長期間あるのが通常です。そこで、その間に抵当権者は転抵当を設定することによって、他から融資を受けることが可能になります。

◎抵当権の譲渡・放棄

これは、抵当権者が、同一の債務者に対する、一般債権者（担当権等の担保を持たない債権者）の利益のために、抵当権そのものを譲渡または放棄することです。

たとえば、Ａに対して、Ｂが1000万円の１番抵当権、Ｃが800万円の２番抵当権者、Ｄが1000万円の一般債権をもっているという場合に、抵当権が実行され、Ａの所有地が1500万円で落札されたとします。この場合の回収額は、Ｂが1000万円、Ｃが500万円、Ｄは０円となります。このときＢがＤのために抵当権を譲渡すると、Ｂの分の1000万円はＤへ回ります。また、ＢがＤのために抵当権を放棄すると、ＢとＤは債権額に応じて按分比例し、それぞれ500万円ずつ回収できます。

◎抵当権の順位の譲渡・放棄

これらはいずれもすでに抵当権をもっている債権者が債務者の資金調達をしやすくするために、新たに融資をした後順位の抵当権者に自分の優先弁済権を譲るものです。先ほどの例で、ＢがＣのために順位を譲渡しますと、競売代金1500万円のうち、ＢとＣが本来受け取るべき額の合計1500万円のうち、Ｃが優先的に800万円を受け、残り700万円をＢが受け取ることになります。また、ＢがＣのために順位を放棄すると、ＢはＣに対してだけ優先権を失い、1500万円をＢとＣは債権額に応じて按分比例します。

◎抵当権の順位の変更

これは、各抵当権者の合意によって、抵当権の順位を変更することです。Ａ→Ｂ→Ｃの順位を、Ｃ→Ａ→Ｂなどと変更することです。

このように、１～３番の順位がすべて入れ替わるようなケースでは、順位変更の登記について、登記の目的は「１番、２番、３番順位変更」となります。

順位変更に関わる当事者全員が申請人となります。

5 根抵当権の譲渡

元本の確定前と確定後で譲渡のルールが異なる

根抵当権の譲渡

根抵当権は抵当権とは性質が異なることから、元本確定前の根抵当権では、抵当権で認められている譲渡・放棄や順位の譲渡・放棄は認められず、処分について特別な制度が用意されています。

元本確定前の根抵当権については、以下の一部譲渡・全部譲渡・分割譲渡という方法が認められています。一方、元本確定後の根抵当権については、通常の抵当権と同様に処分することが可能です。

根抵当権の一部譲渡

元本確定前の根抵当権の一部を、他の者に譲渡することです（民法398条の13）。一部譲渡することにより、譲渡人と譲受人が１つの根抵当権を共有することになります。したがって、譲渡人、譲受人の両方の債務者に対する債権が、根抵当権で担保されることになります。根抵当権を分割しない点で根抵当権の分割譲渡とは異なります。弁済を受ける際には、譲渡人と譲受人はそれぞれの債権額の割合に応じて弁済を受けることになります。

根抵当権の全部譲渡

元本確定前の根抵当権を他の者に譲り渡すことです（民法398条の12）。

根抵当権を全部譲渡すると、譲渡人が債務者に対して有していた債権は、根抵当権で担保されなくなり、譲受人が債務者に対して有する債権が、根抵当権で担保されるようになります。

根抵当権の分割譲渡

元本確定前の根抵当権は、根抵当権設定者の承諾を得て譲渡することができますが、その際にその根抵当権を２つに分割して譲渡することもできます。これを根抵当権の分割譲渡といいます。

分割した根抵当権はそれぞれが独立した根抵当権として扱われるようになります。そして、分割された個々の根抵当権は、それぞれの間では同順位の根抵当権となります。分割については２つに分割することはできますが、いきなり３つに分割できるわけではありません。なお、根抵当権の分割譲渡においては、根抵当権設定者の承諾の他に、その根抵当権を目的として権利を有する者がいる場合、その者の承諾も必要になります。

分割譲渡をする場合、登記申請書の登記の目的は「○番根抵当権分割譲渡」と記載します。

6 累積共同根抵当と純粋共同根抵当

共同根抵当にも2種類ある

◎共同根抵当とは

複数の不動産に根抵当権を設定することを共同根抵当といいます。共同根抵当には累積共同根抵当と純粋共同根抵当があります。

・累積共同根抵当

累積共同根抵当とは、複数の不動産に根抵当権を設定した場合に、複数の不動産がそれぞれ独立して根抵当権の目的となっている形式の根抵当権のことです。

たとえば、極度額10億円でＡ不動産、Ｂ不動産に累積共同根抵当を設定したとします。債権が弁済されない場合、Ａ不動産、Ｂ不動産に対して、それぞれ10億円（合計20億円）まで担保権を実行することができます。

・純粋共同根抵当

純粋共同根抵当とは、複数の不動産に根抵当権を設定した場合に、複数の不動産で同一の債権を担保する形式の根抵当権のことです。純粋共同根抵当とするためには、根抵当権の設定と同時に共同根抵当であることを設定することが必要です。

たとえば、極度額10億円でＡ不動産とＢ不動産に純粋共同根抵当を設定したとします。債権が弁済されない場合、Ａ不動産とＢ不動産に対して、合計10億円まで担保権を実行することができます。

累積共同根抵当と純粋共同根抵当

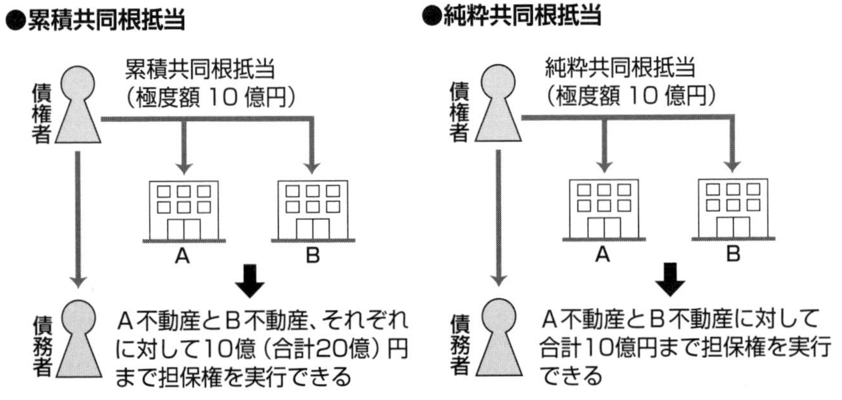

7 担保不動産競売

担保権を実行するための要件をおさえておく

◎担保権の実行による競売とは

担保権の実行による競売とは、抵当権や根抵当権を設定している債務者の不動産を競売し、その売却代金から債権者が配当を得ることをいいます。

強制執行に基づく競売でも、担保権の実行による競売でも、競売手続きの中心は不動産競売です。不動産は価値が高く競売を実施すれば、ほとんどの場合に売却代金を得られ、債権者に配当することができるからです。

担保権の実行としての競売手続きの流れは後述する債務名義に基づく不動産強制競売（189ページ）とほぼ同じです。まず、担保権者が裁判所に対して担保不動産競売申立書を提出します。それを受けて、裁判所は競売開始決定をします。それと同時に、不動産については、差押えの登記がなされます。その後、実際に競売が実施され、競落人が確定します。そして、競落人が売却代金を支払うと、債権者への配当がなされ、債権の回収が図られることになります。

◎担保権を実行するための要件

担保権を実行するための要件として、以下のものが挙げられます。

① 担保権が有効に存在すること

担保権の実行としての不動産競売には、担保権が有効に存在していることが必要です。

② 被担保債権の履行遅滞

被担保債権は、有効に存在していればよいというものではなく、債務者が履行遅滞（履行期に債務を払わないこと）に陥っていることが必要です。

担保権の実行要件

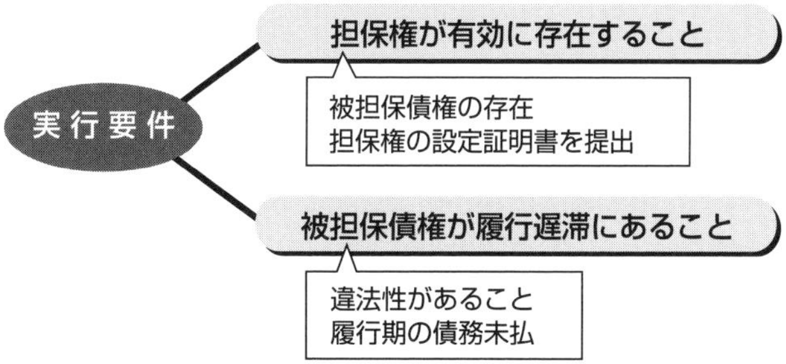

8 代物弁済予約と仮登記担保

比較的簡単な債権回収法

代物弁済の活用

代物弁済とは、債権者との合意により、本来負担した給付に代えて別のもので弁済することです。例としては、50万円の借金がある場合に、現金（本来負担した給付）の代わりに自動車を代金の支払いにあてるような場合をいいます。

代物弁済は債権回収の手段として活用されることがあります。たとえば、金を借りていた商店が現金での支払いができなくなったケースで、債権額に見合う商店の在庫商品や売掛債権などを借金の支払いに代えて弁済するような場合です。

代物弁済予約とは

あらかじめ借金を支払えなかった場合は債務者の土地を代物弁済としてもらい受けるというような約束（これを代物弁済予約と呼びます）を事前に当事者間で結んでおく方法もあります。

代物弁済予約は、仮登記という方法で行うため、競売のような面倒な手続きをすることなく債権の回収ができる便利な制度ですが、債務者の立場からすれば借金の額と不釣合いな土地などの財産を債権者に丸取りされるという問題点もあります。そこで、法律（仮登記担保法）は債権者による丸取りを防止するために、債権者に清算の義務を課しています。

仮登記担保とは

仮登記担保とは、金銭債務を担保するために、その不履行があったときには、債務者または第三者に属する所有権その他の権利を移転させることを約束し、これに基づいて仮登記などをすることをいいます。

たとえば、債務者が債務を履行できなくなった場合には、代わりに所有不動産の所有権を移転するというような取り決めがなされることがあります。

これらの取り決めにも、以下のようないくつかの型があります。

① 期限までに債務が履行されない場合には、債務の履行に代えて、目的財産を代物弁済する旨の停止条件付代物弁済

② 債務が履行されない場合に、債権者が予約完結権を行使することで目的財産が代物弁済として債権者へ所有権が移転する代物弁済の予約

これらの担保方法は、金銭債務を担保するための契約でなければなりません。また、仮登記や仮登録ができる権利の移転または設定を目的としてなさ

れた契約でなければなりません。

◎仮登記担保の実行方法

債務者が、返済を怠った場合には、債権者は、仮登記を本登記にすることで、仮登記担保の目的とした不動産などを取得することができます。

本登記を備えることにより、代物弁済がなされたこととなり、担保不動産の所有権を取得したことを第三者に主張することができるようになります。本登記にするだけですから、競売を行わなければならない抵当権などの実行に比べ、簡単な回収方法といえます。

しかし、仮登記担保の実行は、法律上の執行手続を使わない任意の回収手段であり、私的実行です。

そのような任意の処分では、債権額に比べて価値の大きい不動産を債権者が取得してしまうという弊害も生じ得ます。そのために、仮登記担保法は実行方法について清算手続きなど、以下のような制限を定めています。

① 実行の通知

担保を実行する場合には、必ず債務者に実行の通知をします。この通知の目的は、仮登記担保の目的不動産について、その適正な評価額を示し、同時に残債務金額と清算金の額を明確にすることにあります。

② 清算期間（受戻期間）

清算期間とは、債務者が債務を弁済して担保目的不動産の所有権を取戻すこと（受戻権）が可能な期間で、法律上２か月となっています。

この期間満了日または清算金があるときには、清算金の支払いを受けるまでは、本登記をすることが認められません。

仮登記担保

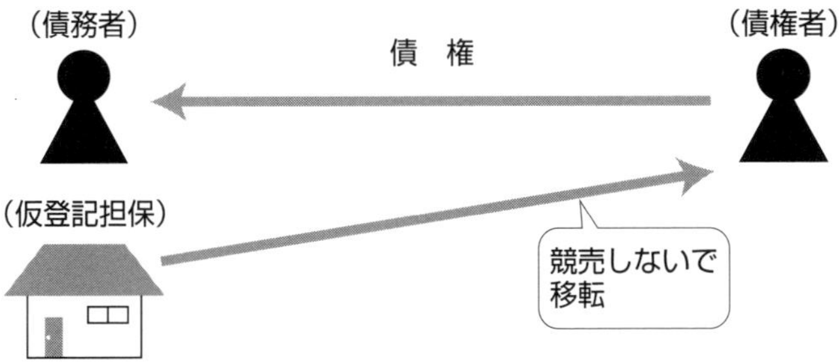

- 債務者が借金を返済できない場合に不動産の所有権を移転することを約束し、仮登記しておく
- 返済を怠った場合に仮登記を本登記にすることで債権者は不動産を取得することができる

9 質権

質権には3種類がある

動産質では物の引渡しが必要

質権は、債権者が自己の債権を担保するために債務者の所有物を預かる形式の担保物権です。債務の弁済がなされないときには、債権者（＝質権者）は債務者（＝質権設定者）の目的物を競売して債権を回収します。質権は、目的となるものの種類により、動産質・不動産質・権利質に分けられます。

質権の多くは、動産質です。動産質を主張するためには、質権設定の合意と共に、債権者が債務者から目的物（質物）を実際に預かることが必要です。

債権質には取立権がある

権利質とは、債権や株式などの財産権を目的としたものですが、主なものは債権質です。

債権質は、債務者が第三者に対してもつ債権を質権の目的とします。たとえば、ＡがＢに対して債権をもっていて、ＢはＣ（第三債務者という）に対して債権をもっているとします。このとき、ＡがＢのＣに対する債権を目的としてＢとの間で質権の設定を受けるような場合です。

債権質の利点は、質権者が質権の目的である債権を直接取り立てることができることにあります。

債権質は、質権設定の合意の他、一般的な小切手や商品券、乗車券などを質権の目的とする場合には、証券の交付を受けることによって成立します。不動産質は、不動産を目的として質権を設定するものですが、ほとんど利用されていません。

債権質

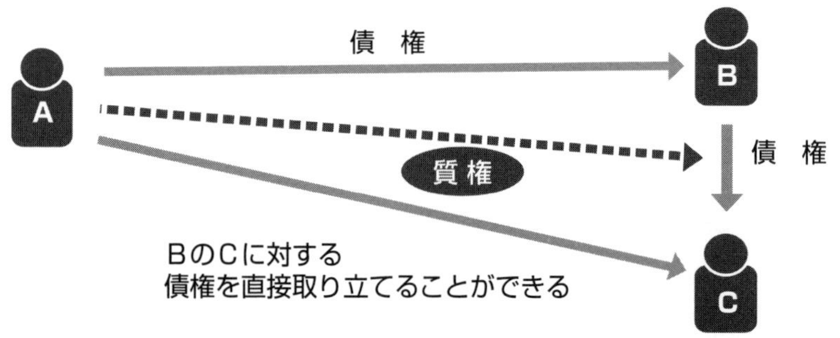

10 留置権

合意がなくても留置権は発生する

弁済されるまで留置できる

たとえば、Aが腕時計をB販売店に修理に出した場合、修理代金が5000円であるとしましょう。

この場合、B販売店は、代金が支払われるまで修理のため預かった時計の返還を拒むことができる（留置することができる）のです。

このようにB販売店が時計の返還を拒める権利のことを留置権といいます。留置権は、債務の支払いが済むまでは目的物を返還しないということで債務の支払いを促そうとするものであり、債権回収を間接的に実現するものといえます。

このような留置権は、当事者間で時計について担保を設定するという合意がなくても、当然に発生します。また、留置権とよく似たものとして同時履行の抗弁権があります。

これは簡単に言えば、売買の当事者間で「商品は代金と引き換えでなければ渡さない」という主張のことです。留置権も同時履行の抗弁権も、当事者間の公平を考えてできた制度ですが、同時履行の抗弁権は契約当事者間でしか主張できないのに対して、留置権は、物権という強い効力が認められる権利なので第三者にも主張できるという点で違いがあります。

もっとも、留置権は目的物を占有（留置）することで債権の支払いを確保する制度なので、債務者の承諾がある場合や一定の場合を除き、留置物の使用等はできず、いったん目的物の占有を失ってしまうと留置権も消滅してしまう点には注意が必要です。

留置権

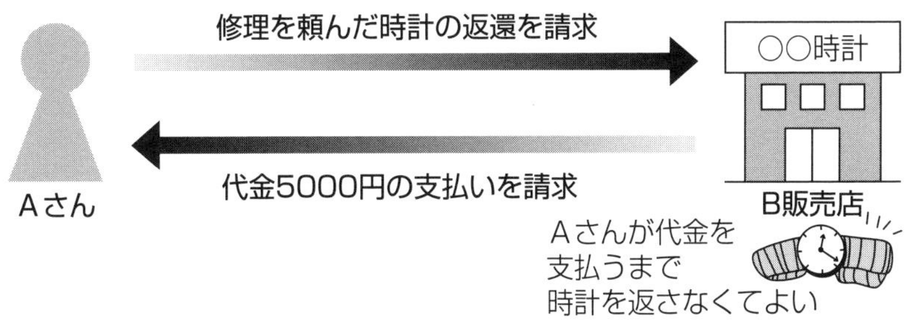

11 先取特権

優先的な回収が認められている債権

先取特権の種類はたくさんある

先取特権とは、債権者が他に先だって債権の回収をすることを認める制度です。本来債権の回収は平等であるべきです。しかし、特に優先的に弁済させる必要性が高い債権が成立した場合には、その弁済を確保するため、法律上当然に目的物に担保権（先取特権）が成立することを認めています。

先取特権が成立する債権は民法で法定されています。

たとえば、雇用契約における給料などは、労働者の生活を支える重要な債権ですので、使用者が破産したような場合でも、他の債権者に優先して配当を受けることが認められます。

先取特権は、①総財産を担保とする「一般先取特権」（先ほどの給料のケースはこれにあたります）、②特定の動産を担保とする「動産先取特権」、③不動産の保存・工事・売買から生じた債権を担保するためその不動産を担保とする「不動産先取特権」の３つに分類されます。

②の動産先取特権は取引社会でも活用されています。

これに比べて③の「不動産先取特権」は不動産に担保権を取得するには登記が必要とされるため手続きが面倒なので、あまり活用されてはいないようです。

物上代位

先取特権は、目的物が第三者に譲渡された場合、あるいは目的物が滅失した場合には行使することができなくなります。しかし、たとえば、目的物が滅失した結果、債務者が保険金を取得するような場合には、差押えをすることによりその保険金から優先的に弁済を受けることができます。

先取特権

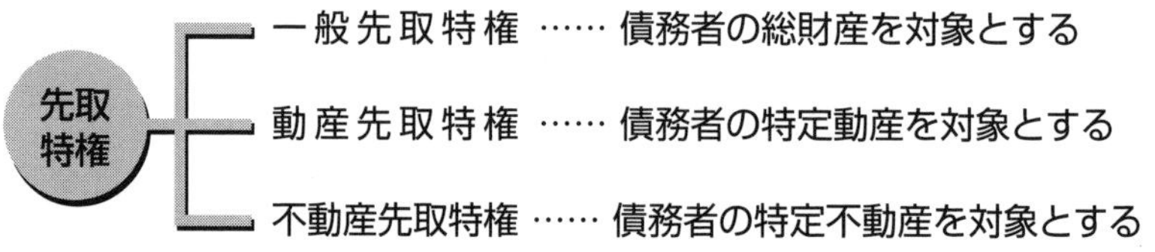

12 動産の先取特権

商品が買主の手元にあるか転売されているかで対応は異なる

動産売買の先取特権

売掛金を回収する場合に、まず検討すべきことは動産売買の先取特権です。動産売買の先取特権とは、動産を売り渡したときに、その動産から優先的に売買代金の弁済を受けることができる権利です。

もっとも、動産を競売にかけるには、①債権者が執行官に対して動産を提出すること、あるいは、②債権者が執行官に対して文書（動産の占有者が差押えを承認する旨を記載した文書のこと）を提出することが必要になるので、将来、動産売買の先取特権を行使しようと債権者が考えているのであれば、あらかじめ差押えを承諾する旨を記載した文書を受け取っておくなど、手を打っておく必要があります。

また、動産競売開始許可決定書の謄本を債権者が提出した場合も動産を競売にかけることができます。この動産競売開始許可決定書は、執行裁判所が発行するものです。債権者は執行裁判所に担保権があることを証する書面を提出し、この許可をもらいます。

買主が商品を転売した場合

買主（債務者）が商品を第三者に転売してしまったのですが、その第三者からはまだ代金の支払を受けていないという場合はどうなるのでしょうか。

この場合は、買主は、その第三者に対して売買代金債権を有していることになりますから、売主（債権者）はその売買代金を動産売買の先取特権に基づいて差し押さえ、ここから回収することになります。

一方、買主（債務者）が商品を第三者に転売して、その第三者からすでに代金の支払いも受けてしまった場合は、残念ですが、もう手遅れです。というのは、買主が受け取った代金は、すでに買主の他の財産に混入してしまって、特定できなくなっているからです。

動産の先取特権は、その動産から優先弁済を受けることができる権利ですから、その動産の姿が変わっても、なお特定できるなら、効力は持続しますが、そうでない場合には、もはや消滅してしまいます。

また、動産の先取特権では、その動産が第三者に引き渡されてしまった後では、商品などの動産自体からは優先弁済を受けることはできないことになっていますから、回収もできなくなってしまいます。

13 譲渡担保①

法定されていない非典型担保物権

譲渡担保について

債権者にも債務者にも便利な担保権は抵当権なのですが、その規制は法律で厳格に定められています。そこで、抵当権の利便性をいかしながらも、もう少し制約の緩やかな担保の手段が取引の世界では要請されてきました。そこから生まれたのが、譲渡担保という担保方法です。

これは、担保目的物の所有権を債権者に移転して、それを債務者が引き続き借りておくという形の担保です。譲渡担保は、工場に備え付けの機械や、倉庫に保管してある在庫商品など、担保化のための明確な規定がない財産を担保にとる場合に、広く利用されています。そのため、譲渡担保の対象は、不動産、動産、債権などの各種権利が広く対象に含まれます。

この場合、担保目的物の担保価値の査定は、慎重に行うことが必要です。担保価値の査定が甘いと不良債権を作り出すことになってしまいます。

集合債権譲渡担保とは

担保目的物の所有権ではなく、債権を譲渡担保の目的にする方法もあります。

継続的な取引関係にある者の間では、実務上、集合債権譲渡担保という方法がとられています。これは、継続的取引によって現に発生している債権、または将来発生するであろう売掛債権をまとめて譲渡担保の目的とするものです。

担保の対象となる債権は将来発生するものでもかまいません。

譲渡担保とは

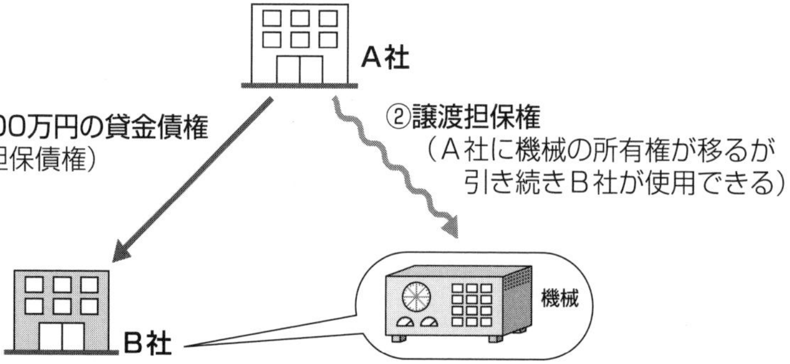

14 譲渡担保②

帰属清算型と処分清算型の２つの方法で担保権を実行する

抵当権の利便性をいかした制度

譲渡担保の特徴は、担保目的物の所有権は債権者に移転しますが、それを債務者が借りるという形式をとり、債務者が使用し続けることが可能な点です。契約当事者の間では、所有権の移転を目的としていません。

譲渡担保は、抵当権の利便性を生かしたよい担保方法なのですが、債務者がそのまま使用を続けるため、対抗要件である目的物の引渡しは、占有改定（債権者のために以降は債務者が占有すること）という方法を取り、質権のように手元に引き取るものではないので、表面からは担保が設定されているかどうかわかりません。そのため、債務者の資金状態が悪化している場合には、担保目的物を他の第三者に譲渡してしまうこともあるので、占有の前後や有無について争いが起こらないように、ネームプレートなどを貼って第三者から見ても債権者の所有物であることがわかるように表示し、対抗要件である引渡しがあったとみなされる動産譲渡登記を行うことを検討します。

帰属清算型と処分清算型がある

譲渡担保権については明文の規定はありませんが、期限まで債務を弁済できないときは、担保目的物の所有権は完全に債権者のものとなります。その実行形態としては、当該目的物の所有権を譲渡担保権者が確定的に取得する方法による場合（帰属清算型）と、当該目的物を譲渡担保権者が第三者に売却しその代金をもって弁済に充当する場合（処分清算型）とがあります。

いずれの場合にも、目的物の価額を被担保債権額（担保されている債権の額）が下回る場合には、譲渡担保権者は設定者にその差額を支払って清算しなければなりません。

譲渡担保の実行形態

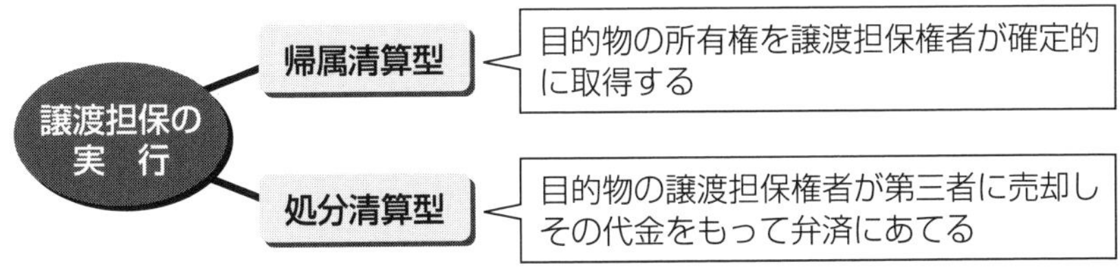

15 抵当権の登記①

債権が移転すれば抵当権も移転する

◎抵当権と登記

抵当権は、不動産に設定される担保権の中で最も多く利用されています。抵当権を設定しても不動産の現状は変わらず、設定した所有者はその不動産を自分で利用したり第三者に賃貸することで収益を上げることができます。さらに、不動産をそのまま第三者に譲渡してもかまいません。

抵当権が設定されているかどうかは不動産を見てもわかりませんので、抵当権の存在を知るためには登記簿を調査することが必要です。

◎抵当権設定の登記

抵当権は当事者との契約によって設定されます。仮に、債権者Ａと債務者Ｂとの間でＢ所有の建物について抵当権設定契約が結ばれた場合、たとえそれが登記されなくても抵当権は有効に成立します。しかし、その後に建物がＣに売却されて所有権移転の登記もなされてしまうと、ＡはＣに対して抵当権があることを主張する（対抗する）ことはできません。ですから、抵当権の登記は必ずしておかなければならないのです。

抵当権設定の登記では、原因、債権額、利息、損害金、債務者、抵当権者などが登記事項として記載されます。

抵当権設定登記の申請に必要な添付書類は、登記原因証明情報（抵当権設定契約書、報告形式の登記原因証明情報など）、登記識別情報または登記済証、登記義務者の印鑑証明書、会社法人等番号または資格証明書（登記権利者または登記義務者が法人の場合）、委任状（司法書士などに登記申請を依頼する場合）です。

◎抵当権移転の登記

抵当権をはじめ担保権は債権を担保してこそ、その存在意義があります。よって、担保されている債権が移転すればそれに伴って担保権である抵当権も当然に移転することになります。前の例で、ＡのＢに対する債権がＡからＤに譲り渡されて、債権者がＤ、債務者がＢになったとします。すると、ＡのＢに対する抵当権もＤに移転して今度は抵当権者がＤとなるわけです。抵当権のもつこの性質を「随伴性」といいます。

ただ、この場合も登記をしておかないと、Ｂから建物を買って登記をしたＣに対してＤも抵当権を主張（対抗）することができなくなります。

16 抵当権の登記②

債権が消滅すれば抵当権も消滅する

抵当権処分の登記

抵当権は、それ自体が財産として高い価値をもっていますから、抵当権自体を一つの財産として処分する方法がいくつか認められています。たとえば、抵当権の順位を変更したり、抵当権そのものに対してさらに抵当権を設定したりする処分です（これを「転抵当」といいます）。

抵当権の順位変更とは、１つの不動産に抵当権が複数付けられている場合に、各抵当権者の合意によってその順位を変更することです。抵当権は登記の申請順によって、１番抵当権、２番抵当権というように優先順位が決まりますが、当事者の合意があれば、自由にその順位を変更できるのです。ただ、順位変更の登記をしなければ効力を生じません。

転抵当とは、たとえば、Ｂの建物に抵当権の設定を受けているＡが、自分の債権者であるＨのために抵当権をさらに設定する場合です。建物に設定されている抵当権が実行されて競売が行われると、ＨはＡに優先して配当を受けることになります。この他、抵当権だけを譲渡・放棄したり、抵当権の順位を譲渡・放棄するといった処分も認められています。

抵当権の抹消登記

ローンを無事に完済したとしても、それだけで安心してはいけません。設定していた抵当権の抹消登記をする必要があるからです。

抵当権は、債権の担保として設定されたものであり、債務が完済されれば消滅します。しかし、抵当権の登記は、原則として抵当権者と設定者が共同して抹消しなければ、いつまでも登記簿に残ったままです。この場合、放っておくと後で抹消するのが難しくなることもありますから、早めに抹消しておく必要があるといえるでしょう。

抵当権の設定から抹消まで

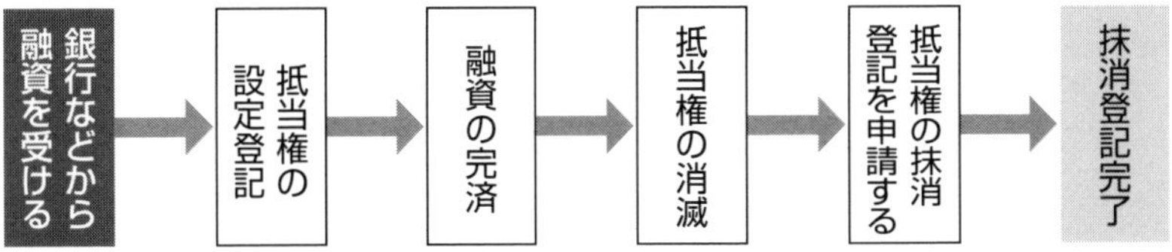

17 根抵当権の登記

極度額、債権の範囲なども登記する

根抵当権の登記

抵当権は特定の債務を担保するものであって、その債務が完済されると役割を終えて消滅します。しかし、企業と金融機関の間で継続して行われる融資を担保したり、企業同士の間で継続して行われる取引から生じる債権を担保したりする場合に、いちいち設定のための手続をし直すのは不便です。

そこで、継続して債権・債務の関係がある当事者のために設けられているのが「根抵当権」という制度です。根抵当権は、特定当事者の間で生じる一定の範囲内の債権を担保するもので、1つの債権が返済されても抵当権と異なり消滅しません。さらに、根抵当権が設定された後に発生した債権であっても、あらかじめ決められた範囲内の債権であれば担保されます。

ただ、当事者の間で生じる債権をいつまでも無限に担保するわけではありません。「極度額」といって担保される金額の最高限度額は決まっています。また、「元本確定期日」という日を決めておいて、その日が到来した時点で存在する債権に限って担保されるようにすることもできます。

根抵当権設定の登記

根抵当権の登記では極度額、債権の範囲が根抵当権者や債務者と並んで登記事項とされています。また、元本確定期日を登記することもできます。課税価格として、極度額を記載します（1000円未満の端数があるときは、その端数は切り捨てます）。登録免許税は、課税価格（極度額）に1000分の4をかけた金額です（100円未満の端数があるときは、その端数は切り捨てます）。

根抵当権変更の登記

根抵当権は、その設定の原因となっている取引関係に変更が生じたときには、それに沿った形で根抵当権の内容を変更することもできます。具体的には、極度額・債権の範囲・債務者などが変更できます。内容の変更にともなって、いったんなされた登記についても変更する必要性があります。

ただ、根抵当権の変更の内容によっては、後順位の担保権者が利害関係人となるため、登記申請の際、その者の承諾が必要となる場合があります。

元本確定の登記

根抵当権を設定した不動産が競売の

ために差し押さえられるなど一定の事由によって、根抵当権が担保する債権が具体的に特定されてしまうことがあります。これを元本の確定といいます。元本が確定すると、債権の範囲に属する債権が発生しても、もはや根抵当権によって担保されなくなります。

「元本確定の登記」とは、文字どおり、元本が確定した場合にするものです。ただ、元本が確定した場合に常にこの登記をしなければならないわけではありません。

根抵当権の登記の中には、元本確定後でなければすることができない登記があります。たとえば、根抵当権の被担保債権を弁済した場合の根抵当権の抹消登記です。こうした場合に、その前提として、元本確定の登記をしなければならないことがあります。

元本確定後でなければすることができない登記をする場合であっても、前提としての元本確定登記が不要なケースもあります。それは登記簿上、元本の確定が明らかな場合です。たとえば、根抵当権ではあらかじめいつ元本が確定するかを決めておき、これを「確定期日」として登記できますが、確定期日が登記されていて、この日が到来しているのであれば、わざわざ元本確定の登記をする必要はありません。

◎根抵当権処分の登記

根抵当権も通常の抵当権のように各種の処分をすることができます。ただ、根抵当権の特殊性から、処分が制限されています。たとえば、根抵当権の順位変更や転根抵当は、通常の抵当権と同じように自由にできますが、根抵当権だけの譲渡・放棄や根抵当権の順位の譲渡・放棄などは、元本確定の前には認められません。

◎根抵当権抹消の登記

根抵当権も通常の抵当権と同様に解除などを登記原因として抹消登記をします。

主な根抵当権の変更

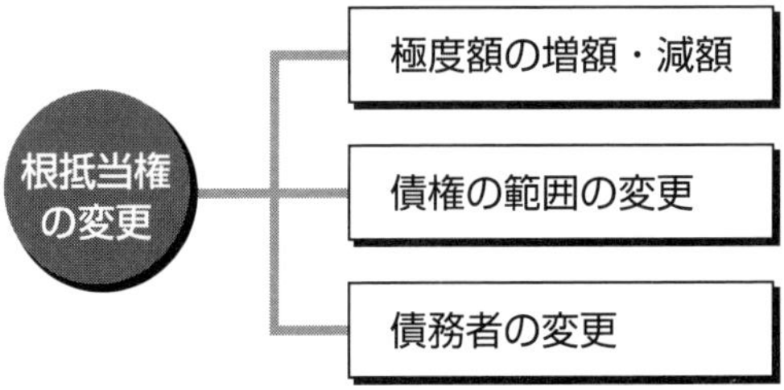

18 質権・先取特権の登記

不動産質権、不動産の先取特権が登記される

質権の登記

質権とは、債権を担保するために提供された物を債権者の下に留めて債務の返済を促す一方で、債務が返済されない場合にその物を競売にかけて優先的に配当を受けることができる権利です。対象になる物の占有を債権者に移す点に特色があります。質権は、動産だけでなく不動産についても設定できます。不動産に質権を設定した場合には、そのことを登記することができます。

不動産に質権が設定されると、質権者はその不動産をただ占有するだけではなく利用して利益を得ることもできます。

また、質権の設定登記がなされた後に設定者（所有者）に不動産を引き渡しても、質権者は第三者に対して権利を主張することができます。

先取特権の登記

抵当権、根抵当権、質権といった担保権は当事者の契約によって成立し、登記されます。しかし、担保権の中には社会的な公平の観点から法律によってその成立が認められるものもあります。そのひとつが「先取特権」です。不動産に関する先取特権には以下のものがあり、登記されていることがあります。

①　不動産保存の先取特権

土地の地すべりを補修したり建物の雨漏りを修理したりして不動産の価値を維持するためにかかった費用については、費用を支出した者が優先的に配当を受け取ることができます。これを「不動産保存の先取特権」といって、不動産を保存するための行為をしてすぐに登記をしておくと、その登記より先に登記されている担保権があっても優先できます。すべての担保権者にとって利益になることをしたといえるからです。

②　不動産工事の先取特権

不動産に関する増築工事などを請け負った者が、工事に着工する前にその予算額などを登記しておくと、優先的に配当を受け取ることができます。

③　不動産売買の先取特権

前述した２つの先取特権のように、先に登記してある他の担保権に優先することはできず、一般的に売買代金の支払いと所有権の移転は同時とすることが多く利用は少ないですが、売買契約と同時に登記しておくことによって代金と利息分について担保されます。

第６章

相続と登記手続き

1 相続手続きと相続登記の義務化

相続人と相続分を決めて相続財産が確定する

◎相続とは

相続とは、簡単に言えば「死亡した人の遺産（財産）を相続人がもらうこと」です。民法には、「相続人は、相続開始のときから、被相続人の財産に属した一切の権利義務を承継する」と定められています（民法896条）。

被相続人とは、亡くなった人のことで、相続人とは、財産を受ける人のことです。財産には、被相続人に残されていた借金なども含まれます。

相続は、被相続人の死亡によって始まる相続人への財産上の地位の移転です。「相続人がだれか」については、かなり複雑な場合があります。妻と子が相続人という場合が多く、この場合は単純なように思えますが、相続放棄がからむと複雑になります。

また、相続分は法律で決まっていますが、遺言で変えることができます。その場合は、特別受益（142ページ）や遺留分（145ページ）の関係で複雑な問題が生じることがあります。相続人については、寄与分（143ページ）の制度もあります。

被相続人が死亡した時点で有していた財産（プラスの財産だけでなくマイナスの財産も含む）を相続財産といいます。

相続財産は、財産を分割できる場合を除いて、相続人全員による遺産の共有となります。その後は、遺産分割と税金が問題となります。紛争があれば裁判所の手続きなどが必要になります。

◎手続きをしなくても相続は発生する

相続は、被相続人が死亡したのと同時に始まります。相続人は、被相続人の死亡を知っている必要はありません。たとえば相続人である子供が遠方にいて、親の死亡を知らなかったとしても、相続財産は死亡と同時に相続人に移転しているのです。

被相続人が死亡したが遺産の分割や相続登記など名義変更の手続きがまだ済んでいない、ということはあり得ます。ただ、この場合にも相続自体は始まっています。

相続の手続きについては、民法で、だれが（相続人、受遺者）何を（相続財産）どんな割合で引き継ぎ（相続分）、分けるのか（遺産分割協議、分割の実行）、について定めています。また、遺産分割協議が成立すれば相続開始時にさかのぼって効力が生じます。

◎相続登記が義務化される

所有者不明の土地に関する問題の解

決策として、相続登記の義務化が長年検討されてきましたが、令和3年4月に「民法・不動産登記法」の改正法が成立しました。改正法（施行は令和6年頃）では、相続開始後3年以内の相続登記が義務化され、期限内に相続登記を怠った場合には10万円以下の過料が科されます。遺贈（遺言）により財産を取得した者も同様に3年以内の登記義務化および10万円以下の過料が科されます。

また、遺産分割等が速やかにまとまらない場合に、法務局に対して「相続が開始した旨」と「自己が相続人である旨」を戸籍等の提供と共に申告すれば、相続登記をする義務を履行したとみなす相続人申告登記制度（仮称）も創設されています。この制度が利用された場合、申出をした相続人の氏名、住所等が登記簿に記録され、相続人不明となる状況を防ぐことにつながります。

なお、相続人申告登記制度を利用した場合でも、後に遺産分割によって不動産を取得した者は遺産分割の日から3年以内に登記義務が課されます。

この他、登記義務化と併せて登記手続きが簡略化され、遺贈（相続人に対する遺贈に限ります）により所有権を取得した者は単独で登記申請ができるようになります。また、法定相続分による相続登記後に遺産分割などがあった場合、従来は不動産取得者と他の相続人と共同して持分の移転登記を申請する必要がありましたが、不動産取得者等が単独で更正の登記を申請できるようになります。

ただ、相続登記が義務化されれば、管理できない土地や登記手続きに要するコストを下回る価値の低い土地などを、一方的に相続させることになり、相続人に大きな負担を強いる危険性もあります。改正法には、所有権放棄に関する内容も盛り込まれており、建物が存在しない土地、担保権・使用収益権が付いていない土地、土壌汚染等がない土地等の一定の要件を満たした土地は、10年分の管理費相当額を納付することで不要な土地を国庫に帰属させることができるようになります。

この他、住所変更・氏名変更登記の義務化も盛り込まれています。

相続登記義務化（不動産登記法改正）の内容

相続開始

↓ 自己のために相続の開始があったことを知り、かつ、当該所有権を取得したことを知った日から3年以内

相続登記 ＜ **義務！**

※正当な理由もなく登記申請を怠ったときは、10万円以下の過料に処せられる

2 相続人と相続分

相続人の範囲は法定されている

相続人の範囲

相続人の範囲は民法で法定されています。つまり、その範囲内の人だけが相続人となり、それ以外の者は絶対に相続人になれません。相続順位にある者を推定相続人といいます。

ただし、法定相続分のとおり相続させるのは不合理だと被相続人が考え、その旨を遺言した場合は、現行法では、被相続人の遺言で処理するという原則がありますので、遺言書により指定された人が相続します。

また、相続放棄または廃除による相続権の喪失、代襲相続の問題があるため、推定相続人が必ず相続人になるとは限りません。

血族とは

血族とは、被相続人と血縁関係のある親族のことで、直系血族と傍系血族に分けられます。直系血族はさらに、直系尊属と直系卑属に分かれ、直系卑属、直系尊属、傍系血族（兄弟姉妹またはその子）の順で相続人になります。

相続順位

血族の相続順位の第１順位は子です。養子、胎児、非嫡出子も含まれます。婚姻関係にない男女間に生まれた非嫡出子についても、被相続人の子であることに変わりはありません。また、胎児の場合、被相続人が死亡した時点でまだ生まれていないのですが、相続については、すでに生まれたものとみなされます。子またはその代襲相続人が１人でもいる場合は、その人だけが相続人となり、親や兄弟姉妹は相続人にはなりません。

また、注意しなければいけないのが養子の実父母が亡くなった場合です。この場合養子は実父母の相続人になります。一般的な養子の場合実父母との関係は失われないからです。ただし、養子が実父母による監護が著しく困難な場合等にされる特別養子縁組の場合は実父母との関係は終了するので相続人にはなりません。

第２順位は父母です。第１順位の子や代襲相続人がいない場合には、父母が相続人となります。直系尊属の中でも、親等が異なる者の間では、被相続人に親等の近い者が相続します。親が１人でも生きていれば、祖父母は相続人にはなりません。

第３順位は兄弟姉妹です。第１順位、第２順位の相続人がいない場合は、兄弟姉妹が相続人になります。兄弟姉妹の間には、優先順位はありません。ただし、父母の一方だけが同一の兄弟姉妹は相続分が半分になります。兄弟姉妹が欠けたときには、その子が代襲相続しますが、兄弟姉妹の相続の代襲はその子までで、再代襲（孫への代襲）はありません。

配偶者の相続権

民法は、「被相続人の配偶者は、常に相続人となる」と定めています（民法890条）。相続権がある配偶者とは、婚姻届が出されている正式な配偶者のことです。内縁の配偶者に相続を受ける資格はありません。たとえ長年一緒に生活し、夫婦同然だとしても同様の結論になります。

指定相続分と法定相続分

相続人が２人以上いる場合、相続人の受ける相続財産の割合を相続分といいます。相続分については遺言で定められる場合（指定相続分）もありますし、遺言がなければ法律で定められた割合の規定（法定相続分）に従います。被相続人は遺言で法定相続分を変えることができます。

①　指定相続分

被相続人が、相続人ごとに相続分を自由に決めて、遺言書で指定した相続の割合のことです。具体的な割合を示さずに、特定の人を指名して、その人に相続分の決定を一任することもできます。ただし、遺言による指定であっても、相続人の遺留分を侵害することはできません。

②　法定相続分

民法に定められている相続人の取り分の割合のことです。実際に誰が相続人になるかによって法定相続分が変化します。組み合わせにより、法定相続分もいろいろと定められているのです。以下のようなパターンがあります。

法定相続分

	<配偶者>		<血族>
第１順位	配偶者　相続分 $\frac{1}{2}$		相続分 $\frac{1}{2}$　直系卑属
第２順位	配偶者　相続分 $\frac{2}{3}$		相続分 $\frac{1}{3}$　直系尊属
第３順位	配偶者　相続分 $\frac{3}{4}$		相続分 $\frac{1}{4}$　兄弟姉妹

3 代襲相続

被相続人の孫に相続権を認めたもの

代襲相続とは

代襲相続とは、本来相続人になるはずだった血族が死亡などの事情で相続権を失った場合に、その子や孫が代わって相続人となることです。

この場合、本来相続するはずだった死亡した血族を被代襲者、代襲によって相続をする人を代襲相続人と呼びます。

代襲相続人は、被相続人の直系卑属かおい・めいです。被相続人の配偶者や直系尊属が欠けても代襲はありませんし、被相続人の養子の連れ子は、被相続人の直系卑属でないので代襲はありません。

また、直系卑属も直系尊属もいない場合は、兄弟姉妹が相続人になります。ただし、第1順位の代襲は、無限に続きますが、兄弟姉妹の場合は、その子（被相続人のおい・めい）までに限られます。これは、兄弟について再代襲を認めると、被相続人からみますと、ほとんど顔も知らないという人にまで財産が与えられることになってしまうからです。

代襲の原因

代襲が行われる原因は、相続人の死亡、相続廃除、相続欠格によって、相続人が相続権を失うことです。

一方、相続放棄の場合は、初めから相続人でなかったことになるので、代襲はありません。また、子の配偶者は代襲相続人になりません。

代襲のしくみ

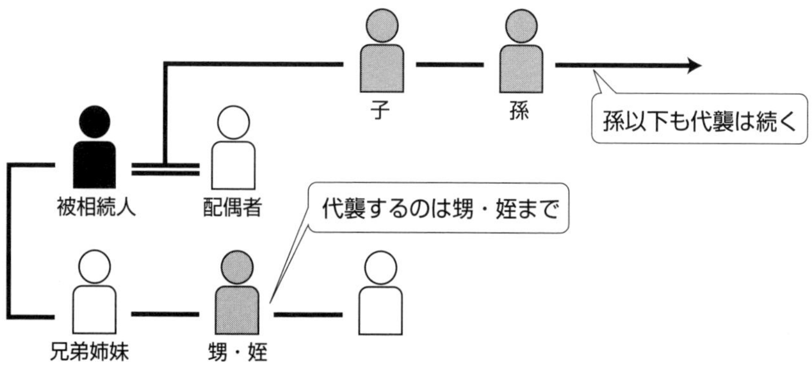

4 相続欠格

遺贈を受けることもできなくなる

相続欠格とはどんなことか

本来は相続人になるはずの人（推定相続人）でも、法に触れる行為をした場合などの一定の事情があると、相続人になれません。このことを相続欠格といいます。

相続欠格に該当した場合は、特別な手続きがなくても相続権をすべて失います。相続欠格は、遺言よりも強い効力があるので、遺贈を受ける資格も失ってしまいます。そして、他の人が代わって相続権を得ることになります。なお、親が相続欠格となってもその子は、代襲者として相続権を得ることになります。

相続欠格となる事項は以下のように定められています。

① 故意に、被相続人または先順位もしくは同順位にある相続人を死亡させたり、死亡させようとした（未遂）ために、刑（執行猶予付きも含む）に処せられた者

② 詐欺・強迫によって、被相続人が相続に関する遺言をすることを妨げたり、または遺言の取消・変更をすることを妨げたりした者

③ 詐欺・強迫によって、被相続人に、相続に関する遺言をさせ、または遺言の取消・変更をさせた者

④ 被相続人の相続に関する遺言を偽造、変造、破棄、隠匿した者

⑤ 被相続人が殺されたことを知って、これを告発、告訴しなかった者

相続欠格とは

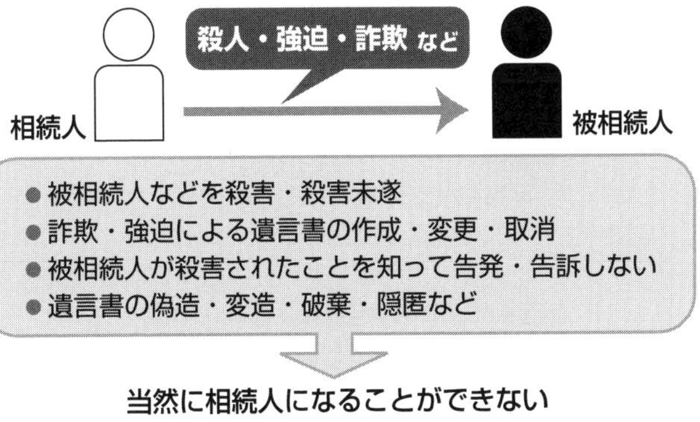

5 相続廃除

兄弟姉妹は廃除の対象にならない

相続廃除とはどんなことか

欠格ほどの理由がない場合でも、被相続人の意思によって相続権を奪う相続廃除という制度があります。この廃除の対象になるのは、遺留分をもつ法定相続人（配偶者、子、父母）だけです。遺留分をもたない兄弟姉妹は相続廃除の対象になりません。

相続廃除には、遺言によっても奪うことのできない遺留分を失わせることができるという意義があります。したがって、そもそも遺留分のない兄弟姉妹は廃除の対象にはなりません。

廃除を行うためには家庭裁判所の審判が必要です。

相続廃除ができるのは、下図の３つの理由によって、被相続人と相続人の信頼関係が破たんし、相続させる理由がなくなった場合です。

廃除の方法と取消

家庭裁判所へ相続廃除の審判を申し立てるには、①被相続人が生前に請求する方法、②遺言書に相続人の廃除の意思表示をする方法の２つがあります。

また、被相続人の気持ちが変わり、廃除を取り消したい場合には、家庭裁判所への申立て、あるいは遺言で廃除の取消を求めることもできます。家庭裁判所により廃除が取り消されると、相続権は回復します。

相続廃除とは

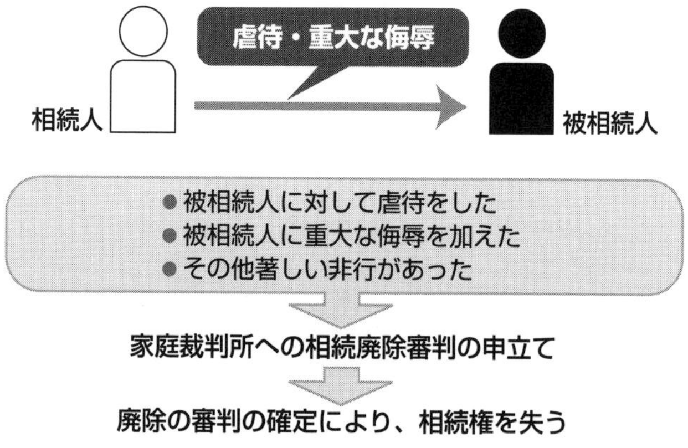

6 相続放棄①

相続人の子や孫は代襲相続できなくなる

相続開始を知ってから3か月以内

相続するかしないかは、相続人の自由です。相続放棄をする場合には被相続人のすべての財産（プラス分とマイナス分）を放棄します。相続放棄をした場合は、相続放棄をした人は、最初から相続人ではなかったとみなされます。

放棄するかどうかは、被相続人の死亡の時から3か月以内ではなく、相続の開始を知ってから（自分が相続人になったことを知ってから）3か月以内に決めなければなりません。相続放棄をする場合、相続人が家庭裁判所に相続放棄申述書を提出することが必要です。

相続人が未成年者や成年被後見人などの制限能力者（単独で法律行為を行う能力が制限されている人）の場合には、その法定代理人が制限能力者のために相続の開始があったことを知った時から3か月以内に決める必要があります。

相続を放棄した者は、その放棄によって新たに相続人となる者が遺産の管理を始めるまでは、遺産を管理する必要があります。

相続放棄と代襲相続

相続放棄した場合には、最初から相続人ではなかったとみなされるので、その子や孫が遺産を代襲相続することはできません。

相続放棄があった場合は、他の同順位の血族相続人のみが相続人となり、同順位の者がいなければ、次順位の血族相続人が相続人となります。

相続人である子が相続放棄をした場合の相続分の例

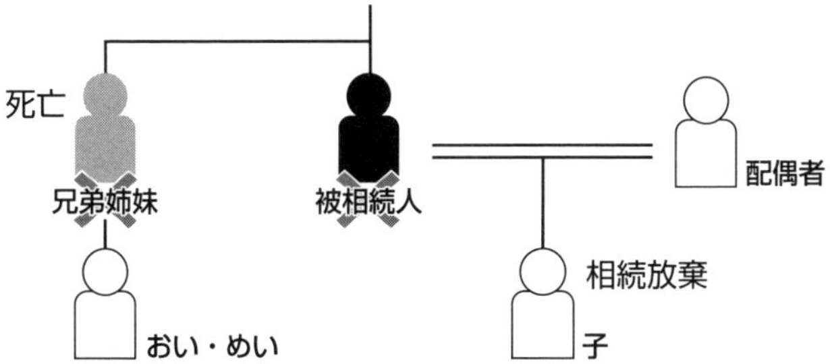

※本事例での相続分は配偶者4分の3
死亡した兄弟姉妹を代襲したおい・めいが4分の1となる。

7 相続放棄②

相続放棄以外に相続分のないことの証明書を作成する方法もある

遺族年金や退職金は個々の判断

相続放棄と遺族年金・退職金請求権の関係は、それがどのような財産であるかによって違います。弔慰金や遺族年金が、遺族の権利であれば、相続放棄に関係なく自分の権利として請求できますが、故人である被相続人に支払われるべき相続財産（遺産）にあたるものについては、相続を放棄すれば請求できなくなります。

事故の慰謝料は相続財産になる

死亡者本人の物的損害の賠償や苦痛に対する慰謝料は相続財産になります。たとえば、事故死の場合も本人に対する損害賠償であれば、相続財産になります。また、事故死の場合の自動車の破損による損害賠償請求権は相続財産となり、相続人のものになりますが、相続放棄をした相続人は相続できません。しかし、加害者に遺族として苦痛を受けたことについての慰謝料を請求するのであれば、これは遺族の意思によるものであって、相続財産ではありません。したがって、相続放棄とは関係がなく請求できます。

生命保険金の請求権

被相続人が保険金受取人になっている場合は、その保険契約上の権利は被相続人に属する財産、つまり相続財産ですから、相続放棄した相続人はこれを相続することはできません。

これに対して、被相続人が死亡した場合の保険金受取人に指定されている者が最初から相続を放棄した相続人であった場合、保険金は遺産とはなりませんので、相続放棄をしてもその相続人は保険金を請求できます。「相続放棄をした者は、初めから相続人とならなかったものとみなす」と民法は規定していますが（民法939条）、保険金受取人を相続人と定めていた場合、相続人であった特定の個人を受取人とする趣旨の記載であることから、放棄により相続人ではなくなっても、保険金請求権の保険金受取人としての資格は失われないとする判例があるからです。

相続分のないことの証明書と相続放棄

相続放棄はせず、主に遺産分割協議の手間を避けるため、相続分のない相続人が「相続分のないことの証明書」を作成するという方法があります。

自分は特別受益や他の相続財産を受けているから、相続分がないので他の相続人に相続を認めるというものが相続分のないことの証明書（特別受益証明書、163ページ）です。たとえば、相続人が３名でそのうちの２名が相続分のないことの証明書（実印で押印・印鑑証明書添付）を作成することにより遺産分割協議を経ずに登記申請をすることが可能となります。

なお、自分一人だけが先順位者で、配偶者もいない場合は、自分一人だけが相続人ということになるので、相続分のないことの証明書で後順位者に相続財産を譲ることはできません。

また、相続分のないことの証明書は、特別受益があるといった事情により、「自分には相続分がない」ということを証明するに過ぎず、借金などのマイナスの財産も含めて相続を放棄する相続放棄とは意味が異なります。相続人となるつもりがないのであれば、相続放棄の手続きをとることが必要です。

◎相続分のないことの証明書の偽造

この証明書は、特別受益となる生前贈与の内容などを詳細に記載する必要がないことなどから、特定の不動産について、「相続分のないことの証明書」が偽造されたり、他の不動産についての「相続分のないことの証明書」が流用されることもあります。作成するときは証明書のどこかに対象の不動産を明記することが大切です。

法務局は、偽造や流用であっても書類に不備がなければ、証明書の名義人には相続分がないとみなしますから、証明書の名義人を除く他の者の名義で相続登記が行われてしまいます。もっとも、このような不正の登記は、無効であることはいうまでもなく、刑法上の有印私文書偽造および行使罪になります。

この場合、偽造された相続人が、身内として刑事事件にはしたくないとすれば、民事事件として、所有権移転登記手続き、真正な登記回復手続き、あるいは抹消登記などの措置を求めることになります。また、遺産分割が終わっていなければ、是正を求めることもできますし、相続回復請求権の対象になることもあります。

相続放棄の手続き

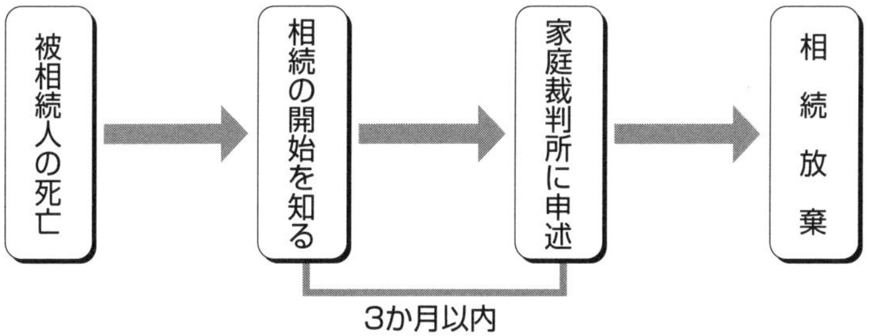

8 単純承認

相続財産を受け入れるかどうかは相続人の自由

相続財産にはマイナスもある

相続財産には積極財産と消極財産、言い換えればプラスの財産とマイナスの財産があります。

たとえば、住宅ローンで郊外に家を買った場合、家からローン返済分を差し引いたものが財産の中身です。「家は相続するが、ローンはいやだ」などというようなわがままは許されません。相続人は、プラスの財産だけでなくマイナスの財産も相続の対象になるということを十分理解して、相続するのか放棄するのかを決める必要があります。

相続するかどうかの選択

借金もれっきとした相続財産ですから、被相続人の死亡によって、相続人はその債務を承継します。

しかし、数千万円の借金を背負って、遺族は一生借金地獄の苦しみに耐えなければならないのでしょうか。いかに親のしたこととはいえ、いささか酷な話です。

そこで、民法は相続財産を受け入れるか否かを、相続人の自由な選択に任せることにしています。借金も含めた相続財産を受け入れることを相続の承認、債務はもちろん財産の受入れを一切拒否することを相続放棄といいます。

相続の承認の種類

相続の承認には２つの方法があります。１つは、被相続人の財産を債務を含めて無条件、無制限に相続することを承認する場合で、これを単純承認といいます。一般に「相続する」といっているのは、単純承認のことです。

単純承認した場合には被相続人の権利義務をすべて引き継ぐことになります。たとえマイナス財産であっても相続分の割合に応じて責任を負うことになるので相続人に返済義務が生じることになります。

なお、以下の３つの場合には単純承認をしたものとみなされます。

① 相続人が３か月以内に限定承認または相続放棄をしなかった場合

② 相続人が相続財産の全部または一部を処分した場合（短期賃貸と保存行為は除く）

③ 相続人がマイナスの遺産を相続しないために相続放棄や限定承認をした後において、財産の全部もしくは一部を消費した場合、および悪意で財産目録中に相続財産を記載しないなどの不正行為があった場合

9 限定承認

自分の個人財産を失いたくない場合に有効

条件つきで相続するのが限定承認

相続によって得た財産の範囲内で被相続人の債務を負担するという条件つきの相続を限定承認といいます。限定承認は、負債額が不明なときなどに申し立てると、予想以上の借金（債務）を相続するリスクを回避できます。

限定承認においては、相続人は被相続人が遺した借金の返済について不足分があっても自分の財産から支払う義務はありません。

ただ、限定承認の場合も、相続債務はいったん全部引き継ぎます。債務を引き継がない相続放棄とは違い、返済義務や強制執行（国家機関である裁判所が権利者の権利内容を強制的に実現する手続）が限定されるのです。

限定承認は、相続人全員が一致して行わなければなりません。１人でも「単純承認だ」という人がいる場合は他の人も限定承認できません。相続人の中に相続放棄をした人がいる場合は、その人を除く全員が合意すれば限定承認できます。

限定承認をするときは、相続開始を知った日から３か月以内に家庭裁判所へ「相続限定承認申述書」を提出します。財産目録に記載もれなどがあった場合には、単純承認したものとみなされる場合があるので気をつけましょう。

限定承認をすると、家庭裁判所によって相続財産管理人が選ばれ、清算手続きをすべて行います。相続財産管理人には、相続人のうちの１人が選任されます。

限定承認の手続き

限定承認	申述書	家庭裁判所に備え付けの「相続限定承認申述書」の用紙に必要事項を記入して作成する。または「家事審判申立書」でも可
	申述先	相続開始地(被相続人が死亡した住所地)を管轄する家庭裁判所
	申述する人	相続人全員。相続放棄をした人がいる場合はその人を除く全員
	期　限	自己のために相続の開始があったことを知った時から3か月以内。ただし、相続財産の調査に時間がかかるような場合は家庭裁判所に期間伸長の請求をすることも可能
	添付書類	被相続人の戸籍謄本（除籍を含む）、相続人全員の戸籍謄本、財産目録、相続人全員の印鑑証明書

10 特別受益

遺留分に反しない限りは尊重される

◎特別受益とは

相続人の一部が被相続人から特別にもらった財産のことを特別受益といい、特別受益を得た相続人を特別受益者といいます。

相続開始時の財産の価額（遺贈の価額を含む）に特別受益にあたる生前贈与の価額を加えた（これを特別受益の持戻しといいます）ものが全相続財産（みなし相続財産）となります。その上で、相続人間の公平性を図るため、全相続財産を基準として具体的相続分を計算します。

特別受益を受けた相続人の具体的相続分を計算する際は、特別受益を前渡し分として差し引きます。ただし、被相続人が遺言で、特別受益を相続開始時の財産に持ち戻さないことや、前渡し分として差し引かないと決めていた場合は、その遺言に従います。

特別受益に該当するものとして、①相続人が婚姻または養子縁組のために受けた贈与、②相続人が生計資金（住宅の購入や特別な学費など）として受けた贈与、③相続人が受けた遺贈があります。

◎贈与額や遺贈額が相続分を超える場合

特別受益にあたる贈与や遺贈が多すぎて、計算上の具体的相続分がマイナスになることがあります。遺留分に反しない限り、この場合は、自らの具体的相続分がゼロになるだけです。

◎相続人である配偶者が居住用不動産の贈与・遺贈を受けた場合

たとえば、被相続人が、自分の死後、残された配偶者が安心して暮らせるように、居住用不動産を贈与・遺贈するケースがあります。被相続人から相続人である配偶者が贈与・遺贈を受けた居住用不動産は特別受益に該当するため、前述した計算方法によって、それぞれの相続人の具体的相続分を計算することになります。

ただし、平成30年に成立した相続法改正（令和元年７月１日施行）で、生存配偶者の生活保障を図る趣旨から、婚姻期間が20年以上の夫婦間でなされた贈与・遺贈のうち居住用不動産（建物やその敷地）の贈与・遺贈については「持戻し免除の意思表示」があったと推定することになりました。この推定が及ぶ限り、居住用不動産の価額（特別受益）を相続開始時の財産に持ち戻したり、前渡し分として差し引いたりする必要がなくなります。

11 寄与分

寄与分は相続分にプラスされる

財産形成への貢献を評価する

相続人には相続分の他に寄与分という取り分があり、相続分に加えられることがあります。これは被相続人の財産の維持または増加に特別の寄与をした人に対して、本来の相続分とは別に寄与分を相続財産の中から別に取得できるようにする制度です。

寄与分制度は、特別受益者の相続分と同様に、法定相続分の一部を修正して、相続人同士の実質的な公平を図っている制度です。

寄与分制度の対象となる人

特別に貢献した場合ですから、配偶者としての貢献や親孝行などは特別とは認められず、寄与分制度の対象にはなりません。

また、寄与分は相続人についてだけ認められる制度ですから、相続人でない人には寄与分は認められません。ただし、寄与分とは異なりますが、相続人がいない場合に、貢献者が特別縁故者（内縁関係の夫や妻、療養看護に努めた者など、被相続人と一定の特別の縁故があった者）として、家庭裁判所の審判により、遺産の一部または全部の取得を認められることがあります。

寄与分の具体的な計算方法

寄与分の算出方法は、まず遺産の総額から寄与分を差し引いた相続財産を決定して、次にそれぞれの相続分で分け、寄与分は貢献した人に与えます。

たとえば、妻と長男、二男、長女の４人が相続人で、相続財産が2000万円、長男の寄与分が200万円のケースで考えてみましょう。

・相続財産…………2000万円－200万円＝1800万円
・妻の相続分………1800万円×２分の１＝900万円
・長女の相続分…（1800万円－900万円）×３分の１＝300万円
・二男の相続分…（1800万円－900万円）×３分の１＝300万円
・長男の相続分……300万円（本来の相続分）＋200万円（寄与分）＝500万円

つまり、寄与分権者である長男の相続分は500万円ということになります。

なお、寄与分の割合に特に定めはありませんが、遺産の価額から遺贈の価額を控除した額を超えることはできません。

12 特別寄与

相続人でない被相続人の親族も特別寄与料の請求できる場合がある

相続人以外の者の特別の寄与

寄与分制度は、相続人だけを対象とする制度であるため、次のようなケースにおいて、不都合が生じる場合があります。たとえば、父Ａが亡くなり、Ａには相続人として子Ｂと子Ｃがいて、Ｃの妻ＤがＡの生前の療養看護を担当していたという場合を考えてみましょう。

仮にＡの財産が1000万円であったとすると、法定相続分に従うならば、相続人ＢとＣが各500万円ずつを相続します。しかし、日常生活におけるＡの世話を見てきたのはＤであるにもかかわらず、ＤはＡの相続に関して、何らかの主張ができないのでしょうか。

被相続人を献身的に介護したり、被相続人の家業に従事するなどして被相続人の財産の維持や増加に特別な貢献をした場合は、その貢献を寄与分として考慮して、相続分に上乗せすることが認められています。

しかし、寄与分が認められるのは相続人に限定されるため、たとえ相続人の妻が被相続人を献身的に介護しても、その貢献は寄与分として認められません。したがって、上記ケースにおけるＤは、寄与分を主張することはできません（Ｄの貢献を相続人Ｃの貢献と考えて、相続人Ｃの寄与分として認められる可能性はあります）。

こうした不公平な取扱いを是正するため平成30年の相続法改正（令和元年７月１日施行）では、前述したケースのＤのように、相続人でない被相続人の親族が、無償で被相続人の療養看護などの労務の提供を行い、被相続人の財産の維持・増加に特別の寄与をした場合、そのような親族を特別寄与者として扱い、相続人に対して、相当額の金銭（特別寄与料）の支払いを請求できるとする規定が置かれました。

特別寄与料の請求ができるのは「相続人でない被相続人の親族」です。具体的には、被相続人の①６親等内の血族、②配偶者、③３親等内の姻族のうち、相続人、相続放棄をした者、相続欠格に該当する者、廃除された者を除く、特別の寄与をした者ということになります。前述したケースのＤは、③（１親等の姻族）にあたるので、相続人Ｂ・Ｃに特別寄与料の支払いを請求できます。

また、相続法改正では、当事者間で特別寄与料についての協議が調わない場合は、家庭裁判所に処分の請求（特別寄与料を定める請求）をすることができるという規定も置かれました。

13 遺留分と相続

遺留分は侵害できない

指定相続と遺留分

遺言による相続分の指定は原則として遺言者（被相続人）の自由ですが、すべての遺産を勝手に他人に譲渡されてしまえば、残った遺族の権利が守られません。そこで、兄弟姉妹以外の法定相続人には遺言によって影響されない遺留分（法律上決められている最低限の相続できる割合）があります。

遺留分は、直系尊属だけが法定相続人である場合は、相続財産の３分の１、それ以外の場合は、相続財産の２分の１です。兄弟姉妹には遺留分はありません。

遺留分算定の基礎となる財産

遺留分を算定する場合、その対象となる財産は、生前贈与や遺贈した財産なども含まれます。具体的には、次のようなものも対象になります。

① 相続開始前の１年以内の贈与

② 相続人に対する贈与で、婚姻もしくは養子縁組のためまたは生計の資本としてなされた贈与（特別受益となる贈与）に限り、相続開始前10年以内の贈与

③ 相続開始から１年以上前に贈与したもので、当事者双方が遺留分権利者に損害を与えることを承知した上での贈与

つまり、相続開始時の財産に、以上の財産の額を加えて、そこから借金などの負債を差し引いた額が、遺留分の対象になります。

ケース別で見る遺留分

	配偶者	子	直系尊属	兄弟姉妹
①配偶者と子がいる場合	($\frac{1}{4}$)	($\frac{1}{4}$)		
②子だけがいる場合		($\frac{1}{2}$)		
③配偶者と父母がいる場合	($\frac{1}{3}$)		($\frac{1}{6}$)	
④父母だけがいる場合			($\frac{1}{3}$)	
⑤配偶者だけがいる場合	($\frac{1}{2}$)			
⑥配偶者と兄弟姉妹がいる場合	($\frac{1}{2}$)			0
⑦兄弟姉妹だけがいる場合				0

14 遺留分侵害額請求権

必ず請求しなければならないわけではない

遺留分侵害額請求とは

遺留分が侵害されたとわかったときは、遺贈や贈与を受けた相手方に遺留分侵害額に相当する金銭の支払いを請求します。

この請求のことを遺留分侵害額請求といいます。ただし、遺留分権者が遺言どおりでよいと考えるのであれば、請求しなくてもかまいません。

遺留分侵害額の請求は、まず受遺者（遺贈を受けた者）について行い、それでもなお遺留分が侵されている場合には、受贈者（贈与を受けた者）について行います。

なお、相続人に対する一定の贈与は特別受益として相続分の前渡しとみなされます。これは相続開始前の10年以内の贈与が対象になります。ただし、他の相続人の遺留分を害することを知りながら贈与した場合には10年より前にした贈与も対象になります。

遺留分侵害額請求権の消滅

遺留分侵害額請求は、受遺者や受贈者に対して意思表示をすれば権利を行使したことになります。

遺留分侵害額請求権の行使の期限は１年以内です。この１年の計算については、相続開始および遺留分を侵害する贈与または遺贈があったことを知った日から数え始めます。相続の開始は知っていたものの贈与や遺贈があったことを知らずにいた場合でも、相続開始から10年を経過したときは、権利が消滅します。

どのように請求するのか

請求したい権利者は、各自で意思表示をしなければなりませんが、時効による権利の消滅を防ぐため、通常は、配達証明付内容証明郵便で請求します。そして、交渉が困難な場合は、家庭裁判所の調停や訴訟を通じて請求することになります。なお、遺留分侵害額請求を受けた者がすぐに金銭を支払えないなどの場合、裁判所は受遺者等に請求されれば支払いについて相当の期限を許与（許可を与える）することが可能です。

遺留分侵害額請求がされた場合、負担する者の順序は決まっています。まず、受遺者が負担します。それでも不足しているときは次に受贈者が負担します。また、生前贈与が複数行われていた場合は、一番新しく行われた贈与の受贈者が負担します。

遺贈が複数ある場合（受贈者が複数おり、その贈与が同時にされた場合も同じ）は、目的物の価格の割合に応じて負担します。

15 遺留分の放棄

相続前に遺留分を放棄することもできる

家庭裁判所の許可が必要

相続人は、被相続人の生前に遺留分を放棄することもできます。その場合、家庭裁判所の許可が必要になります。

たとえば、ある人が生前に、配偶者に主な財産を残したいと思った場合には、相続人になる見込みの人たちと話し合って遺留分を放棄してもらう方法があります。つまり、遺留分の放棄は、被相続人が遺言で相続人の遺留分を侵害することが明らかである場合、その遺言の効力を有効にするためのものなのです。

遺留分を放棄したい場合には、家庭裁判所に「遺留分放棄許可審判申立書」を提出して、許可を得なければなりません。家庭裁判所は審問期日に放棄者本人の出頭を求め、審判官（裁判官）が真意を審問します。具体的には、遺留分とその放棄についての質問があります。そして、放棄が遺留分権利者の自由意思によるものなのかどうかや放棄する理由などについての質問があります。その理由が妥当と判断されれば、遺留分放棄の審判があり、審判書が交付されます。なお、遺留分放棄の撤回や取消しは原則不可なので注意しましょう。

相続開始後の遺留分の放棄

相続開始後には、遺留分を自由に放棄することができます。

この放棄の方法については、特に規定はありません。遺留分を放棄することを遺産分割協議の場で意思表示しても有効です。

ただ、遺産の存在など事実関係についての誤った認識や他の相続人の作為的な偽りなどがあれば、遺留分の放棄も含めて、遺産分割協議の合意の無効や取消が問題になる場合があります。

遺留分放棄をするには

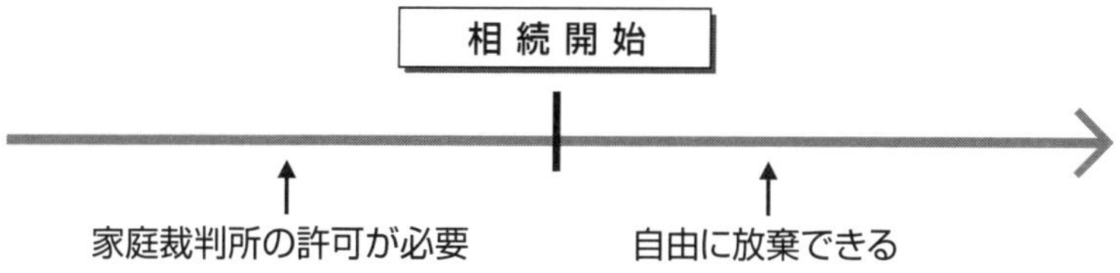

16 相続財産管理人と特別縁故者

相続人が不在の場合に選任される

相続財産管理人とは

相続人が不存在の場合、相続財産管理人が選任され、一定の手続きを経ることになります。

相続財産管理人は家庭裁判所が選任し、その旨を公告しますが、この公告を「第１の公告」といいます。選任された相続財産管理人は相続財産の管理や弁済などの清算の手続きのため、「第２の公告」といわれる債権者や受遺者に対する催告の公告をします。そして、不明の相続人を捜索し、相続人に一定の期間内に権利を主張することを求める最終的な「第３の公告」を行います。公告期間経過後、相続は終了したことになり、相続財産管理人が把握できなかった相続人、相続債権者、受遺者は共にその権利をなくします。

この手続で相続人の不存在が確定した場合、特別縁故者に相続財産の分与がされることがあります。

特別縁故者とは、被相続人と一定の特別の縁故があった人のことです。内縁関係の夫や妻、生計を同じくしていた者、療養看護に努めた者などが特別縁故者にあたるとされています。この特別縁故者は、財産分与請求の申立てを家庭裁判所に起こすことができます。

申立てができるのは、第３の相続人捜索の公告期間（６か月）の満了後３か月以内です。相続財産分与の手続きは、特別縁故者からの申立てで、被相続人の住所地の家庭裁判所が、特別縁故者の種類、財産内容、縁故の度合い、生活状況など一切の事情を考慮して、分与の可否と分与する場合には、その内容、程度を決めることになります。

相続人の不存在と財産の行方

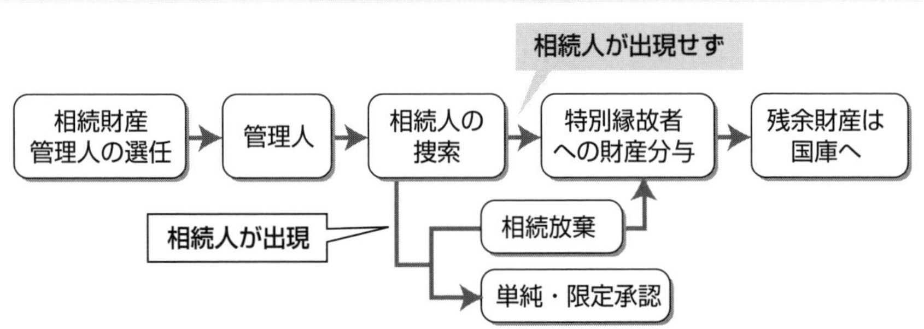

17 遺言

遺言は人の最終意思である

遺言とは

遺言とは、人が自分の死後のために残す最終の意思表示です。

遺言をするには、遺言能力が必要です。遺言能力とは、有効に意思表示をする能力（意思能力）をいいます。遺言の有効性は、まず、遺言者に意思能力があったかどうかによって判断されます。判断時期は遺言をする時です。意思能力のない者の遺言は無効です。ただし、満15歳以上であれば、未成年者でも遺言はできます。

法律上の効果が認められない遺言

相続といえば、民法が定める法定相続分（遺言がない場合に民法に定められている相続人の取り分の割合）の規定が原則と考えている人が多いようです。

しかし、それは誤解です。遺言による指定がないときに限って、法定相続の規定が適用されます（132ページ）。

相続分の指定だけでなく、遺言で遺産の分割方法を指定したり、相続人としての資格を失わせたり（廃除）することもできます。この他、子を認知することや未成年後見人を指定することも、遺言でできます。

これらの事柄について書かれた遺言には、「法律上の遺言」として法律上の効果が認められます。しかし、たとえば、「兄弟仲良く暮らすように」といった遺言を書いたとしても、そのような文言に法律上の効果は生じません。

法律上の効果が認められる遺言と認められない遺言

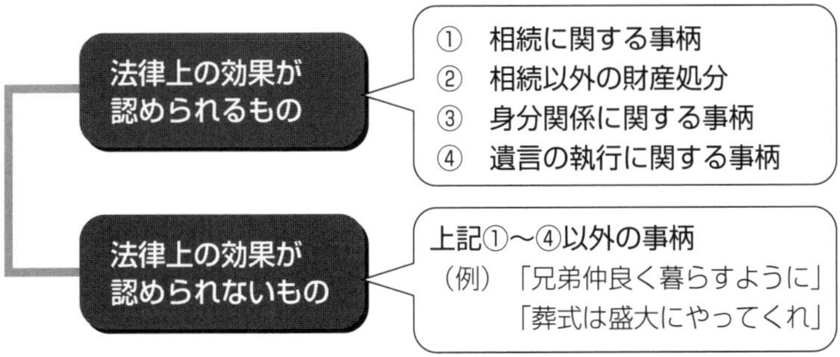

18 遺言の種類と自筆証書遺言の要件の緩和

遺言事項は、自書が要求され、財産目録については自書は不要

遺言にはどんな種類があるのか

遺言には、普通方式と特別方式がありますが、一般的には普通方式によることになります。普通方式の遺言は、自分でいつでも自由に作成できます。一方、特別方式の遺言は、「死期が迫った者が遺言をしたいが普通方式によっていたのでは間に合わない」といったケースで認められる遺言です。具体的には死亡の危急に迫った者の遺言、伝染病隔離者の遺言、在船者の遺言、船舶遭難者の遺言があります。普通方式の遺言にはさらに自筆証書遺言、公正証書遺言、秘密証書遺言の３つがあります。実務上秘密証書遺言はほとんど利用されていません。そのため、遺言書の作成は、自筆証書遺言か公正証書遺言によることになります。

①　自筆証書遺言

遺言者自身が、自筆で遺言の全文と日付、氏名を書き、押印した遺言書です。他人の代筆やワープロで作成したものは無効となります。簡単で費用もかかりませんが、紛失や偽造・変造の危険があります。

②　公正証書遺言

公証人が作成する遺言書です。遺言者が証人２人の立ち会いの下で口述した内容を、公証人が筆記し、遺言者と証人が承認した上で、全員が署名・押印して作成します。手続きに不備があると無効になります。

自筆証書遺言の方式がなぜ緩和されたのか

前述したように自筆証書遺言は、パソコンなどによる自筆証書遺言の作成は認められておらず、自筆証書遺言の作成に際しては自書能力が必要になります。しかし、判読不能な部分や介添人の意思が介入した場合などは無効となることから、せっかく自筆で遺言書を作成しても、その効力について争いが生じるケースも少なくありません。

特に自筆証書遺言は死期が差し迫った状況で作成されることが多いことから、そうした中で全文自書を要求する改正前の規定は、その形式的要件（有効となるための方式）が厳しすぎるとの指摘がなされていました。つまり、自筆証書遺言は、いつでもどこでも作成できる利点がある一方、形式的要件が厳しすぎることが問題でした。

平成30年の相続法改正（平成31年１月13日施行）においては、改正前よりも比較的容易に自筆証書遺言を作成できるように、形式的要件を緩和する方向で改正が行われました。

遺言書において、ある財産を特定の

人に相続させ、または遺贈するためには、その財産を特定することが必要です。たとえば、土地の場合には、その土地の所在、地番、地目、地積といった事項を記載して特定する必要があります。また、銀行預金の場合には、銀行名だけでなく、支店名、口座の種類（普通または当座）、口座番号、口座名義人などを記載して特定する必要があります。

相続法改正では、これら財産に関する事項をすべて自書することは非常に煩雑であることから、財産目録を別紙として添付する場合は自書を不要とし、他人による代筆やパソコンによる入力の他、登記事項証明書や通帳の写しを添付しても有効と扱われることになりました。

つまり、相続法改正では、自筆証書遺言を遺言書本文と財産目録とに分けて、遺言書本文（全文・日付・氏名）については、改正前と同じく自書を要求しています。一方、財産目録（添付書類）については、自書を不要とすることで形式的要件を緩和しています。

ただし、財産目録の形式に決まりはありませんが、自書によらない財産目録には署名押印の必要があり、これが複数ページに及ぶ場合は、すべてのページに署名押印が必要です。また、自書によらない財産目録が両面にある場合は、その両面に署名押印が必要です。これは形式的要件が緩和されることで、偽造や変造が容易になることを懸念しての措置となります。

財産目録を使用した遺言書本文の記載例としては、「別紙財産目録第1の不動産をAに相続させる」といった記載となります。

なお、自書によらない財産目録の内容を変更（追加・削除・訂正）する場合は、自書部分と同様に遺言者が変更場所を指示し、その内容を変更した旨を付記し、これに署名押印しない限り、変更の効力は生じないとする規定が置かれています。

自筆証書遺言の方式の緩和

改正前	改正法
すべての事項について自書が要求されていたため、不動産や預貯金などを特定して記載する際にも自書が必要であった	①財産目録を別紙として添付する場合は、自書でなくてもよく、パソコンなどで入力しても有効である ②第三者の代筆や、登記事項証明書、通帳のコピーなどを添付してもよい ③財産目録の各ページに署名押印が必要である（両面ある場合は、その両面に）

19 自筆証書遺言保管制度

家庭裁判所による遺言書の検認手続きが不要

どのような制度なのか

令和２年７月10日施行の相続法改正前の規定では、自筆証書遺言の場合、公正証書遺言のように遺言書を保管する制度がないため、自宅で保管されることが多く紛失や偽造・変造のおそれが高いことが問題とされていました。また、相続人が遺言書の存在を把握しないまま遺産分割協議が成立し、後に遺言書が発見されたことでトラブルになるケースもあります。さらに、自筆証書遺言は家庭裁判所による検認手続きが必要となり、これを怠ると過料に処せられることから、相続人や保管者の負担が重くなるという問題点もあります。これらの問題を是正し、自筆証書遺言の利用を促進するため、自筆証書遺言の原本を公的機関である法務局で保管する自筆証書遺言保管制度が創設され令和２年７月に施行されました。

具体的な手続きの流れは以下のようになります。

・遺言者による遺言書の保管など

遺言者は、遺言者の住所地あるいは本籍地または遺言者が所有する不動産の所在地を管轄する法務局に、自筆証書遺言の原本を無封状態で持参し保管申請をします。申請を受けた遺言書保管官（法務局の担当官）は、遺言書の形式的審査を行い、誤りがあれば補正を促し、誤りがなければ原本を保管すると共に画像データ化して保存します。遺言者は保管証を受け取り、いつでも保管された遺言書の閲覧と返還を請求できます。

・相続開始後の相続人等による手続き

相続開始後になると、相続人等（相続人、受遺者、遺言執行者）は、法務局に対し、遺言書が保管されている法務局の名称等を証明する書面（遺言書保管事実証明書）の交付請求ができ、これにより遺言書の保管の有無を照会することになります。さらに、相続人等は、保管されている遺言書の閲覧と、遺言書の画像データ等の証明書（遺言書情報証明書）の交付請求ができます（原本の交付請求はできません）。

法務局は、相続人等に対し遺言書の閲覧をさせたり画像データ等の証明書を交付した場合や、第三者請求により遺言書の閲覧をさせた場合は、他の相続人等に対し遺言書を保管していることを通知することになります。なお、自筆証書遺言保管制度を利用した場合は、遺言書情報証明書は登記などに利用でき、家庭裁判所による遺言書の検認手続きが不要になります。

20 遺言執行者①

遺言で遺言執行者を指定する

◎遺言執行者がいないとき

遺言は相続人と利益が相反する指定を含む場合や、相続人間の利益が相反する内容の場合もあります。こうした場合は、遺言執行者が必要になります。遺言執行者は相続手続きに関する一切の権限を有していて、法律的な財産管理や執行の権限を持っています。

遺言書に遺言執行者の指定（または指定の委託）がないときは、遺言の執行としての不動産の登記手続き、銀行預金の名義変更など、相続手続きの一切は、相続人全員で行うことになります。したがって、相続人が多数いるときなど遺言執行者が指定されていない場合は手続きが煩雑になってしまいます。相続人も遺言執行者になれますから、遺言者が遺言の中であらかじめ指定しておくことも重要です。

◎遺言執行者は相続人全員の代理人

遺言執行者は相続人全員の代理人とみなされ、独自の立場で遺言の執行を行うことができます。

遺言執行者は、遺言によってのみ指定しておくことができます。遺言執行者に指定されても辞退できますから、遺言をするときは、引き受けてもらえるか考えて指定する必要があります。

遺言執行者は、就任を承諾した場合にはその任務を行わなければなりません。遺言執行者が任務を怠った場合、家庭裁判所は解任したり、新しい遺言執行者を選任できます。遺言執行者が辞任する場合も、家庭裁判所の許可を受ける必要があります。

◎遺言執行者の選任が必要な場合

遺言の利害関係人は家庭裁判所に遺言執行者の選任の申立てをして遺言執行者を決めてもらうこともできます。

遺言に、①非嫡出子の認知、②相続人の廃除とその取消などが指定されている場合、必ず遺言執行者を選任しなければなりません。①については届出手続きが、②については家庭裁判所への申立てが必要だからです。

遺言執行者選任を申立てできるのは相続人、受遺者などの利害関係人です。申立先は相続開始地の家庭裁判所で、添付書類は戸籍謄本です。遺言執行者の指定を受けた者がその指定を受諾すれば、遺言執行者が唯一の執行権者になります。遺言執行者があるときは、相続人には執行権がなく、遺言を執行しても無効になります。遺言執行者は、財産目録の作成などをした上で遺言を執行（遺言の内容を実現）します。

21 遺言執行者②

相続人の代理人として登記を行う

2人以上の遺言執行者がいる場合

遺言執行者による遺言の執行は以下の図中の手順で行われます。

遺言執行者は１人でなければならないというわけではなく、複数でもかまいません。

遺言者は、複数の遺言執行者に対して、それぞれ単独で職務を執行する権限を与えることもできます。

遺言執行者の報酬については、遺言の中に定めておくべきですが、その定めがない場合には、相続人が負担してもかまいません。相続人が負担できないときは、家庭裁判所が定めることになります。なお、遺言の執行に関する費用は相続財産から支出します。

遺言執行者が登記手続きを行う

相続法の改正（令和元年７月１日施行）により、「相続させる遺言」で法定相続分を超える部分については、登記をしなければ第三者に主張できなくなりました。特定の相続人への登記申請は遺言執行者またはその相続人自身が行います。遺贈で指定相続分があるときは、第三者に主張するためには登記をする必要があり、この場合の登記は遺言執行者が行います。

遺言執行者による遺言執行

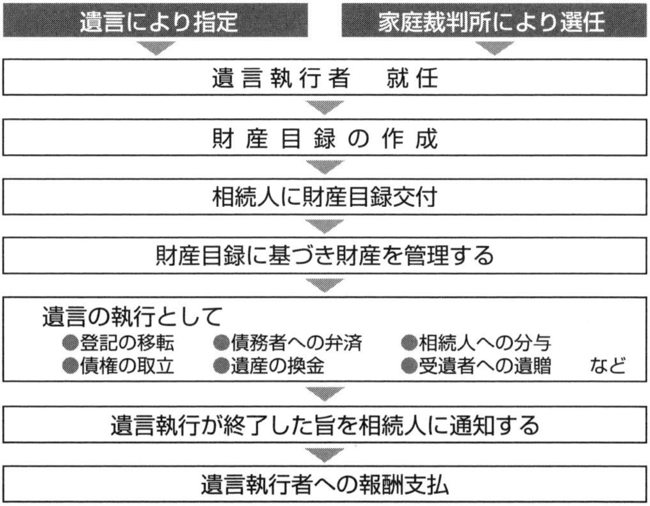

22 遺産分割手続きの流れ①

遺産分割協議に参加する者を確認しておく

遺産分割は相続人全員で行う

被相続人の財産が相続人に承継される時期は、相続開始のときとされています。これは、相続財産全体を相続人が相続分という割合で互いに持ち合っている状態といえます。

そこで、相続後に個々の財産を、それぞれの相続人の所有物として確定する手続きが必要になってきます。これが遺産分割です。

まず、遺産分割のおおまかな流れについて見ておきましょう。遺産が全部預金等の可分債権の場合は、遺産分割手続きを経ることなく当然に相続分に応じて分割されます。負債も、同じです。ただし、相続人全員の同意があれば遺産分割の対象とすることができます。

しかし、遺産が可分物だけというような場合はあまりありません。ほとんどの場合、遺産には不動産、動産などそのままでは分けられないものが含まれています。また、営業用財産などは機械的に分割してしまうと、価値がなくなってしまう場合もあります。このような場合に、遺産分割手続きによって、特定の者がその不動産や動産などを所持することに決めることができるのです。

相続人が１人しかいない場合を除けば、どのような相続財産が残されていて、それをどのように分割し、誰がどれだけ相続するのかを相続人が全員参加する遺産分割協議で話し合う必要があります。

公平に遺産分割をするため、一部の相続人が参加していない分割協議は無効とされ、再度協議をし直さなければならなくなりますので注意が必要です。戸籍謄本などで、法定相続人をしっかりと確認しておく必要があります。

なお、遺産分割協議に出席するのは、相続人だけとは限りません。代襲相続人、包括受遺者、認知された子も出席する必要があり、全員出席してはじめて協議が成立します。

遺産分割とは

23 遺産分割手続きの流れ②

協議がまとまらないときには家庭裁判所に申し立てる

遺産配分は自由

法定相続分は、法で定めた遺産に対する持分の割合であり、遺産配分の基準となるものです。もっとも、どのように配分し、分割を行うかは相続人の自由です。必ずしも、法定相続分や具体的相続分（特別受益等を考慮した相続分）に従わなければならないというわけではありません。

もちろん、相続争いなどで、遺産分割の協議がまとまらないときのための家庭裁判所の調停や審判では、具体的相続分が基準になります。

家庭裁判所に判断してもらう

協議が成立しなければ家庭裁判所の調停、審判によることになります。協議や調停では、本人たちの意向が反映され、柔軟な分割を行うことができます。しかし、審判の場合は、強制的に分割され、審判官が、具体的相続分に基づいて分割します。その分割は、現物分割、代償分割、換価分割、共有分割の４つの方法から、実情に合わせて選択します。

相続開始から遺産分割までの流れ

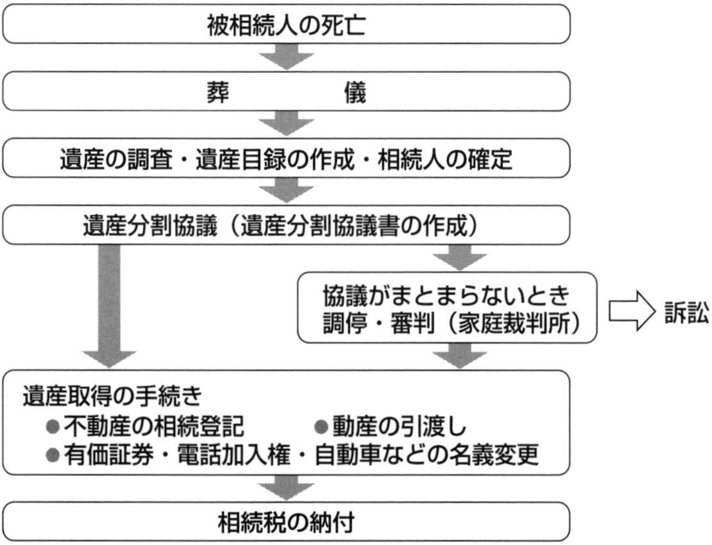

24 遺言による相続分や分割方法の指定方法

相続分や分割方法を自由に定める事ができる

遺言による相続分の指定

被相続人は、法定相続分とは別に、遺言で相続分や分割方法を自由に定めることができます。また、定める内容を遺言で第三者に託すこともできますし、相続開始から５年を超えない期間の遺産分割を禁じることも可能です。ただし、遺留分を侵すことはできません。相続分を指定する場合は、全遺産について各相続人に割合的に指定する場合と、個々の遺産について各相続人の相続分割合を指定する場合があります。

たとえば、「Ａには全遺産の４分の３、Ｂには全遺産の４分の１」と指定する場合が全遺産に対する割合的指定であり、「不動産はＡに４分の３、Ｂに４分の１」と指定する場合は、個々の遺産についての相続分指定です。

分割方法の指定は、遺産分割の方法を指定するもので、全相続人の同意がない限り、相続と同時に遺言書どおりに分割されることになります。

いずれも、遺留分を侵害する内容であっても無効とはなりませんが、相続人の遺留分自体を奪うことはできません。

後で問題にならないように、分割方法の指定は、遺言者自身が定めた方がよいわけですが、第三者に分割方法の指定を託する場合は、信頼できる人であることが大切です。

なお、債務については債権者の利害があるので、相続分の指定や分割方法の指定は自由にできません。この場合には、相続人は債務者の遺言によって拘束されずに、原則として、相続分に応じて相続することになります。

遺言で定められること

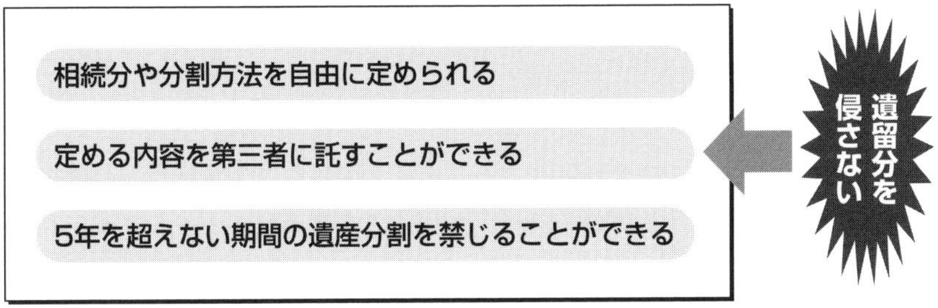

25 遺産分割の方法

個々の相続人の事情を考慮して分割を決める

遺産分割は一部でもできる

遺産全部を一度に分割することを全部分割といいます。これに対して、遺産の一部を分割するのが一部分割です。たとえば、特定の遺産だけを売却して、支払期限が迫った債務の支払いにあてて、残りの遺産については後で時間をかけて解決するといったケースが考えられます。

この一部分割は、実際に多く行われ、相続人全員が合意しているのであれば有効です。ただし、一部分割をした場合は、解決を先送りしたために、かえって遺産分割協議が複雑になることもあります。

分割の方法には4つある

相続人同士が遺産を分割する方法には、いくつかありますが、代表的なのは、現物分割、換価分割、代償分割、共有分割などです。

① 現物分割

現物分割とは、各相続人が個別に取得する財産を決める方法です。「○○区○○所在の建物は配偶者が相続する」「○○産業の株式は長男が相続する」というように、相続人それぞれの受け取りたい財産が決まっていたり、財産の形を変えたくない場合や分割する財産の価値がほぼ同じである場合には、有効な方法です。この場合には、配偶者が不動産Aを、次女が不動産Bを受け取るといった具合に分割します。価格が一致しないときは、現物分割では法定相続分に応じて分割するのは難しくなります。しかし、その場合も当人たちの合意があれば問題ありません。審判の場合は少ない側に対する代償を付加すべきですが、通常、多少の誤差は適法の範囲内とされます。

② 換価分割

換価（価額）分割とは、相続財産の一部、あるいは全部を売却して現金に換え、各相続分に応じて分割する方法です。耕作中の畑など現物の分割が適当でない場合、または現物を分割すると価値が下がる場合で、かつ代償分割も無理なときは換価分割します。実際の換価方法は、財産を任意に売却して換金するのですが、家庭裁判所に申し立てて、換価（金銭に換えること）してもらうこともできます。

ただ、土地や建物を売却しますと、相続人の全員に「譲渡による所得税と住民税」がかかってきますから、その分は目減りしてしまうので注意しましょう。

③ 代償分割

１人（または数人）が価値の高い遺産の現物を相続し、残りの相続人の相続分に相当する超過分を現金で支払う方法を代償分割といいます。これは、遺産の大部分が現在も稼動中の工場や農地であったとき、後継者にそれを相続させたい場合などに有効な方法です。

この場合は、その人にある程度の資産（支払能力）がないと実行できませんので、代償分を支払うだけの資産がない場合には向いていません。なぜなら、ほとんどの遺産を相続した相続人は、相続分よりも多く受け取った分を自分の資産で支払わなければならないからです。

例外的に、当面の支払いができなければ、分割で支払うことにより債務を負担する方法もあります。分割払いにする場合には、どの程度の支払いができるのかを見極めておかなければなりません。この債務負担の方法は、審判で特別の事由があることが認められた場合に限られます。

なお、遺産分割協議で合意される場合にはこのような代償分割は何ら問題がありません。実際には、農地、商店など細分化が適当でないものについて、代償分割による遺産分割が行われることはよくあります。

④　共有分割

共有分割は、遺産の一部または全部を相続人全員が共同で所有する方法です。たとえば、不動産を分配したいという場合には現物を分割する必要がなく、手続きだけですむ利点があります。しかし、たとえば、共有名義の不動産を売却する際、共有者全員の同意が必要になるなど共有分割後はさまざまな制約を受けるという難点があります。

協議の成立までは共同所有

分割の協議が成立するまでは、分割方法にかかわらず、遺産は相続人全員の共同所有になります。その間の遺産の管理は、管理事項については、相続人が相続分に応じた多数決によって決めて共同管理します。管理費用は、遺産の中から支払うことも可能です。

分割の方法

現物分割	各相続人が個別に取得する財産を決める方法
換価分割	遺産の一部または全部を売却して現金に換え、各相続分に応じて配分する方法
代償分割	１人が遺産の現物を相続し、残りの相続人に相続分に相当する現金を支払う方法
共有分割	遺産の一部または全部を相続人全員で共有する方法

26 相続登記のしくみ

相続の登記は相続人間の話し合いがついたら早めに行う

土地や建物を相続した場合

親や配偶者などが死亡して土地などの不動産を相続した場合、不動産を相続人名義にするため相続による所有権移転登記を行います。

現在、相続による所有権移転登記をすることは義務ではありませんが、名義変更が未了のため所有者が不明となる問題の解決のため、令和３年成立の法改正により今後（令和６年頃）相続登記は３年以内に行うことが義務化されることになります。

相続関係を証明する書類が必要

相続による所有権移転登記を申請する場合、準備として一番重要なことは相続関係を明確にしてそれを証明する書類を集めることです。

相続関係を証明するためには、被相続人の現在の戸籍謄本を提出するだけでは足りません。被相続人の現在の戸籍謄本には、相続人が全員記載されているとは限らないからです。被相続人の現在から過去へと戸籍をさかのぼらなければなりません。つまり、被相続人の出生時（または12～13歳頃）から死亡までの戸籍謄本や除籍謄本、改製原戸籍謄本などを準備することになります。また、これに加えて相続人全員の戸籍謄本が必要になります。

相続人の戸籍をさかのぼるとき、現在の戸籍に記載されている転籍や改製の記録を頼りに順次、現在から過去へと調査していくことになります。

相続登記が必要となるケース

相続登記をするのは、次のような場合です。

① 相続財産のうち、土地や建物などの不動産の所有権について共同相続人が法定相続分のとおり相続することになった場合

② 共同相続人同士で遺産分割の協議をした結果、あるいは被相続人が残した遺言書の内容に従って、特定の不動産の所有権を特定の相続人が相続したり、法定相続分とは異なる割合で相続することになった場合

遺産分割協議による登記

相続が発生した場合、法定相続分で登記するか、遺産分割協議や遺言書に従って、特定の相続人が特定の不動産を相続するという内容などで登記することになります。

遺産分割協議とは、相続人の間で相続財産を誰がどのように相続するかを決める話し合いのことです。どうして

も相続人間での話し合いがつかず、遺産分割協議が暗礁に乗り上げたときは、家庭裁判所に遺産分割の調停を申し立てることができます。調停とは、家庭裁判所が間に入って柔軟に協議をとりまとめるための制度です。調停で話がつかなければ訴訟で決着をつける他ないでしょう。遺産分割協議についても、法改正により10年以内に行わない場合、特別受益等を適用しないようになります。

遺産分割協議後に相続登記を申請する場合、まず、民法の規定どおりの相続分に従って相続の登記を行い、その後、相続人間の遺産分割協議の結果に沿った、分割後の持分移転による登記をするというのが、本来の順序です。ただ、通常は直接、遺産分割協議の結果どおりに相続による所有権移転登記を申請する方法がとられています。

遺産分割協議の内容に従って相続登記をする場合は、戸籍謄本などをそろえる以外に、遺産分割協議の結果を記載した遺産分割協議書を作成する必要があります。遺産分割協議書には、被相続人や相続人の表示、協議の内容などを記載して、相続人全員が署名（記名）し、実印を押します。これに印鑑証明書を添付して、戸籍謄本などと一緒に提出することになります。遺産分割協議が成立した場合、第三者に主張できるようにするため、速やかに登記申請をすませましょう。

相続登記の登録免許税

相続による所有権移転登記の登録免許税は、課税価格（固定資産評価額、1000円未満は切捨て）に1000分の４の税率を乗じて算出します。算出した金額について100円未満の端数がある場合には、その端数を切り捨てた金額が登録免許税となります（下図参照）。

相続登記の税率1000分の４を乗じて1000円に満たないときの登録免許税は1000円とするものとされています。

登録免許税の例

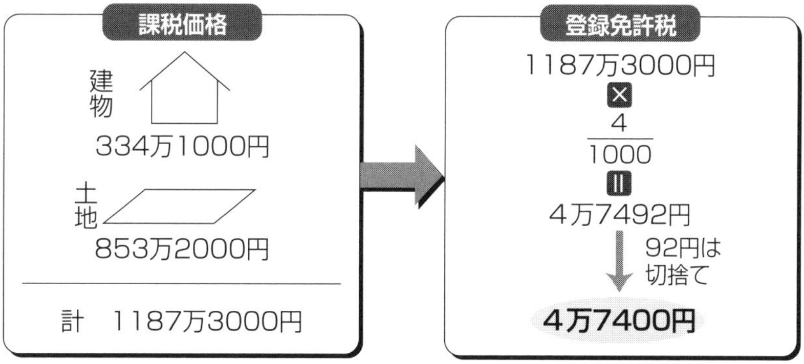

27 登記原因証明情報

相続が発生したことを証明するもの

登記原因証明情報とは

「相続」という登記原因が発生したことを証明するためには、まず被相続人が死亡した旨の記載のある戸籍謄本が必要になります。

しかし、これだけでは十分ではなく、以下のような書面が必要です。

・戸籍謄（抄）本と除籍謄本など

被相続人については、死亡した旨の記載のある戸籍謄本と、そこからさかのぼって出生時または12～13歳頃までの戸籍謄本や除籍謄本、改製原戸籍謄本などが必要です。これによって相続人が誰なのかがわかります。また、相続人全員が実在していることを証明するために、相続人全員の戸籍謄本を添付することも必要です。

・被相続人の住民票の除票（または戸籍の附票）の写し

相続による所有権移転登記は、不動産の所有者について相続という登記原因が発生した場合に行うことができます。そこで、登記記録上の所有者と被相続人が同一人物であることを証明するために、被相続人の住民票の除票の写しや戸籍の附票の写しなどを提供しなければなりません。登記記録上の所有者の住所・氏名と被相続人の住所・氏名が同一であることをこれらの書類で証明するわけです。

また、その住民票上の人物が戸籍謄本に記載された人物と同一であることを証明するために、住民票の除票の写しは本籍が記載されたものでなければなりません。

住民票の除票や戸籍の附票の写しに記載された被相続人の最後の住所と登記記録上の住所が異なる場合には、登記記録上の住所から最後の住所までの連続性を証する書面を提供する必要があります。

・遺産分割協議書

遺産分割協議の内容に従って相続登記をする場合は、協議内容を証明するために遺産分割協議書を登記原因証明情報の一部として提供しなければなりません。遺産分割協議書には原則として相続人全員の印鑑証明書を添付します。遺産分割が家庭裁判所の審判か調停によって行われたときは、その審判書か調停調書の正本を添付します。

・相続分のないことの証明書（特別受益証明書）

被相続人から贈与や遺贈を受けた相続人（特別受益者）は、本来の相続分を受けることができない場合があります。贈与や遺贈をされた財産の価値が、その人の相続分の価値と同じか、または相続分を超えている場合には、相続分を受けることができません。この場合、相続分のないことの証明書（特別受益証明書など）を登記原因証明情報の一部として提供します。証明書には、証明者が署名（記名）押印します。この場合の押印は実印でする必要があり、印鑑証明書も必要です。

なお、特別受益者がいるからといって、必ず特別受益証明書を作成しなければならないわけではありません。遺産分割協議の中で特別受益者が何も相続しない旨を定めれば、それで足りる場合もあります。

・相続放棄申述受理証明書

相続人の中に相続を放棄した者がいる場合、その者は最初から相続人ではなかったことになります。したがって、相続人の全員が誰であるかを証明する書類の一部として、家庭裁判所から交付された「相続放棄申述受理証明書」を提供します。

・遺言書

相続分の指定、遺産分割方法の指定、相続人の廃除は遺言でできます。遺言書に基づいて相続による所有権移転登記を申請する場合は、遺言書も登記原因証明情報の一部となります。

・相続関係説明図

戸籍謄本や除籍謄本などについて原本還付を請求する場合、相続関係説明図を作成して、これを申請書に添付すれば、戸籍謄本などは登記完了後に返却されます。遺産分割協議書や住所証明書の原本還付を受けるには、コピーを添付する必要があります。

相続関係説明図には、被相続人の本籍や最後の住所、被相続人の死亡年月日、相続人それぞれの生年月日、住所などを記載し、被相続人と相続人それぞれとの関係、相続の内容（法定相続か遺産分割か、相続人に放棄者または特別受益者がいるかなど）などを盛り込んで作成します。

相続分のないことの証明書（特別受益証明書）サンプル

証　明　書

私は、学資金その他生計の資本として、被相続人西尾和孝から生前に財産の贈与を受けておりますので、右西尾和孝の死亡による相続に関しては相続分がないことを証明します。

令和○年○月○日

東京都文京区春日○丁目○番○号
被相続人　西尾　和孝
東京都文京区千石○丁目○番○号
上記相続人　西尾　和正　㊞（実印）

28 法定相続情報証明制度

相続手続きに必要な書類の提出・還付の繰り返しが避けられる

どんな制度なのか

法定相続情報証明制度とは、相続人等が法務局に法定相続情報一覧図を提出することで、認証文が付けられた法定相続情報一覧図の写しの交付が受けられるという制度です。この制度が始まる前、相続人等は関係役所や金融機関等に対して相続関係を証明するために、多くの書類が必要となり、大変煩雑な手続きを強いられていました。なお、このとき、相続登記が先に済んでいれば、法務局から還付してもらった戸籍謄本等の原本を再利用することはできます。

しかし、このような多くの書類を行き来させる従来の方法は、当事者にとって負担となります。そして、このことが相続登記の申請を敬遠させ、結果的に放置されたままの不動産が増加する大きな要因のひとつになっていると指摘されていました。

そこで、法定相続情報証明制度では、あらかじめ法定相続情報一覧図の認証を受けていれば、戸籍謄本等の代わりに法定相続情報一覧図の写しを１枚提出するだけで、法定の相続関係を証明することが可能になりました。

どんな手続きをするのか

法定相続情報証明制度の利用を希望する相続人（または一定の代理人）は、法務局に対して、被相続人の出生から死亡までの戸籍謄本等、住民票の除票の写し、相続人の戸籍謄本、これらに基づき作成した法定相続情報一覧図、及び申出書を提出します。手数料は無料です。そして、登記官が確認の上、認証文付きの法定相続情報一覧図の写しを交付します。法定相続情報一覧図には、被相続人の氏名・最後の住所・死亡年月日等、相続人の氏名・住所・被相続人との関係性などが記載されます。

相続人は、各種相続手続きを行う上で、各機関にこの法定相続情報一覧図の写しを提出すれば足り、大量の書類を関係機関との間で行き来させる必要がなくなります。なお、法定相続情報一覧図の写しの交付は、法定相続情報一覧図の保管期間（申出日の翌年から５年間）内であれば、再交付を受けることも可能になります。

法定相続情報一覧図作成の仕方

法定相続情報証明制度がスタートした2017年の段階では、戸籍謄本等の代わりに法定相続情報一覧図が利用できる各種機関は限定されていました。しかし、現時点では、ほとんどの金融機関で利用でき、また家庭裁判所の遺産分割調停や相続放棄の手続きでも利用することができるようになりました。

法定相続情報一覧図は、相続関係説明図（233ページ）と同じような図になりますが、法定相続情報一覧図は相続開始時の相続人を証明するためのものなので、相続関係説明図とは相違点もあります。たとえば、被相続人Ａ、相続人として妻Ｂ、長男Ｃ、Ａよりも先に死亡した次男Ｄの子ＥとＦが代襲相続する場合の法定相続情報一覧図における相続人の記載は、下図のようになります。注意点は、被代襲者の表示です。相続関係説明図では被代襲者も他の相続人と同様、氏名を記載しますが、法定相続情報一覧図では被代襲者（死亡年月日）を記載するだけで、氏名の記載は不要です。また、相続人の住所の記載は任意とされており、住所を記載する場合は住民票の写しの添付が必要です。なお、法定相続情報一覧図の作成を法務局へ申し出る相続人の氏名の横に（申出人）と記載します。

法定相続情報証明制度を利用するために準備する必要がある書類

● 法務局に提出しなければならない書類

1. 被相続人の戸籍・除籍謄本 ⇒ 出生時から死亡時までの連続した戸籍（除籍、改製原戸籍）謄本
2. 被相続人の住民票の除票の写し
3. 相続人全員の戸籍謄本（抄本）・住民票
4. 申出人の住所・氏名確認のための書類 ⇒ 運転免許証のコピーなど

法定相続情報一覧図（相続人の記載の仕方）

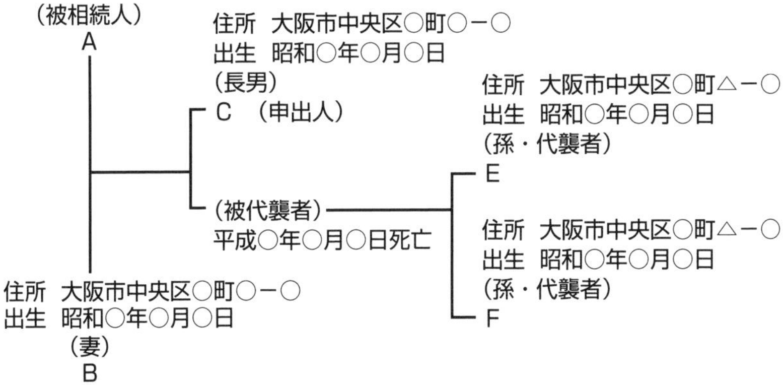

29 登記に必要な書類

登記申請書には被相続人の氏名の記載が必要である

登記申請書と添付書類を把握する

以下の書類が必要になります。

・登記申請書

「相続」という登記原因、相続発生の年月日、相続人の住所・氏名といった登記事項などを記載します。

・登記原因証明情報

相続を登記原因とする所有権移転登記を申請するために、登記原因証明情報として、戸籍・除籍などの謄抄本と遺産分割協議書などが必要です。遺産分割協議書には原則として相続人全員の印鑑証明書を添付します。

・住所証明書

相続人の実在を証明するために、市区町村の発行した住民票の写しを登記申請書に添付します。

・代理権限証書（代理権限証明情報）

相続人に代わって司法書士などの代理人が登記申請を行う場合には、代理権を証する書面として委任状を添付します。代理人の住所・氏名を記入し、相続による所有権移転登記を委任する旨、不動産の表示などを記入します。作成の年月日を忘れないように記入しましょう。最後に委任者の住所・氏名を記入し、押印します。

相続による所有権移転登記に関する注意点

相続登記における登記原因証明情報では、①被相続人の死亡の事実、②死亡年月日、③相続人となる者の証明が必要です。このため、被相続人の出生から死亡までの連続した戸籍（除籍、改製原戸籍）謄本の提出が要求されます。また、相続人の戸籍謄本（抄本でも可）の添付も必要です。

この他、登記原因証明情報としては、登記簿上の住所と戸籍に記載されている本籍とのつながりを証明するため、被相続人の本籍地の記載のある住民票の除票の写し、代襲相続の際は被代襲者の出生～死亡までの戸籍が必要です。

遺言書があれば遺言書の添付も要しますが、公正証書遺言以外の場合は家庭裁判所の検認が必要で、検認を経ていない遺言書を提出した場合は、申請が却下されます（令和２年７月10日相続法改正施行後は法務局で保管されている自筆証書遺言は検認手続きが不要になりました。152ページ）。

また、遺産分割協議が成立している場合は、相続人全員が実印を押印した遺産分割協議書に印鑑証明書を添付して申請します。そして、相続人の中に相続放棄をした者がいる場合は、家庭裁判所が発行した相続放棄申述受理証明書の添付が必要です。

なお、相続関係説明図を提出した場合は、原本還付の際に、被相続人の戸籍（除籍、改製原戸籍）謄本および相続人の戸籍謄本（抄本）のコピーの提出を省略することができます。

これら登記原因証明情報の他、添付書類として、住所証明書、代理権限証書、固定資産評価証明書（コピー可）が必要です（230ページ）。また、登録免許税として課税価格の1000分の４を納付します。

◎登記の目的、登記原因の記載の仕方

相続登記の場合の、登記の目的は「所有権移転」、被相続人が不動産全体ではなく持分を持っていた場合は「Ａ持分全部移転」とします。登記の原因は、被相続人の亡くなった日を記載し、「令和○年○月○日相続」とします。

相続登記は、相続人による単独申請が認められています。相続人が複数いる場合は、相続の方法により申請人となる者が異なることから、以下具体的に説明します。たとえば、被相続人がＡ、相続人が子Ｂ・Ｃの場合に、①法定相続分で登記をするときは、相続人のうち１人が単独で登記申請ができます。この場合（ここではＢの単独申請）、登記識別情報は申請人のＢのみに発行されＣには発行されませんので注意が必要です。申請書の記載は、下記のようになります。

（被相続人Ａ）
相続人
東京都目黒区××一丁目２番３号
（申請人）持分２分の１Ｂ
東京都目黒区××二丁目１番２号
持分２分の１Ｃ

一方、②遺産分割協議または遺言書によりＢが単独で取得した場合は、Ｂが単独で登記申請し、申請書に「（被相続人Ａ）相続人住所　Ｂ」と記載します。

登記申請に必要なもの

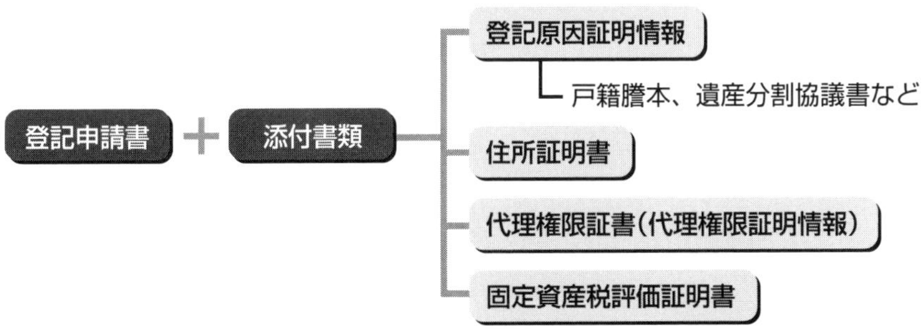

Column

生存配偶者の居住権

平成30年の相続法改正（令和2年4月1日施行）では、配偶者を保護する目的から、以下のような規定を設けています。

・配偶者短期居住権

相続開始時に、被相続人所有の居住建物に無償で居住していた生存配偶者が、一定期間に限り、その建物に無償で住み続けることができる権利です。遺言や死因贈与がない場合は、遺産分割により誰が居住建物を取得するかが確定した日、あるいは相続開始時から6か月が経過する日のうちどちらか遅い日までの期間、引き続き生存配偶者が居住建物を無償で居住することができます。これに対して、遺言や死因贈与で生存配偶者以外の者が居住建物を取得した場合は、その建物取得者が配偶者短期居住権の消滅を申し入れた日から6か月が経過する日までの期間、配偶者短期居住権が保障されます。

・配偶者居住権

相続開始時に被相続人の所有する建物に居住していた生存配偶者が、原則として自らが死亡するまでの間、その居住建物に無償で住み続けることができる権利です。ただし、配偶者居住権を取得するのは、ⓐ遺産分割で配偶者居住権を取得したとき、ⓑ配偶者居住権が遺贈の目的とされたとき、ⓒ被相続人と生存配偶者との間に配偶者居住権を取得させる内容の死因贈与契約があるときに限られます。また、配偶者居住権は長期にわたることが多く、その間不動産の譲渡は難しくなることもあるため、遺産分割で決める場合は相続人間で検討しましょう。

・遺産分割における配偶者の保護

婚姻期間が20年以上の夫婦の間でなされた遺贈あるいは贈与のうち居住不動産（居住建物と敷地）については「持戻し免除の意思表示」があったものと推定して、生存配偶者の居住を保障しています。居住用不動産が相続財産の対象から外されることで、生存配偶者は、その他の相続財産を相続することが可能になります。

第７章

住所・氏名の変更
その他の登記手続き

1 住所や氏名が変更された場合の登記手続き

比較的簡単な登記手続きなので自分でもできる

変更登記をしないとどうなるか

登記記録上の名義人が住所を変更したり、結婚や養子縁組をしたために氏名が変更されることがよくあります。また、会社などの法人の場合だと、商号の変更や本店（本社）の移転などによって所在地が変更されることもあります。その場合、それらの変更登記をしないまま、所有権移転の登記を申請したり、抵当権設定の登記を申請したりすると、登記申請が却下されてしまいます。ですから、変更にあわせて登記記録の内容を改めておく方が無難だといえます。このような変更登記を登記名義人住所変更登記、登記名義人氏名変更登記と呼びます。なお、住所や氏名が数回にわたって変わっている場合には、その回数分の登記名義人住所（氏名）変更登記を申請する必要はなく、直接現在の住所や氏名を登記することが可能です。ただし、この場合、登記記録上の住所や氏名から現在の住所や氏名までの連続性を示すに足る書類を添付することが必要です。

なお、相続登記と同様の観点から、住所等の変更登記についても２年以内に行うことを義務化する法律が令和３年４月に成立しました（施行は令和８年頃）。

申請前に登記記録を確認する

氏名や住所が変更されてもすぐに申請するのではなく、事前に管轄の法務局に行って登記記録の内容について確認してみましょう。確認の流れは次ページの図のとおりです。

なお、土地の場合、分筆がなされていると、分筆後の各々の土地について変更登記が必要になります。

申請書と添付書類の綴じ方

まず、申請書を１番上にして、その下に登録免許税を納付したことを証明する領収書や収入印紙を貼付したＡ４判の白紙の台紙、住民票の写しなどを重ねます。左側をホチキスでとめて１つにつづります。

登記完了を登記事項証明書で確認する

登記名義人住所変更登記などの場合、登記が完了しても、登記識別情報は通知されません。

登録完了後、登記事項証明書の交付を申請すれば、登記が正確になされているかどうかを確認することができます。

登記事項証明書には、変更前の氏名や住所に下線が引かれています。これは以前の氏名や住所が抹消されたことを示しています。

連件申請とは

たとえば、売主Ａと買主Ｂの間で土地売買が行われた場合で、Ａが自分名義の登記をした後に住所を移転していたにもかかわらず、登記記録上の住所が以前の住所のままであるときは、所有権移転登記をする前にＡについて所有権登記名義人住所変更登記を申請しなければなりません。このような場合、Ａの所有権登記名義人住所変更の登記申請を前件（１件目）とし、ＡＢ間の売買を原因とする所有権移転登記申請を後件（２件目）として、２件の登記申請を同時にすることになります。これを連件申請といいます。この場合、各申請書の上部余白部分に前件の申請書であれば「１／２」、後件の申請書であれば「２／２」と記載します。

次に、連件申請する場合に添付書類が共通して使用できるときは、それぞれの申請書に書類を添付するのではなく、添付書類１通をいずれかの申請書に添付して、他の申請書にはその旨を記載します。前述の例でいえば、たとえばＡの委任状を後件の申請書に添付した場合、前件の所有権登記名義人住所変更登記申請書の代理権限証書（代理権限証明情報）のところに「一部後件添付」と記載し、前件の申請書に添付した場合は、後件の所有権移転登記申請書に「一部前件添付」と記載します。

登録免許税はどうなるのか

これらの登記の登録免許税は、原則として不動産１個につき1000円です。住所変更と氏名変更を同時に申請する場合も1000円ですみます。ただ、住居表示実施の場合、または住所移転後に住居表示実施があった場合は、登録免許税はかかりません。

住居表示実施とは、住所の表示方法をわかりやすく変更して、地番などの混乱を解消する行政上の行為です。

仮に、２回以上住所移転を経た後に登記名義人の住所についての変更登記をする場合には、経過のすべてを登記する必要はなく、直接現在の住所を登記することが可能です。

登記記録の確認と不一致の有無についての調査

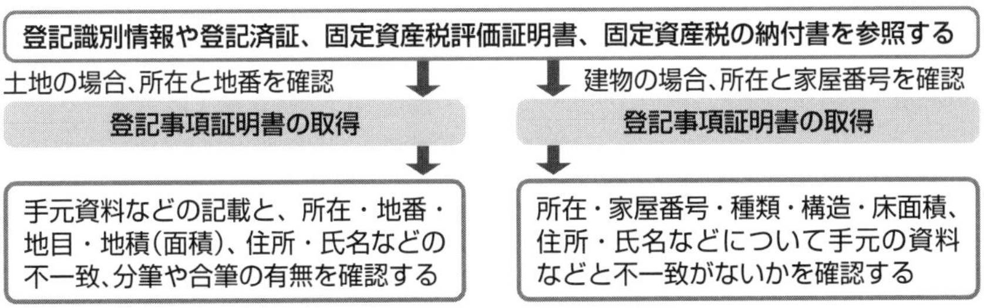

2 登記名義人変更登記の申請書と添付書類

登録免許税は不動産１個につき1000円

登記申請書の記載事項

申請書の記載事項には次のようなものがあります。

・登記の目的

不動産の所有者の氏名や商号、住所、本店所在地の変更登記の場合、登記の目的は、「所有権登記名義人氏名（または名称、住所）変更」とします。

・原因

氏名が変更された場合は「令和○年○月○日 氏名変更」、住所が変更された場合は「令和○年○月○日 住所移転」「平成○年○月○日 本店移転」などと記入します。

・変更後の事項

氏名の変更の場合は「氏名 ○○ ○○」、住所の変更の場合は「住所 ××市××町×丁目×番地×号」などと、変更後の氏名や住所を記入します。

・申請人

変更後の住所、氏名などを記載します。登記原因証明情報として添付する住民票の写しなどと一致するようにし、氏名の後に押印をします（代理人による申請の場合は不要）。

どのような添付書類が必要か

他の登記申請と異なり、添付書類の数も少なくてすみます。

・登記原因証明情報

登記原因つまり住所や本店所在地の変更を証明する書類を添付しますが、個人の場合と法人の場合で異なります。

①　個人の場合

住所や氏名の変更登記申請をするときは、登記記録上の住所や氏名から現在の住所や氏名に変更されていることを証明するため、登記原因証明情報として前住所が記載された住民票の写しあるいは戸籍の附票の写し（住所変更の場合）または戸籍謄本など（氏名変更の場合）を添付しなければなりません。なお、住居表示の実施があったときは、そのことを証明する書面を添付します。住居表示実施証明書は登録免許税の非課税証明書も兼ねます。

②　法人の場合（変更・資格証明書）

主たる事務所の所在地や商号が変わったときは、住所の変更・代表者の記載のある会社の登記事項証明書を添付します。ただし、申請書に会社法人等番号を記載する場合は、添付する必要がない場合もあります。

・代理人の権限を証する情報

申請を司法書士などに依頼する場合には、当事者から司法書士等への委任状が必要となります。

3 住所・氏名の更正登記

最初から誤ってなされた登記を改める

◎住所・氏名の記録が誤っている場合

住所や氏名について、最初から真実とは異なった記録がされていることもまれにあります。原因としては、申請のときにミスがあったか、記録のときにミスがあったかの2つです。

◎申請のときにミスがあった場合

申請時のミスの多くは、申請書の住所などを誤って記載してしまっている場合です。この場合は、更正登記の申請をして、正確な登記に改めます。申請の手続きは変更登記と似ています。

登記の原因は「錯誤」とし、正しい住所を「更正後の事項」として記載します。

納付する登録免許税額は、不動産一つにつき1000円です。

更正登記を行う際には、必要な添付書類をあわせて提出します。

氏名の誤りの場合には、登記原因証明情報として、正しい氏名が記載された戸籍謄抄本を添付します。

住所の誤りの場合には正しい住所が記載された住宅票の写しまたは戸籍の附票の写しを添付します。

◎記録のときにミスがあった場合

申請した内容に誤りがなく氏名・住所が正確であれば法務局での記録の段階でのミスといえます。

事例として多くはありませんが、この場合は登記官の過誤であり法務局側に責任があるので、登記官の職権で更正登記がされ、別途申請手続をする必要はなく、登録免許税は納める必要はありません。

変更登記と更正登記

登記の申請時点では申請内容に問題はなかったが、その後登記事項に変更が生じた場合 → 変更登記

登記の申請時点で記載漏れなどの誤った登記をしていた場合 → 更正登記

4 賃貸借契約

賃料を払って借りる契約

◎賃貸借とは

賃貸借契約は、一方の当事者が相手方に、ある物の使用収益をさせることを約束し、相手方がそれに対して賃料を支払うことを約束することによって成立し、効力を生じます。レンタルビデオから貸衣装やレンタカー、果ては土地・建物や山林まで、賃貸借は広く利用されている制度です。

アパートやマンションを借りる場合、敷金や礼金を支払うのが通常です。敷金は、地代や家賃の滞納や、賃借人が目的物を乱暴に使用した場合などに生じる損害を担保するために、あらかじめ賃借人が賃貸人に差し入れておくお金です。通常、賃貸借終了の際に、未納の地代・家賃や損害金などを控除（差引き）して、残額を賃借人に返還します。

なお、賃借人は契約終了後、目的物を賃貸人に返却して初めて敷金の返還を請求することができます。

◎当事者の権利・義務

賃貸人（貸主）は、賃借目的物を利用可能な状態で貸し続ける債務を、賃借人（借主）は賃料を支払う債務を負担します。ここから、賃貸人には目的物の使用収益に必要な修繕をする義務が生じます。たとえば、貸家が雨漏りする場合は、賃貸人が修理しなければなりません。ただ、賃借人が賃貸人に修理を頼んでいるのになかなか修理してくれない、というような場合もあります。このような場合は、賃借人の方で修理をしておいて、後で賃貸人に修理代の請求をすることができます。

一方、賃借人は、目的物をその性質に定まった使用方法に従って使用する義務があります。また、目的物に修理

借地契約についての法律上の規制

	民　法	借地借家法
契約の存続期間	最長50年 最短の規定なし	最短30年 （定期借地では最長の規制）
契約満了と更新	原則期間満了で終了	更新拒絶の制限 （更新されやすい）
第三者に主張する条件	賃借権の登記	借地人名義の建物の登記

の必要がある場合は、賃貸人に知らせる義務があります。

信頼関係破壊の法理

賃借権も債権ですから譲渡することができます。しかし、金銭債権とは異なり、賃借権の場合は、だれが目的物を使うのかが当事者にとって重要です。賃借人の一存で、どこの誰だかわからない人に賃借権を譲渡されては、賃貸人としてはたまったものではありません。

そこで、民法は賃借人が賃借権を無断で譲渡したり、転貸（また貸し）したりすることを禁じ、これに違反すれば賃貸人は契約を解除できるという規定を置きました。もっとも、判例は、この解除権について、無断譲渡・転貸行為が、賃貸人に対する背信的行為と認めるに足りない特段の事情がある場合は、解除権は発生しないとしています。つまり、無断譲渡や無断転貸がなされても、当事者間の信頼関係が壊れたと言えないような場合には、解除することはできないということです。これを信頼関係破壊の法理といいます。

賃借権の物権化

生活の基盤である土地や建物の賃借人は、十分に保護されなければなりません。そこで、借地借家法などの特別法を制定して土地や建物の借り手の権利を強化する方向で、民法の原則が修正されてきました。

たとえば賃借権そのものの登記はなくても、借地であればその上に登記した建物を有すること、また、借家であれば引渡し（住んでいること）があれば、第三者に賃借権の存在を主張することができます。

こうして宅地・建物の賃借権は、物権のように強い効力が認められているのです。これを賃借権の物権化といいます。

借家契約の法律規制

	民　法	借地借家法
契約の存続期間	最長50年 １年未満でも可能	50年を超える契約も有効 （民法604条は適用されない） １年未満は期間の定めなしとみなす
契約満了と更新	原則期間満了で終了	更新拒絶の制限 （正当理由の検討）
第三者に主張する条件	賃借権の登記	借家の引渡し（住んでいること）

5 賃借権の登記

賃貸人には原則として登記義務はない

登記をするには賃貸人の協力が必要

原則として、賃借権が設定されている不動産を購入すると、新しい所有者は賃借人に立退きを請求することができます。ただ、賃借権が登記されていれば賃借人は立ち退かなくてもすむようになっています。

さらに借地借家法の適用がある不動産については、土地の賃借権そのものが登記されていなくても、土地の上に建てた賃借人の建物の登記があれば賃借人は保護されます。また、建物の場合には賃借人が引渡しを受けてさえいれば保護されることになっています。

賃借権設定の登記には、権利者（賃借人）、設定の目的、存続期間、賃料、賃料の支払時期などが記載されています。

なお、賃借権設定の登記は賃貸人を登記義務者、賃借人を登記権利者として協力して申請しなければなりませんが、契約に登記をするという特約がない限り賃貸人には登記手続に協力すべき法的義務はありません。

移転や変更、抹消の登記

賃借権の移転や変更、消滅といった事情が生じた場合、以下の登記が必要です。

・賃借権移転の登記

賃借権については、所有権のように第三者に自由に譲って移転登記をすることはできません。

もっとも、賃貸人の承諾があれば第三者に譲渡し、賃貸人の承諾書を添付して賃借権移転の登記をすることができます。また賃貸人があらかじめ第三者への譲渡を許可しておき、その旨を登記することもできます。この登記がある場合には、賃借権移転の登記の申請の際に、賃貸人の承諾書は不要です。

・賃借権変更の登記

登記事項に変更が生じた場合には変更の登記をします。たとえば賃借権の存続期間を登記している場合に、存続期間を変更したときなどです。また、期限に限らず契約内容に変更があるとその旨が登記されます。

・転貸の登記

賃借人が第三者に転貸（また貸し）した場合も、登記することができます。

ただ、賃借権を譲渡・転貸できる旨の登記がない場合は、賃貸人の承諾を得なければ登記できません。

・賃借権抹消の登記

期間の満了、解除などによって賃貸借契約が終了すると賃借権はその役割を終えて消滅します。この場合には、賃借権の抹消登記を申請します。

6 地上権の登記

他人の土地を利用することができる物権

地上権の登記とは

地上権は賃借権と同じように他人の不動産を利用することができる権利です。賃借権と異なるところは、誰に対しても主張することができて（ただし、登記をしなければ第三者に対抗できません）、自由に譲渡したり地上権自体に担保権を設定したりすることができ、賃借権と比べて地上権の方が借手の自由度が大きくなっています。しかし、地上権を設定する目的は工作物や竹木の所有に限られています。

・地上権設定の登記

地上権は当事者間の設定契約によって設定されるのが原則です。地上権者、設定の原因、目的、存続期間、地代などが登記事項として記録されます。

・地上権変更の登記

設定の登記によって記録された登記事項について変更が生じた場合には、変更の登記がなされます。

・地上権抹消の登記

地上権も期間の満了によって消滅すると、申請によって抹消登記がされることになります。

区分地上権の登記

地上権の１つの特色として、土地の平面上だけではなくその上下にも設定できる点が挙げられます。たとえば、土地の上部に送電線を配置したり地下にケーブルなどを配置するためにその部分に限って地上権の設定を受けることができるのです。このように、区分地上権の場合、「範囲」も登記事項となります。不動産登記記録例によると、「東京湾平均海面の上100メートルから上30メートルの間」のように範囲を決めることになります。

地上権の設定登記の登録免許税は、課税価格の1000分の10の税率となります。

他人の土地を利用する権利

賃借権	一定の賃料を支払って他人の不動産を利用できる権利
地役権	自分の土地の利用価値を高めるために他人の土地を利用できる権利
地上権	工作物または竹木を所有するために他人の土地を使用する権利

7 地役権の登記

設定目的と範囲が登記される

◎地役権の登記とは

地役権は、自分の土地をより有効に利用するために他人の土地を使用することができる権利です。たとえば、甲土地を所有するAが公道に出る広い道を確保するために、甲土地と公道の間にあるB所有の乙土地に通行のための地役権を設定してもらう場合がこれにあたります。この場合、甲土地を「要役地」、乙土地を「承役地」といいます。土地の共有者の一人は、その持分につき土地について存在する地役権を消滅させることはできません（民法282条1項）。また、共有者の一人が時効によって地役権を取得したときは他の共有者も地役権を取得します（同法284条1項）。これらの規定をまとめて、地役権には不可分性があるといいます。

地役権は、土地を共有している1人のためではなく地役権を必要としている土地全体のためのものなので、このような規定が置かれています。

◎地役権設定の登記

地役権を設定した場合になされる登記のことです。地役権者を登記権利者、地役権設定者を登記義務者として、共同で申請します。

地役権設定の登記にあたっては、登記の目的として「地役権設定」、原因として「年月日設定」とします。登記事項として、①要役地の表示、②地役権設定の目的、③地役権の及ぶ範囲、については必ず記載する必要があります。

地役権は承役地、要役地双方の登記簿に記録されます。

◎地役権の変更登記・抹消登記

地役権の内容に変更が発生したり、期間が満了して消滅した場合、地役権の変更登記、抹消登記をします。

地役権のしくみ

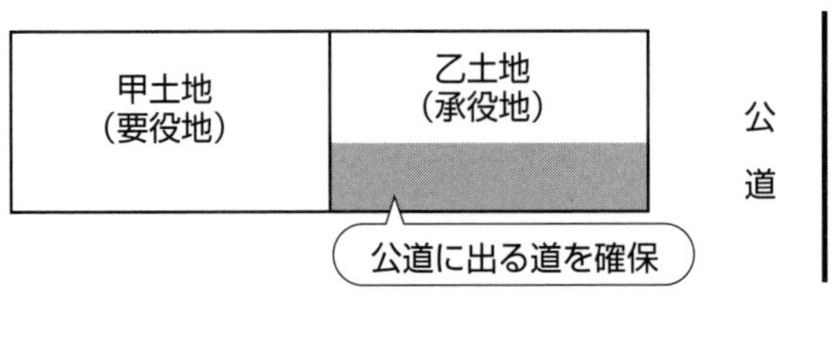

8 定期借地権の登記

一定期間の経過後に返還してもらえる

どんな場合に登記するのか

定期借地権とは、原則として更新の認められない借地権です。

定期借地権には、契約の更新、建物再築による存続期間の延長がなく、契約終了時の借地人からの建物買取請求も排除することができます。借地料は通常の借地契約より安く設定されるので、借地人にとっては、期間は限られるが安い地代で土地を調達できるというメリットがあります。また、契約期間は50年以上であることが必要です。50年に満たない期間を定めた場合には、通常の借地権としての効力が認められることになります。定期借地権を設定する契約は、借地人の権利に重大な制限を加える契約のため、公正証書によって行わなければならないとされているものもあります。

なお、定期借地権には一般定期借地権の他に、居住用ではなく事業用の建物の所有を目的とする事業用定期借地権と、期限終了の際に地主に建物を譲渡する特約をつける建物譲渡特約付定期借地権という制度があります。

添付書類と登記の申請

一般定期借地権を設定する場合、登記申請書に、定期借地権の存続期間を記載します。登記申請書には一般定期借地権であることを証明する賃貸借契約書、土地所有者の登記識別情報か登記済証、印鑑証明書（3か月以内）を添付します。

課税価格に1000分の10を掛けた金額の登録免許税を納付します（100円未満切捨て）。

借地権・定期借地権の契約の存続期間と終了

	普通借地権	定期借地権			
		一般	事業用		建物譲渡特約付
借地権の存続期間	30年以上	50年以上	10年以上 30年未満	30年以上 50年未満	30年以上
契約の終了	存続期間満了 ＋ 正当理由	存続期間満了	存続期間満了	存続期間満了	借地権の建物を譲渡したとき
契約の方式	法律上は口頭でも可	公正証書などの書面で契約	契約書を必ず公正証書にする		法律上は口頭でも可

9 土地の利用方法の変更

分筆登記が必要になることもある

どんな場合にするのか

登記簿は、常に真実を反映しているとは限りません。結婚や引越しによって住所・氏名が変わったのに、登記記録がそのままになっている場合があるように、土地の地目の表示が実際の状況を反映していないこともあります。地目とは、その土地を何の目的で使用しているかを示している項目です。宅地や畑、山林などがあります。

土地の実際の状況と登記記録上の地目が一致していないのにそのまま放置しておくと、不都合が生じることもあります。たとえば真実は宅地なのに登記記録上は農地になっていると、農地の売買には行政上の許可が必要になるため、土地を自由に処分できなくなります。自由に土地を処分できるようにするためには、地目の記録を実体にあわせて改めておく必要性があります。

登記申請前に調査すべきこと

地目変更登記の申請の前に、念のために登記記録の内容や公図・地積測量図を調査しておきます。まず、法務局に行って調査をする前提として、土地の所在と地番を調べておきます。所在は住所と同じ場所になります。地番については、登記識別情報や登記済証、固定資産税評価証明書、固定資産税の納付書に記載されています。

地番が判明したら、不動産を管轄する法務局に行って登記事項証明書をとります。また、同じように法務局に備え置かれている公図や地積測量図を参照してみてください。そして、土地の表示（所在地番・地目・地積など）や位置関係などを確認します。

申請書を作成する

申請は一筆の土地ごとに行います。一筆の土地の一部についてだけ地目の変更がある場合、地目変更登記の前提として分筆登記も必要となります。このような場合には、土地家屋調査士に相談してみましょう。

申請書は、申請書を一番上にして、その下に各種の添付書類を重ねてホチキスで左側を綴じます。

登記申請書（250ページ）には、申請人の住所と氏名を記入して、名前の後に押印します。

農地（田や畑）を農地以外の地目に変更する場合には、農地法の規定による都道府県知事等の許可が必要です。

登記申請の際にはその許可書を添付書類として添付します。

◎添付書類をそろえる

添付書類については、変更する地目の内容によって異なってくるので、事前に管轄の法務局に問い合わせてから準備するようにしましょう。農地の転用の場合には、農地転用届出書や公図の写しなど、地目の変更を証明する書類を添付します。

また、所有者の相続人が申請する場合には、被相続人の死亡記載のある戸籍謄本および住民票の除票（または戸籍の附票）の写し、相続人の戸籍謄本を添付します。

被相続人の戸籍は出生から死亡までの戸籍を用意する必要はありません。

◎登記完了証・還付書類を受け取る

補正日とは実質的に登記の完了日のことです。何も問題がなければ、申請後からこの日まで法務局に行く必要はありません。完了日に法務局に行って、登記完了証や原本還付をした書類を受け取ります。このとき、登記事項証明書も取った上で、記録に誤りがないか必ず確認しましょう。補正の必要がある場合には、法務局から電話がかかってきます。登記官の指示に従って補正をすることになります。その後、補正日に法務局に行って、登記完了証などを受け取ることになります。申請通りに登記が変更されていると、登記記録の表題部の地目欄が訂正されているはずです。また、登記原因と日付の記録についても確認しておきましょう。

◎専門家に相談すべき場合とは

手続きの過程で専門的な知識が必要な場合は、専門家に相談するのが無難です。たとえば、畑を宅地に変更するときは記録すべき地積（面積）が変更されることもあるので、土地家屋調査士に相談してみましょう。また、農地から宅地へ転用する場合など、農地法の規定によって行政上の許可が必要なときは、行政書士に相談してみるのもよいでしょう。

地目変更登記

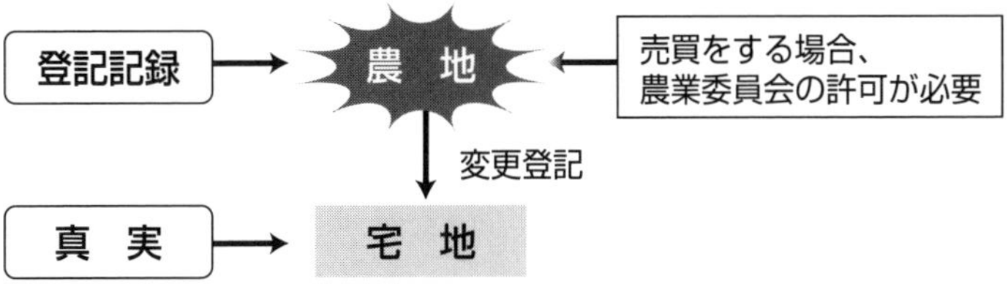

10 土地の境界に関わる登記

一筆の土地を分割したり、数筆の土地をまとめたりもできる

◎分筆の登記、地積更正の登記とは

分筆登記とは、一筆の土地を分割して新たに数筆の土地とする登記のことです。地積更正登記とは、登記簿に記録された土地の面積が実際と異なる場合に、その食い違いを訂正する登記です。

分筆登記や地積更正登記は、いずれも表示に関する登記であり、所有権移転の登記などと異なって、添付書類の収集よりも測量に基づく図面の作成が大切になります。

分筆にしても地積更正にしても、隣接地との境界の確定から行う必要があります。その後に、周囲を測量することになります。このとき、隣接地が私有地である場合と、道路などの公有地である場合では手続きがやや異なります。

①　隣接地が私有地の場合

土地は原則として一筆の土地と一筆の土地の境目が境界（公法上の境界）とされていますが、隣地の一部を時効取得したなどで所有権と所有権の間の境界（所有権界・私法上の境界）とがあります。

私有地の間には石などによって境界標が示されていることもありますが、必ず隣接地の所有者に立ち会ってもらった上で、境界を確定して図面を作成して、境界確定の合意書を取り交わしましょう。

隣接地との境界が確定したら、分筆の場合は分筆地の間の境界も確定します。

境界の確定作業が終わった後に、測量をします。

②　隣接地が公有地の場合

隣接地が道路などの公有地の場合は、境界の確認については役所に申請をする必要があります。

まず、道路などが国または地方公共団体のいずれに属しているかを調べます。法務局に行って調べてみると大方は判明しますが、それでも不明な場合は管理している市区町村役場で調べます。

公有地の所有関係がわかったら該当する役所に行って、境界確認の申請をします。ただ、役所によって手続きが異なるので詳細は窓口で尋ねてみてください。場合によっては、かなりの手間がかかることもあります。

◎合筆の登記とは

合筆とは分筆の反対で、数筆の土地を合わせて一筆の土地にすることです。分筆の場合とは異なって、測量をする必要はありません。ただ、次ページ図の条件などを満たしていなければなりません。申請書には登記識別情報または登記済証と印鑑証明書を添付します。

なお、相互に接続していない土地の合筆の登記や、地目あるいは地番区域が相互に異なる土地の合筆の登記など、一定の場合には合筆の登記をすることが認められません（不動産登記法41条）。

◎申請人になるのは

分筆・合筆の登記については、表題部所有者、あるいは所有権の登記名義人が申請人となります（死亡している場合には相続人が申請人となります）。

◎分筆の登記についての登記申請

分筆の登記についての登記申請書には、添付書類として、分筆後の土地の地積測量図（土地の面積を正確に記載した書面）を添付します。添付する地積測量図が正確であることを確かめるための証明書（立会証明書）の添付も必要です。

分筆後の地番については、法務局から新しい地番を示されている場合に記載することになります。まだ示されていない場合には空白でかまいません。

土地の分筆登記の登録免許税は、分筆後の土地１つにつき、1000円です。

252ページの書式の例では、１筆の土地を３つに分割しているので、登録免許税は3000円となります。

◎合筆の登記についての登記申請

申請書には、登記識別情報または登記済証の添付が必要ですが、合筆前のすべての所有権についての登記識別情報を添付することになります。

合筆の登記の登録免許税は合筆後の不動産１つにつき1000円です。

合筆の登記をする場合の条件

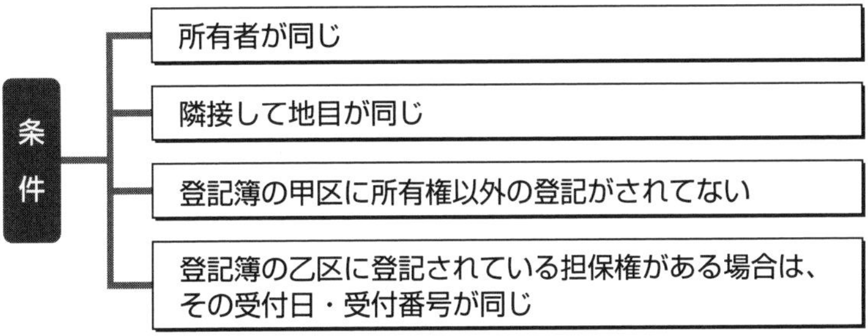

11 持分更正の登記

相続登記の後で問題になることが多い

◎持分の記録が誤っている場合

不動産については単独所有つまり1人の人だけが不動産を所有する場合の他に、1つの不動産を数人で所有する「共有」ということもあり得ます。たとえば、父親が死亡してその遺産である土地を母親と2人の子供で相続した場合、法定相続分に従えば、土地の所有権については、母親が持分2分の1、子供の持分がそれぞれ4分の1ずつ共有することになります。

しかし、登記記録上この持分についての記録が誤っている場合は、実体に一致させるために訂正する必要性があります。これを「持分の更正登記」(所有権更正登記)といいます。

この例の場合、法定相続分どおりに母2分の1、子供それぞれが4分の1の持分とする相続登記をした後に、母に不動産を相続させるとする遺言書が発見されたことにより、母と子供2名の共有名義となっている登記を母の単独所有とする訂正を行うようなケースです。

◎登記申請前に調査をする

持分の更正登記の申請でも、対象となる不動産が現在登記記録上どのように公示されているのか事前に調べておくことが大切です。

まず、土地であれば所在と地番、建物なら所在と家屋番号を調べます。これらについては、登記識別情報または登記済証、固定資産税評価証明書、固定資産税の納付書などに記載があります。

次に、これらの番号をもとに法務局で登記事項証明書の交付を受けます。そして、土地であれば所在・地番・地目・地積、建物であれば所在・家屋番号・種類・構造・床面積、所有者の持分や住所など、どのように現状と相違があるのかを確認します。さらに、分筆や合筆がなされていないか、担保権などが設定されていないかを確認しておいてください。

◎登記申請書の作成

登記簿を確認して特に問題がなければ、申請書(248ページ)を作成します。

・権利者

登記申請における権利者とは、登記することによって利益を受ける者です。この場合は、更正登記によって持分が増える者が権利者になります。住所・氏名を記載してその後に印鑑を押印します(代理人による申請の場合、委任状に押印します)。

・義務者

登記申請における義務者とは、登記することによって不利益を受ける者です。この場合は、更正登記によって持分が減る者が義務者になります。住所・氏名を記載してその後に印鑑を押印します。なお、この印鑑は印鑑証明書の印影と同じ実印を使用します。代理人による申請の場合、委任状に押印します。

・添付書類

登記識別情報または登記済証、登記原因証明情報、印鑑証明書と記載します。担保権者などの利害関係人の承諾書が必要な場合もあります。

・登録免許税

登録免許税は不動産1個につき1000円です。

◎添付書類を準備する

所有権更正登記の申請には次のような添付書類が必要です。

・登記識別情報または登記済証

登記識別情報を添付します。また、管轄法務局のオンライン化前から登記名義人である場合（登記識別情報が交付されていない場合）は、登記済証（権利証）を添付します。

・登記原因証明情報

登記記録上の共有者の持分が最初から誤っていることを証する書面を登記原因証明情報として提供します。遺言書などが例として挙げられます。

・印鑑証明書

登記義務者の印鑑証明書を添付します。この印鑑証明書は発行してから3か月以内のものを使用するように注意してください。

◎更正登記の登録免許税

登録免許税は不動産1個につき1000円です。登録免許税分の収入印紙を申請書に貼るか、白紙の台紙に貼付して収めます。

◎申請書と添付書類の綴じ方

登記申請書の作成が完了し、必要な添付書類の用意ができたら、申請書を上にして、その下に添付書類を重ねて左側をホチキスで綴じます。原本還付を受ける書類の原本はこれとは別にし、申請書などとクリップでとめます。

所有権だけがもともと登記記録に記録されているような場合は、持分更正登記もそれほど複雑な手続きを要求されるわけではありません。

しかし、たとえば、持分に抵当権が設定されている場合は持分の増減によって、抵当権者やその他第三者にも影響を与えることになります。他の権利が絡まってくる場合には持分更正について司法書士に相談して登記するようにしましょう。

12 筆界特定手続き

裁判所を通さない簡易迅速な手続きである

境界確定のための制度

土地の境界は、公で使われる境界線なので、私人間で勝手に決めてしまうことはできません。

境界の確定は、裁判所での「筆界（境界）確定訴訟」を経て、決着をつけることができます。

ただ、訴訟手続は時間も費用もかかるので、より迅速かつ適正な方法で境界を確定する必要があり、このような場合に活用できるのが筆界特定制度です。

筆界特定制度では、裁判所を利用しないで、行政つまり登記官が、より簡易かつ迅速な手続に従って、筆界を特定します。

① 申請

申請は、対象となる土地の所在地を管轄する法務局または地方法務局の筆界特定登記官に対して行います。

申請の際には、申請人の住所・氏名の他、対象となる土地に関する情報（筆界特定申請情報）を示すことになります。また、申請には手数料も必要です。申請手数料は、対象となる土地の価額によって決まっています。たとえば、対象となる土地（2筆）の合計額が4000万円の場合、申請手数料は8000円になります。詳細は最寄りの法務局または地方法務局に問い合わせてみましょう。申請されると、筆界特定登記官は、その申請に手続上の不備がないかを審査します。特に、土地の管轄については、事前によく調べておくべきでしょう。

② 関係人への通知

筆界特定は申請人だけの問題ではなく、隣接した土地の所有者といった利害関係人の問題でもあります。そのため、筆界特定申請があれば、筆界特定登記官はなるべく早く、申請があったことを公告（広く一般に知らせること）します。また、申請人以外で、対象となっている土地の所有権登記名義人などの関係人には、個別に通知をします。

③ 筆界調査委員とは

土地の境界といっても公法上のものなので、特殊な専門的知識が必要になります。そこで、申請後に公告・通知が行われると、法務局（地方法務局）の長は、弁護士・司法書士・土地家屋調査士の中から筆界調査委員を任命します。筆界調査委員は、専門的な知識を駆使して、筆界特定をサポートしていきます。

④ 資料の収集

筆界の特定にあたっては、詳細な資料を収集しなければなりません。そのため、公告から特定までの間に、申請人や関係人は、対象土地の筆界について、意見を述べたり資料を提出することができ、筆界特定登記官は、そのための機会を与えなければなりません。

また、法務局（地方法務局）の長は、筆界特定のために必要があるときには、関係する行政機関の長・地方公共団体の長・公私の団体に対して、資料の提出その他必要な協力を求めることができます。

⑤　筆界の特定

以上の手続に従って必要な調査が終了したら、筆界調査委員は、なるべく早く、筆界特定についての意見を筆界特定登記官に提出します。この意見をふまえ、筆界特定登記官は、資料その他の各種事情を総合的に考慮して、筆界を特定します。なお、結論と理由の要旨は「筆界特定書」という書面に記載されます。筆界を特定したら、筆界特定登記官は、なるべく早く、筆界特定書の写しを申請人に交付し、公告もします。さらに、関係人に対しても通知をすることになります。

◎筆界確定訴訟が提起されたら

同じ土地について筆界特定手続と共に筆界確定訴訟が提起されていた場合は、次のような扱いとなります。

まず、先に筆界確定訴訟の判決が下っていたら、その判断が優先されます。次に、筆界特定が先の場合には、その記録が訴訟の場に提出されます。裁判所を拘束はしませんが、証拠としてかなり尊重されます。

筆界特定手続きの流れ

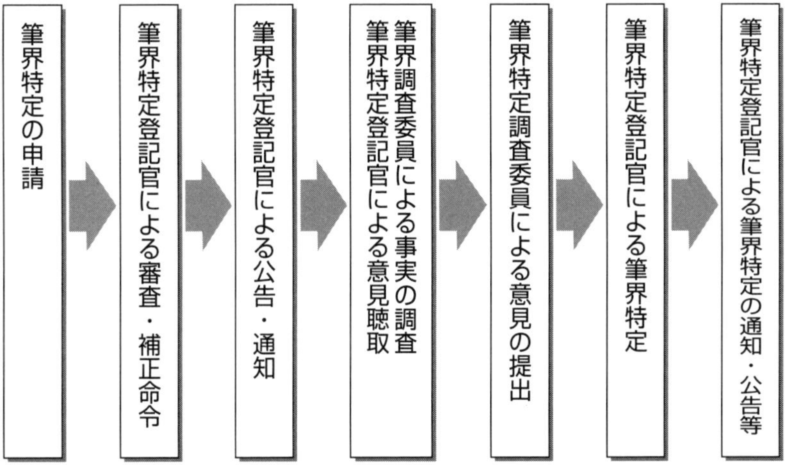

13 建物が滅失したときの登記

建物滅失証明書を提出する

どんな場合にするのか

登記された建物がさまざまな要因により存在しなくなることを建物の滅失といいます。登記された建物が火事や災害、老朽化によって取り壊された場合には、建物の所有者または所有権の名義人は滅失の日から1か月以内に当該建物の滅失の登記を申請しなければなりません。滅失登記をしない場合には10万円以下の過料が科される可能性もあります。

建物の所有者や所有権の名義人が死亡している場合には相続人や遺言執行者も建物滅失の登記をすることができます。

なお、滅失した建物に抵当権など担保権がついている場合には、滅失の登記にあたり法律上は抵当権者の同意を要しませんが、後々のトラブル防止のため抵当権者の同意を得ておくのがよいでしょう。

申請書の書き方と添付書類

登記申請書と共に、建物滅失証明書を提出します。その他工事を行った会社などの印鑑証明書、代表者事項証明書を提出します（法人の場合は、会社法人等番号の提供で省略可能）。また、前述した滅失した建物に抵当権など担保権がついている場合には担保権者の同意書を添付しておくと確実です。

登記申請書には、「令和○年○月○日取壊し」などと記載し、建物が取り壊された日を記載します。

建物の表示の記載については不動産番号がわかる場合には不動産番号を記載すれば、所在、家屋番号、種類、構造、床面積の記載を省略することができます。

建物滅失登記の手続き

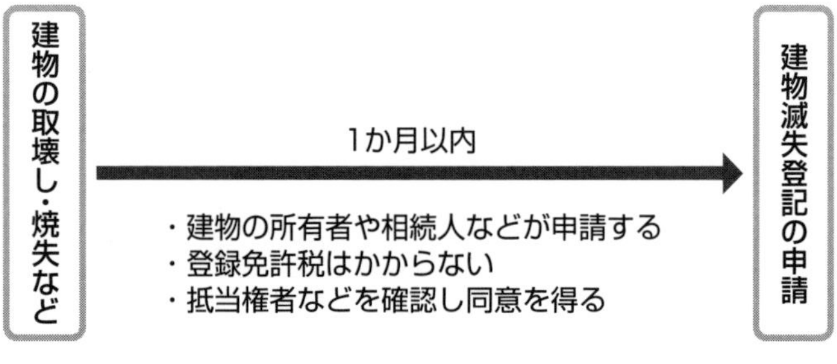

14 強制執行と差押えの登記

不動産を差し押さえる場合に差押えの登記が行われる

◎差押えの登記を行う

裁判や調停などで判断が下されたにもかかわらず、任意に義務が履行されない場合に、裁判所によって強制的に履行があったのと同じ状態を作り出す手続きのことを強制執行といいます。

不動産を対象とする強制執行のことを強制競売といいます。

強制競売の開始決定をすると、裁判所は、法務局（登記所）に対して差押登記を嘱託します。

競売は、債権者が管轄の裁判所に対して、申立てをすることから始まります。裁判所は申立書を審査して、問題がなければ競売開始決定をします。

競売開始決定がなされると、対象となっている不動産には「差押え」が行われます。具体的には、裁判所から法務局（登記所）に対して、差押登記が嘱託（依頼）されます。

その後、情報の収集、競売、配当という流れで競売手続は行われます。

◎差押登記の嘱託に必要な書類

競売開始決定後、当該不動産の差押えをします。

その申立てにおいて、さまざまな提出資料の中で対象となる当事者目録や物件目録などの提出が必要になりますが、申立人がこれらの目録を用意して裁判所に対して提出します。それぞれの目録の必要枚数は、裁判所によって異なるので、事前に問い合わせておくのが無難です。

①　当事者目録

当事者目録には、申立債権者と債務者双方の氏名（名称）、住所（所在地）を記載します。

もし、不動産登記簿や債務名義記載の住所・氏名（所在地・商号）と現在の住所（所在地）が異なる場合には、両方の住所・氏名（所在地・商号）を併記しておき、戸籍謄本・住民票・法人の登記事項証明書などで変更を証明します。会社などの法人が当事者の場合は、代表者の記載もしておきます。

②　物件目録

物件目録には、不動産の登記事項証明書の記載どおりに、所在・地番・地目・地積（土地の場合）などを記載して、共有の場合は持分を記載します。

③　請求債権目録

請求債権目録には、請求債権が表示されている執行力ある債務名義を、債務名義・作成機関名・事件番号・債務名義の種類で特定して、利息や損害金などについて記載します。

15 仮差押・仮処分の申立て

相手の財産を押さえる必要があるときに活用する

民事保全とは

訴訟は終結するまで時間がかかることもあります。

民事保全制度とは、訴訟において判決が確定するまでの間、被告側の財産を一時的に差し押さえたり、差し迫った被害や危険を避けるためにとられる暫定的な措置のことです。民事保全法には、①仮差押、②係争物に関する仮処分、③仮の地位を定める仮処分、の3つが定められています。判決がでるまでの間、現状の法律関係や事実関係を暫定的に保全する一時的な措置ですから「仮」がつくわけです。

仮差押とは、金銭債権または金銭債権に換えることができる請求権のために債務者の財産を確保し、将来の強制執行を保全するための手続です。不動産（土地・建物）の他、動産や債権が対象財産です。

仮差押命令の決定が出たら、不動産や債権については裁判所が執行機関となって、不動産は登記により、債権は第三債務者への支払禁止命令を出すことによって保全執行を行います。動産に対する仮差押の執行は、目的となる動産の所在地を管轄する執行官が目的物を占有することで行われます。仮差押の手順は強制執行（前ページ）の手順に似ていますが、仮の執行ですから、差し押さえた物をすぐお金に換えることはできません。

たとえば、土地を買い受けたものの、売主が所有権の移転登記をしないまま第三者に売り渡す気配があるような場合に、その土地について、処分禁止の仮処分を申し立てます。これは、係争物に関する仮処分の例です。

民事保全の流れ

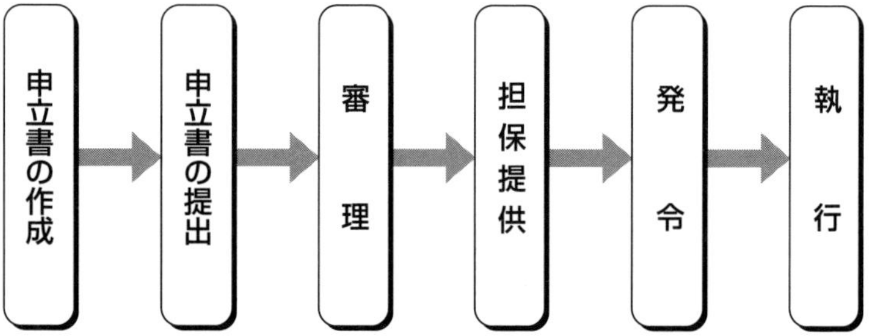

16 判決による登記

登記自体を命じる判決が必要

どんな場合にするのか

登記手続は登記によって利益を得ることになる登記権利者と不利益を受けることになる登記義務者が共同で申請しなければならないのが原則です。たとえば、ＡＢ間の売買契約によってＡ所有の不動産がＢに譲渡された場合、登記権利者である買主Ｂと登記義務者である売主Ａが共同で所有権移転登記を申請しなければなりません。

しかし、一方の当事者が登記に協力しない場合もあり得ます。つまり、買主Ｂの要求にもかかわらず、売主Ａが登記に必要な書類を渡してくれないというケースです。

そのような場合、Ｂとしては、「ＡはＢ名義への所有権移転登記手続をせよ」という確定判決を得て、単独で登記申請をすることが認められています。これを判決による登記といいます。

判決が確定することで、Ａが登記申請の意思表示をしたとみなされ、共同申請によらずＢ単独で登記申請ができるのです。また、登記権利者であるＢが登記に協力しない場合にも、登記義務者であるＡが確定判決を得て単独で登記を申請することもできます。

所有権保存登記の場合を除き、判決による登記が認められるのは、登記自体を命じる「給付判決」を得た場合に限られます。形成判決（権利義務や法律関係の変動を宣言する判決）や確認判決（権利義務や法律関係の存否を確認する判決）では、登記申請することはできませんので注意してください。登記を命じるものであれば、保存、設定、変更、更正、移転、抹消、回復のどの登記であってもかまいません。

判決による登記の申請

原則として共同申請

↓

一方当事者が登記手続きに協力しない場合、判決により単独申請が可能

↓

判決は給付判決の確定判決であることが必要

17 信託

委託者、受託者、受益者がいる

どんなしくみなのか

信託とは、簡単に言えば、他人を信じて何かを託すということです。信託契約では、財産を信頼する人に託す者を委託者、託される者を受託者、信託契約によって利益を受ける者を受益者といいます。

たとえば、高齢のＡさんとＡさんの孫でまだ小学校にも行っていないＢさんが一緒に暮らしていたとします。ＡさんとＢさんには他に身寄りはありませんでしたが、Ａさんには多額の貯金があり、Ｂさんを育てることは可能でした。しかし、Ａさんは高齢で、いつ死んでしまうかわからないので、貯金を信頼のおけるCさんに預けてＢさんが成人するまでＢさんの世話をＣさんに頼むことに決めました。このとき、ＡさんとＣさんの間で締結される契約が信託契約です。ＣさんはAさんの依頼を受け、Ａさんの財産を使ってＢさんを養育します。この信託契約では、Ａさんが委託者、Ｃさんが受託者、Ｂさんが受益者になります。

委託者のメリット

信託は、財産の保有者（委託者）にとって以下のようなメリットがあります。

・委託者の財産を保護する

たとえば、財産の信託契約を締結した場合、財産の所有権は形式的に受託者に移転し、委託者の固有財産から離脱することになります。そのため、たとえ委託者が倒産した場合でも信託契約の対象となった財産を倒産処理の影響から回避することができます。

・委託者死亡後の財産管理

委託者が死亡した後でも、受託者と信託契約を締結することで委託者の子や孫の生活保障のための財産管理ができます。

・委託者の意思の尊重

受託者は、委託者が設定した信託の目的や内容とおりに財産の管理を行うので、信託契約によって委託者の意図どおりのことが実現できます。また、委託者は受益者を自由に指定することができるので、たとえば、「受益者はＡとするが、Ａが死亡した場合にはＢを受益者にする」という形での受益者の指定が可能です。

受託者のメリット

受託者は信託事務を行う中で契約を締結し、債務を負担することがあります。しかし、受託者は契約で定め登記をすることで信託契約から生じる債務の負担額を限定することが可能です。

また、受託者自身の財産と、信託契約に関わる財産とは信託口口座を利用するなどして分別して管理しなければなりません。受託者が信託とは関係のない個人的な債務があった場合などに債権者から強制執行を受けた場合でも、信託財産は影響を受けません。

受益者のメリット

信託は、受託者が財産の管理や処分を行うので、受益者自身は自分自身で活動をしなくても利益を手にすることができます。また、信託契約によって受益者がもつ利益を受け取る権利（受益権）については、その権利を他人に譲渡することも契約で禁止されていない限り可能です。

信託の性質について

信託契約を締結して、委託者の財産を受託者に移転することで信託が行われます。そのため、財産の名義は委託者から受託者に変更されます。委任契約（何かを行うことを依頼する契約のこと）や寄託契約（物を預けて保管することを内容とする契約のこと）を締結しただけでは、財産の名義人が移転することはありません。財産の名義人が移転するという点は、信託の特徴だといえます。

また、受託者に対して厳しい義務と責任を課すことで、委託者は安心して受託者と信託契約を締結することができます。そのため、信託法では、受託者に対してさまざまな義務と責任を課しています。

さらに、信託契約の目的や内容に基づく受託者から、確実に受益者が受益権に基づく利益を受け取ることができるように配慮されています。

信託のしくみ

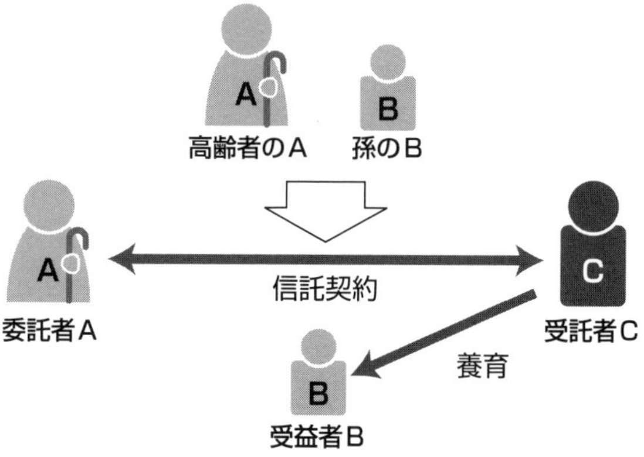

18 不動産を信託したときの登記

信託財産であることを第三者に主張するための登記

信託の登記とは

信託を行う際には信託契約を結びます。信託契約では、何かを他人に依頼する者を委託者、依頼される者を受託者、信託契約によって利益を受ける者を受益者といいます。なお、登記することができる財産については、信託財産である旨を登記しなければ、第三者に対して信託財産である旨を主張することができません。信託の登記の申請特有の主な登記事項は以下のとおりです。

・委託者・受託者・受益者の氏名・住所
・受益者指定の条件
・信託監督人の氏名・住所、受益者代理人の氏名・住所
・受益者の定めのない場合はその旨
・信託目的
・信託財産の管理方法

信託に関する登記関係書類の作成

信託に関する登記には、信託財産の権利の移転を表す「権利の移転の登記」と、財産が信託財産に該当することを表示する「信託の登記」があります。信託を行う際には、権利の移転の登記と信託の登記の２種類の手続を行う必要があります。

①　登記申請書

登記申請書の登記の目的の欄には、所有権の移転と信託の両方を記載します。また、信託契約を締結した者、信託契約当事者、代理人がいる場合には代理人の氏名と住所も記載する必要があります。添付書類としては、登記原因証明情報、登記識別情報、印鑑証明書、住所証明書、代理権限証書（代理権限証明情報）などが必要になります。信託の設定方法が異なれば、添付する書類も異なってきます。

②　登記原因証明情報

登記原因証明情報は、報告形式のものを利用して、登記の目的、登記の原因、当事者、不動産の所在地、信託契約が締結された旨、信託目録に記載すべき事項などが記載されます。

③　信託目録

登記をする際には、信託の内容を明らかにするために、信託目録を作成する必要があります。信託目録には、委託者に関する事項、受託者に関する事項、受益者に関する事項、信託条項（信託目的や財産の管理方法、終了事由など）を記載します。

④　登記記録

登記記録には、不動産の所有権が移転した旨と不動産が信託財産であることと信託目録が記録されます。

第８章

知っておきたい！
ケース別
不動産登記の申請書式

1 交付申請書の作成方法

対象となる不動産を記入し、収入印紙を貼付する

登記事項証明書交付申請書

書面で申請する場合、交付申請書（次ページ）には、まず、登記事項証明書の交付を申請する人の住所・氏名を記入します。土地の場合は、その所在地（郡市区、町村、丁目・大字および字）と地番を、建物の場合は、その所在（郡市区、町村、丁目・大字・字、敷地番号）と家屋番号を記入します。

チェック欄の登記事項証明書欄または一部事項証明書欄にチェックをします。

登記事項証明書は同時に複数通とることができるので、申請書に請求する通数も記載します。登記事項証明書は誰でも取得できる書類なので、申請にあたり印鑑や身分証明書は必要ありません。

登記事項証明書を書面で請求する場合、600円の手数料が必要です。

手数料は申請書に収入印紙を貼付して納付します。なお、登記事項証明書は全国どこの法務局でも取得することが可能です。

登記事項要約書の交付申請書

記載方法は基本的に登記事項証明書の交付申請書と同様です。

登記事項要約書は法務局窓口で書面申請して取得します。郵送やオンラインによる取得はできません。また、不動産所在地を管轄する法務局以外では取得できません。申請書（198ページ）の住所、氏名の欄に申請人の住所、氏名を記入します。また、対象の不動産の種類などについてはチェック欄があるので、見落とさないようにチェックしましょう。

登記事項要約書を請求する場合、450円の手数料が必要です。

手数料は申請書に収入印紙を貼付して納付します。

地図等の閲覧・交付申請書

書面で申請する場合、申請書（199ページ）に申請する人の住所・氏名、閲覧する土地の所在地と地番（建物の場合は所在と家屋番号）を記載し、請求する通数を記入します。

閲覧または証明書の交付を求めることができる図面には、土地の方位や縮尺を記載した「公図」の他、土地の面積を記載した「地積測量図」、建物の位置関係を記載した「建物図面」などがありますので、該当するものにチェックを入れます。

地図などの図面の閲覧や証明書の請求を書面で請求する場合、450円の手数料が必要です。

手数料は申請書に収入印紙を貼付して納付します。

書式　登記事項証明書交付申請書

不動産用

登記事項証明書
登記簿謄本・抄本　交付申請書

※ 太枠の中に記載してくださ

窓口に来られた人（申請人）	住所	東京都新宿区××三丁目4番5号
	フリガナ	コウノ イチロウ
	氏名	甲野 一郎

※地番・家屋番号は、住居表示番号（○番○号）とはちがいますので，注意してください。

種別（レ印をつける）	郡・市・区	町・村	丁目・大字・字	地番	家屋番号又は所有者	請求通数
1 ☑土地 2 □建物	新宿区	××	六丁目	7番8		1
3 □土地 4 □建物						
5 □土地 6 □建物						
7 □土地 8 □建物						
9 □財団（□目録付） □船舶 □その他						

※共同担保目録が必要なときは，以下にも記載してください。
次の共同担保目録を「種別」欄の番号＿＿＿＿番の物件に付ける。
☑現に効力を有するもの　□全部（抹消を含む）□（＿）第＿＿＿号

※該当事項の□にレ印をつけ，所要事項を記載してください。

☑ **登記事項証明書・謄本**（土地・建物）
専有部分の登記事項証明書・抄本（マンション名＿＿＿＿＿＿＿＿＿＿）
□ただし，現に効力を有する部分のみ（抹消された抵当権などを省略）

□ **一部事項証明書・抄本**（次の項目も記載してください。）
共有者＿＿＿＿＿＿＿＿＿＿＿＿＿＿に関する部分

□ **所有者事項証明書**（所有者・共有者の住所・氏名・持分のみ）
□ 所有者　□ 共有者＿＿＿＿＿＿＿＿＿＿

□ コンピュータ化に伴う**閉鎖登記簿**
□ 合筆，滅失などによる**閉鎖登記簿・記録**（昭和／平成＿＿年＿＿月＿＿日閉鎖）

収入印紙欄

収入印紙

収入印紙

（登記印紙も使用可能）

収入印紙は割印をしないでここに貼ってください。

交付通数	交付枚数	手数料	受付・交付年月日

（乙号・1）

書式　登記事項要約書交付申請書

不動産用　登記事項要約書交付
閲　　　　　　　覧　申請書

※太枠の中に記載してください。

窓口に来られた人（申請人）	住　所	東京都武蔵野市××町二丁目3番4号
	フリガナ	オツノ　ハナコ
	氏　名	乙野 花子

※地番・家屋番号は，住居表示番号（○番○号）とはちがいますので，注意してください。

種　別（√印をつける）	郡・市・区	町・村	丁目・大字字	地　番	家屋番号又は所有者
1 □土地 2 ☑建物	武蔵野市	××町	五丁目	6番地7	6番7
3 □土地 4 □建物					
5 □土地 6 □建物					
7 □土地 8 □建物					
9 □財団（□目録付） □船舶 □その他					

※該当事項の□に√印をつけ，所要事項を記載してください。

☑ 登記事項要約書

※特定の共有者に関する部分のみを請求するときは，次の項目も記載してください。

□ 共有者＿＿＿＿＿＿＿＿＿＿＿＿に関する部分
□ マンション名（＿＿＿＿＿＿＿＿＿＿＿＿）

□ 登記簿の閲覧

□ 閉鎖登記簿の閲覧

□ コンピュータ化に伴う閉鎖登記簿
□ 合筆，滅失などによる閉鎖登記簿・記録（昭和/平成＿＿年＿＿月＿＿日閉鎖）

□ 登記申請書・添付書類の閲覧（閲覧する申請書の受付年月日・受付番号を記載してください。また，利害関係のある方しか閲覧することができませんので，利害関係を記載してください。）

受付年月日・番号：平成＿＿年＿＿月＿＿日受付第＿＿＿＿＿＿号

利害関係：＿＿＿＿＿＿＿＿＿＿＿＿

収入印紙欄

収入印紙

収入印紙

収入印紙は割印しないでここに貼ってください。

（登記印紙も使用可能）

交付通数	交付枚数	手数料	受付・交付年月日

（乙号・2）

書式　地図等の閲覧・交付申請書

地図・各種図面用　地図／地積測量図等の証明書／閲覧申請書

※ 太枠の中に記載してくださ

窓口に来られた人（申　請　人）	住　所	東京都練馬区××四丁目５番６号
	フリガナ／氏　名	丙野《ヘイノ》　三郎《サブロウ》

収入印紙欄

収入印紙

収入印紙

収入印紙は割印をしないでここに貼ってください。（登記印紙も使用可能）

※地番・家屋番号は、住居表示番号（○番○号）とはちがいますので，注意してください。

種　別（レ印をつける）	郡・市・区	町・村	丁目・大字・字	地　番	家屋番号	請求通数
1 □土地 / 2 ☑建物	練馬区	××	七丁目	8番地9	8番9	1
3 □土地 / 4 □建物						
5 □土地 / 6 □建物						
7 □土地 / 8 □建物						
9 □土地 / 10□建物						

（どちらかにレ印をつけてください。）

☑ 証明書　　□ 閲　覧

※該当事項の□にレ印をつけ，所要事項を記載してください。

□ 地図・地図に準ずる図面（公図）（地図番号：＿＿＿＿＿＿）

□ 地積測量図・土地所在図

　□ 最新のもの　□昭和/平成＿＿年＿＿月＿＿日登記したもの

☑ 建物図面・各階平面図

　□ 最新のもの　☑昭和/(平成)24年4月23日登記したもの

□ その他の図面（　　　　　　　　　　）

□ 閉鎖した地図・地図に準ずる図面（公図）

□ 閉鎖した地積測量図・土地所在図（昭和/平成＿＿＿年＿＿月＿＿日閉鎖）

□ 閉鎖した建物図面・各階平面図（昭和/平成＿＿＿年＿＿月＿＿日閉鎖）

交付通数	交付枚数	手　数　料	受付・交付年月日

（乙号・4）

2 本人確認情報の作成方法

名義人であることを確認した理由などについて記載する

資格者代理人による本人確認情報の提供

不動産の贈与・売買・抵当権設定等の登記を申請する場合には、原則として所有者の登記識別情報または登記済証の添付が必要です。ただ、所有者の中には登記識別情報等を紛失等により所持していない人も稀に存在します。このように登記義務者の登記義務者が登記識別情報等を提供できない場合には「事前通知」という制度（68ページ）があります。事前通知とは、登記申請後に法務局から所有者宛に登記の申請があった旨、この申請に間違いがないときはその旨の申出をするべきことが通知される制度です。なお、司法書士などの資格者が代理人として登記申請している場合、その資格者が登記名義人を確認したことについて具体的な情報（本人確認情報）を提供し、登記官がその内容を相当と認めたときは、事前通知の手続を省略できます。

本人確認情報の内容

本人確認情報の内容は、①資格者が申請人本人（法人の場合は代表者）と面談をした日時・場所・状況、②本人確認の手段として使った身分証明書などの資料、③資格者が本人と面識がある場合は面識をもった経緯や時期などです。

登記官によって本人確認情報の内容が相当でないとされる例としては、たとえば、資格者が申請人と面識があるとして本人確認情報が提供されたものの、面識が生じた時期が申請時の直前であり、面識が生じた経緯からすると身元を確実に確認するのは困難であったりするという場合です。このような場合は「面識なし」として本人確認情報を作成する必要があります。「面識あり」の要件に該当するためには、今回の登記申請の３か月以上前に資格者代理人として本人確認情報を提供して登記申請した場合等に限られます。

なお、資格者代理人による本人確認情報の提供は、申請人が登記識別情報（登記済証）を提供することができない正当な理由（不通知・紛失・失念など）がある場合に、事前通知に代わる本人確認手段として認められているものです。登記識別情報（登記済証）を提供しないことについて正当な理由がなければ、本人確認情報が提供されても登記の申請は却下されます。

また、資格者代理人の他、「公証人」に本人確認情報を作成してもらうことも可能です。

書式　本人確認情報

本 人 確 認 情 報

○○法務局　御中

令和○年○月○日

当職は、本件登記申請の代理人として、以下のとおり、申請人が申請の制限を有する登記名義人であることを確認するために必要な情報を提供する。

○○県　○○市　○○町　○丁目○番○号
司法書士　田中　和夫 職印
（登録番号○○司法書士会　第12345号）

1　登記の目的　所有権移転

2　不動産　○○市○○町○丁目○番○の土地　不動産番号1234567890123

3　登記済証を提供できない理由　紛　失

4　申請人　■登記義務者
住　所　○○市○○町○丁目○番○号
氏　名　佐　藤　花　子
生年月日　昭和○○年○月○日生

5　面談の日時・場所・状況
日　時　令和○年○月○日午前○○時○○分
場　所　当職事務所
状　況
登記義務者が、本件不動産を売却するにあたり、登記申請の必要書類の事前確認等を行うため当職が面談した。
同席者　（株）○○不動産　宅地建物取引士　高木健二

6　申請人との面識の有無　面識がない

7　面識がない場合における確認資料

当職は、申請人の氏名を知らず、また面識がないため、申請人から下記の確認資料の提示を受け、申請人の本人確認をした。

確認資料の特定事項及び有効期限

■第一号書類　□第二号書類　□第三号書類

■**名称**　○○県公安委員会発行の運転免許証　写真付き

■**写し添付の有無**　■あり

特定事項　■「別添写しのとおり」

8　登記名義人であることを確認した理由

上記の本人確認書類につき、以下のとおり確認した。

申請人が提示した○○県公安委員会発行の運転免許証の写真により、本人との同一性を確認し、運転免許証の外観・形状に異常がないことを視認した。また住所・氏名・生年月日・年齢・干支等について申述を求めたところ、正確に回答した。

(1)　規則に定める書類以外の書類確認

本物件の権利取得に関する書面ならびに本件物件との関連性を確認できる下記書類の提示を受け、本人であることを確認した。

■本件物件購入時の売買契約書、■本件物件購入時の重要事項説明書、■固定資産税納付領収証書

(2)　面談時の聴取事項

■権利取得経過について質問したところ、本件物件は、○○市○○町○丁目○番地渡辺三郎から売買によって取得した物件であり、売買契約及び所有権移転登記の経緯について正確な経緯を述べた。また、登記済証を紛失した理由については、本件物件の権利取得後、申請人が自宅を改築した際に紛失したと思われるという合理的な説明があり、矛盾がない。

■本件物件に関する情報について、現在、コンビニエンスストア「○○マート　○○店」に貸している土地であること、その管理を本件売買の仲介不動産会社に委託していること等の説明があり、これらについて同席者高木健ニに訪ねたところ、相違ない旨の回答を得た。

■その他、疑義を生じる事例などは存在しなかった。

3 売買に関する登記申請書類の作成方法

住所証明書や登記事項証明書の記載を確認する必要がある

書類作成上の注意点

記載上の注意点は以下のとおりです。

① 登記の目的を記載します。売買による所有権移転登記の場合、単に「所有権移転」と書きます。

② 登記原因である「売買」及び売買契約が成立した日を記載します。なお、所有権移転時期に関する特約をつけた場合は、その特約の条件が成就した日(代金支払日)を記載します。

③ 登記権利者(買主)・登記義務者(売主)の住所・氏名（または名称）を記載します。登記事項証明書の住所氏名・義務者の現在の住所氏名が異なる場合には、所有権移転登記の前提として住所氏名の変更登記が必要です。また、権利者、義務者それぞれが申請人となる場合は、それぞれ氏名の後に押印します。権利者は認印でかまいませんが、義務者は印鑑証明書の印影と同じ印（実印）で押印しなければなりません。

④ 申請人それぞれの連絡先電話番号を記載します。補正の際などの連絡のためのものです。

⑤ 義務者の登記識別情報または登記済証を添付します。

⑥ 売買契約書＋領収書または報告形式で作成した登記原因証明情報を提出します。

⑦ ３か月以内に発行された義務者の印鑑証明書を添付します。法人については会社法人等番号を提供すれば印鑑証明書は添付不要です。

⑧ 権利者の住民票の写し（個人）または法人の登記事項証明書（法人）などを添付します。法人については、会社法人等番号を提供すれば登記事項証明書の添付は不要です。

⑨ 権利者が登記識別情報の通知を希望しない場合には、□にチェックを入れます。通常であれば、この欄にチェックを入れる必要はありません。

⑩ 申請日と管轄法務局を記載します。

⑪ 通常、固定資産評価証明書（提出要）に記載された価格（不動産が2個以上の場合はその合計額）から1000円未満の端数を切り捨てた金額を記載します。

⑫ 売買の場合の登録免許税は、原則として課税価格の1000分の20です(土地については現在は特例で税率が1000分の15となっており、根拠となる法令の条項を記載します)。100円未満の端数は切り捨てます。

⑬ 登記申請対象となる不動産を登記事項証明書どおりに記載します。不動産番号がある場合は、記載します。

書式　不動産売買の場合の登記申請書

登　記　申　請　書

登記の目的　　所有権移転──①
原　　　因　　令和３年７月１日売買──②
権　利　者　　東京都目黒区××三丁目１番２号
　　　　　　　　　　　　鈴木　太郎　㊞
　　　　　　　連絡先の電話番号　００－００００－００００
義　務　者　　東京都杉並区××一丁目２番３号
　　　　　　　　　　　　佐藤　花子　[実印]
　　　　　　　連絡先の電話番号　００－００００－００００
③④
添付書面
⑤──登記識別情報又は登記済証　登記原因証明情報──⑥
⑦──印鑑証明書　住所証明書──⑧
登記識別情報（登記済証）を提供することができない理由
　　□不通知　□失効　□失念　□管理支障　□取引円滑障害
　　□その他（　　　）□登記識別情報の通知を希望しません。──⑨

令和３年７月１日申請　東京法務局渋谷出張所──⑩

課税価格　　金２０００万円──⑪
登録免許税　金３０万円　租税特別措置法第72条による──⑫
不動産の表示──⑬
　所　　在　目黒区××二丁目
　地　　番　３番４
　地　　目　宅地
　地　　積　１４８．７８㎡

書式　登記原因証明情報

1　登記申請情報の要項
（1）登記の目的　所有権移転
（2）登記の原因　令和３年７月１日　売買
（3）当事者　　　権利者（甲）東京都目黒区××三丁目１番２号
　　　　　　　　　　　　　　鈴木　太郎

　　　　　　　　義務者（乙）東京都杉並区××一丁目２番３号
　　　　　　　　　　　　　　佐藤　花子
（4）不動産
　　所　　在　目黒区××二丁目
　　地　　番　３番4
　　地　　目　宅地
　　地　　積　１４８．７８㎡

2　登記の原因となる事実又は法律行為
（1）売買契約
　甲及び乙は、令和３年６月１日、上記不動産につき売買契約を締結した。
（2）所有権移転時期の特約
　（1）の売買契約には、本件不動産の所有権は売買代金の支払が完了した時に甲に移転する旨の所有権移転時期に関する特約が付されている。
（3）代金の支払
　甲は、乙に対し、令和３年７月１日、売買代金全額を支払い、乙は、これを受領した。
（4）所有権の移転
　よって、本件不動産の所有権は、同日、乙から甲に移転した。

令和３年７月１日申請　東京法務局渋谷出張所　御中

　私達は、前記各項に記載された内容を自認し、不動産登記法第61条所定の登記原因証明情報として提供します。

（買主）　　東京都目黒区××三丁目１番２号
　　　　　　　　鈴木　太郎　　　㊞

（売主）　　東京都杉並区××一丁目２番３号
　　　　　　　　佐藤　花子　　　㊞

4 住宅を新築した場合の登記手続き

家を新築したらまず建物の表題登記をする

建物の表題登記とは

住宅を新築した場合や表題登記のない建物の所有権を取得した場合には、表題登記の申請をしなければなりません。

表題登記は所有権取得の日から1か月以内の申請が義務付けられており、この義務に違反すると10万円以下の過料に処せられます。表題登記には権利部の登記が有する対抗力（第三者に対して不動産に関する権利を主張できる効力）はありませんが、表題登記をしないと、権利に関する登記をすることもできず不動産に関する権利の確保がままならなくなってしまいます。一般的にいって費用もそれほど多くかかるわけではない（登録免許税はかからない）ので、なるべく早目に表題登記をしておくべきです。なお、所有権取得日から1か月を経過した場合でも表題登記の申請自体は認められます。

建物の表題部には、建物の所在地や家屋番号の他、建物の面積、構造、種類などの物理的状況が記録されます。そのため、表題登記を申請する場合には、実際に建物の測量をする必要があり、測量に基づいて作製した各種の図面を法務局に提出しなければなりません。

図面作成の難易度が高いため表題登記は、一般の人が自分で申請するケースは少なく、測量や作図の専門家でもある土地家屋調査士に依頼することが多いようです。土地家屋調査士は建物のある現地へ行って、建物の物理的状況を調査・測量します。そして、その結果をもとに、敷地と建物の位置関係を現した「建物図面」と建物の各階の様子を図示した「各階平面図」を作製します。

表題登記の申請では、土地家屋調査士の作製する図面以外にも、申請人の所有権を証明する書面として以下に説明する書類が必要です。

まず、建築主が登記申請を土地家屋調査士に依頼するための委任状があります。次に、建築主の住民票の写しが必要です。さらに、建築請負関係の書類として、請負代金の領収書、建物引渡証明書、請負人の印鑑証明書と会社法人等番号（資格証明情報）を請負人から受領しておきます。また、建築主事から交付される建築確認通知書と検査済証も必要になります。土地家屋調査士に以上の書類を手渡して、作製した図面と共に法務局に提出してもらいます。表題登記の場合、10日から15日程度で登記が終了し、表題登記済証が交付されます。土地家屋調査士から表題登記済証を受領して表題登記は完了です。

第三者に権利を主張するには保存登記が必要

表題登記をしただけでは、第三者に不動産の所有権を主張することができません。第三者に所有権を主張するためには所有権の保存登記をしなければなりません。通常、所有権保存登記をすることによってはじめて登記記録に「権利部」が作られます。

表題登記は土地家屋調査士に依頼しますが、所有権保存登記は司法書士に依頼します。所有権保存登記は、表題部所有者及びその相続人、対象となる物件が分譲マンション等の区分建物の場合、表題部所有者から譲り受けた者等が単独で申請することができ、また添付書面も比較的少なくてすみます。これは表題登記の申請時に建築主事の交付した建築確認通知書などの添付書類によって建物の所有権者が誰であるかがすでに確認されているためです。所有権保存登記の場合も、手続きが完了すると登記識別情報通知書が交付されます。

所有権保存登記の作成方法

①　登記の目的と原因

「所有権保存」を目的とし、原因及び日付についての記載は不要です。ただし、対象となる物件が敷地権付き区分建物で、敷地権がついている場合には、敷地権の移転原因を表示する必要があるため、原因日付を記載しなければなりません。

②　所有者（申請人）

申請人住所・氏名・連絡先電話番号を記載して押印します。

建物が複数人の共有になる場合には各人の持分割合も記載します。

③　添付書面

住民票の写しの他、一定の要件を満たす住宅用建物については市区町村長発行の住宅用家屋証明書を添付すれば、登録免許税の軽減税率の適用を受けることができます。

敷地権付き区分建物の場合は、上記の書類に加えて、売買契約書等の登記原因証明情報及び敷地権の登記名義人が作成した承諾書に印鑑証明書をつけ

建物を新築したときの登記

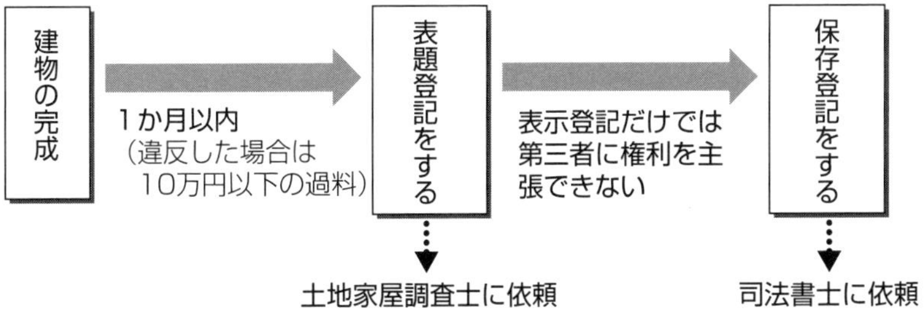

て提出する必要があります。

④　**申請日・根拠条項**

申請日と管轄法務局を記載します。不動産登記法では、所有権保存登記を申請できる人は法定されているため、申請の状況によりその根拠条項を記載します。表題部所有者や相続人などからの申請の場合は「法第74条１項１号申請」、区分建物の場合は「法第74条２項申請」と記載します。

⑤　**登録免許税**

登録免許税計算にあたり課税価格は、ⓐ評価額のない建物については法務局が公表している認定価格に床面積を掛けあわせた金額、ⓑ評価証明書が存在する場合（提出要）は固定資産評価額を記載します。課税価格に1000分の４を掛けあわせた金額が登録免許税です。なお、住宅用家屋証明書を添付した場合は1000分の1.5を掛け合わせた金額と「租税特別措置法第72条の２による」と、根拠条項を記載します。敷地権付き区分建物については、敷地権の課税価格に1000分の15（売買による取得の場合。本来1000分の20だが、租税特別措置法により令和５年３月31日まで1000分の15。「租税特別措置法第72条による」と根拠条項を記載します）を掛けた金額も記載する必要があります。

借地上の建物の保存登記の効力

建物を建てたのが自分の土地ではなく借地の場合は、できるだけ早く表題登記と所有権保存登記をしておくべきです。

民法では土地の登記記録に借地権（賃借権、地上権）を登記すれば、その借地権をその後に所有権を取得した第三者にも主張することができるとしています。この借地権の登記手続きには地主の協力が必要です。一般に地主は、借地権の登記に対する協力義務はなく、登記手続きには消極的です。

ただ、借地権の登記をしなければ、第三者に自己の借地権を対抗できないとなると、借地権者の保護として不十分です。そのため、借地借家法という法律によって借主の保護を充実させています。借地借家法は、借地上にある建物について自己名義で登記がなされていれば、土地について借地権の登記がある場合と同様に対抗力が生じるとしています。建物の所有権保存登記は地主の協力がなくても借地権者が自分ひとりで手続きができますから、容易に借地権あるいは建物を保護することができます。なお、建物の所有権保存登記がされていなくても、表題登記がなされていれば、借地権の対抗力が認められます。

借地上に建物を建てたときは、できる限り早期に、少なくとも表題登記を、できれば所有権保存登記も申請しておくべきだといえます。

書式　所有権保存登記申請書（一戸建ての場合）

登　記　申　請　書

登記の目的　所有権保存 ──①

所　有　者　東京都目黒区××一丁目２番３号 ─┐

　　　　　　　　　山田　太郎　㊞ ──────┘②

┌③　　　　　連絡先の電話番号　００－００００－００００

添 付 書 面　住所証明情報　住宅用家屋証明書

令和３年８月29日法第74条１項１号申請 ──④

東京法務局渋谷出張所

課 税 価 格　金２０００万円

登録免許税　金３万円 ─────────┐

　　　　　　租税特別措置法第72条の２による ─┘⑤

不動産の表示

　所　　在　目黒区××一丁目２番地３

　家屋番号　２番３

　種　　類　居宅

　構　　造　木造瓦葺二階建

　床 面 積　１階　５４．２８㎡

　　　　　　２階　３２．１１㎡

書式　所有権保存登記申請書（マンションの場合）

登　記　申　請　書

登記の目的　所有権保存 ①
原　　　因　令和３年７月27日売買
所　有　者　東京都品川区××一丁目２番３号 ②
　　　　　　　　　田中　次郎　㊞
③
　　　　　　連絡先の電話番号　００－００００－００００
添 付 書 面　登記原因証明情報　住所証明情報
　　　　　　住宅用家屋証明書　　承諾証明情報

令和３年８月29日法第74条２項申請 ④
東京法務局品川出張所

課税価格　　建物　　金２０００万円 ⑤
　　　　　　敷地権　金５００万円
登録免許税　建物　　金３万円
　　　　　　租税特別措置法第72条の２による
　　　　　　敷地権　金７万５０００円　租税特別措置法第72条による
　　　　　　合計　　金１０万５０００円

不動産の表示
　一棟の建物の表示
　所在　　　　　　目黒区××一丁目　２番地３
　建物の名称　　　目黒○○マンション
専有部分の建物の表示
　家屋番号　　　　目黒区××一丁目　２番3の３０１
　建物の名称　　　３０１
　種類　　　　　　居宅
　構造　　　　　　鉄骨鉄筋コンクリート造１階建
　床面積　　　　　３階部分　５０．４９㎡
敷地権の表示
　土地の符号　　　１
　所在及び地番　　目黒区××一丁目　２番３
　地目　　　　　　宅地
　地積　　　　　　１５２７．９１㎡
　敷地権の種類　　所有権
　敷地権の割合　　○○○○○○分の○○○○

5 贈与・死因贈与についての登記申請書類の作成方法

登記原因は共に贈与となる

◎贈与による所有権移転登記申請書

不動産（土地・建物）を贈与によって取得した場合、受贈者（贈与を受けた者）は、その旨の登記をしなければ第三者に対して自分の権利を主張することができません。

書式作成上の注意点は以下のとおりです。なお、申請書が複数枚にわたる場合は、申請人（または代理人）が各用紙の綴り目に契印を押します。

① 登記の目的を記載します。この場合は、贈与による所有権移転登記ですので、単に「所有権移転」と書きます。贈与の目的が所有権全体ではなく所有権の一部（持分）である場合は「○○持分全部移転（または○○持分一部移転）」と記載します。

② 登記原因である「贈与」および贈与契約が成立した日を記載します。

③ 登記権利者（受贈者）、登記義務者（贈与者）それぞれの住所・氏名（または名称）を記載します。権利者の住所・氏名（名称）は、住所証明書の記載と一致していなければなりません。義務者の住所・氏名（名称）は、登記事項証明書の記載と一致している必要があります。「登記事項証明書上の義務者の住所氏名」と「現在の住所氏名」が異なる場合は、前提として住所氏名変更登記を申請しなければなりません。また、権利者、義務者それぞれが申請人となる場合は、それぞれ氏名の後に押印します。権利者は認印でかまいませんが、義務者は印鑑証明書の印影と同じ印（実印）で押印しなければなりません。

④ 申請人それぞれの連絡先電話番号を記載します。補正の際などの連絡のためのものです。

⑤ 義務者の登記識別情報または登記済証を添付します。

⑥ 贈与契約書または報告形式で作成した登記原因証明情報を提供します。

⑦ ３か月以内に発行された義務者の印鑑証明書を添付します。義務者が個人の場合は市区町村長発行のもの、義務者が法人の場合は法務局が発行した届出印についての印鑑証明書です。法人については、会社法人等番号を提供すれば印鑑証明書の添付は不要です。

⑧ 権利者の住民票の写し（個人）または法人の登記事項証明書（法人）などを添付します。法人については、会社法人等番号を提供すれば登記事項証明書の添付は不要です。

⑨ 義務者が登記識別情報（登記済証）を添付することができない場合

に、該当する理由をチェックします。

⑩　権利者が登記識別情報の通知を希望しない場合には、□にチェックを入れます。通常であればこの欄にチェックを入れる必要はありません。

⑪　申請日と管轄法務局を記載します。

⑫　通常、固定資産評価証明書（提出要）に記載された価格（不動産が2個以上の場合、その合計額）から1000円未満の端数を切り捨てた金額を記載します。

⑬　贈与の場合の登録免許税は、課税価格の1000分の20です。100円未満の端数は切り捨てます。

⑭　登記申請の対象となる不動産を登記事項証明書どおりに記載します。

⑮　不動産番号がある場合は、これを記載することによって⑭の記載を省略できます。

死因贈与による所有権移転登記

登記申請書の記載事項については、基本的には通常の贈与と同様です。

①　登記の目的は「所有権移転」、登記原因は「贈与」です。

②　権利者として、死因贈与を受けた人の住所・氏名を記載します。死因贈与の場合、生前に行う贈与と異なり贈与者は死亡していますので、義務者として、死因贈与執行者がいる場合には、その執行者が、死因贈与執行者がいない場合には、贈与者の相続人の全員が、それぞれ義務者として登記手続きを行うことになります。

この際、登記申請書の義務者の欄には、死因贈与執行者がいる場合は「亡山田良子」と贈与者の氏名・住所、執行者の氏名・住所・電話番号を記載し、死因贈与執行者がいない場合は「亡山田良子相続人 山田花子」と相続人全員の氏名・住所・電話番号を記載します。

③　添付書類については、まず、死因贈与契約書や贈与者の死亡の記載のある戸籍謄本などが登記原因証明情報になります。登記義務者の登記済証（または登記識別情報）と登記権利者の住所証明情報（書式例は住民票コードを記載する場合です）を添付し、死因贈与執行者または相続人全員の印鑑証明書も必要になります。死因贈与執行者が家庭裁判所で選任されている場合は、選任審判書が、相続人が登記義務者となる場合は、相続関係を証明する戸籍なども必要です。さらに、死因贈与契約者が私署証書（公正証書でない契約書）の場合には、死亡している贈与者の印鑑証明書または相続人全員の印鑑証明書付き承諾書の添付も必要です。

司法書士等の代理人に登記申請を依頼する場合には、委任状に登記義務者である死因贈与執行者または相続人全員は実印での押印が必要ですが、登記権利者は認印でも問題ありません。

書式　贈与の場合の登記申請書

登　記　申　請　書

登記の目的　所有権移転──①

原　　　因　令和３年７月１日贈与──②

権　利　者　東京都目黒区××三丁目１番２号

鈴木　太郎　㊞

連絡先の電話番号　００－００００－００００

義　務　者　東京都杉並区××一丁目２番３号

佐藤　花子　実印

連絡先の電話番号　００－００００－００００

③④

添付書面

⑤── 登記識別情報又は登記済証　登記原因証明情報──⑥

⑦── 印鑑証明書　住所証明情報──⑧

登記識別情報（登記済証）を提供することができない理由

□不通知　□失効　□失念　□管理支障　□取引円滑障害 ──⑨

□その他（　　　）　□登記識別情報の通知を希望しません。──⑩

令和３年７月８日申請　東京法務局渋谷出張所──⑪

課 税 価 格　金２０００万円──⑫

登録免許税　金４０万円──⑬

不動産の表示──⑭⑮

所　　在　目黒区××二丁目

地　　番　３番４

地　　目　宅地

地　　積　１４８．７８㎡

書式　死因贈与が行われた場合の登記申請書（執行者がいない場合）

登　記　申　請　書

登記の目的　　所有権移転 ──┐
原　　　因　　令和３年６月９日贈与 ──┘①

権　利　者　　東京都立川市××一丁目２番３号 ──┐
（住民票コード○○○○○○○○○○○）
佐藤　一郎　㊞
連絡先の電話番号　００－００００－００００

義　務　者　　東京都日野市××三丁目４番５号
亡山田良子相続人　山田　花子　実印
連絡先の電話番号　００－００００－００００　②
東京都日野市××四丁目５番６号
亡山田良子相続人　山田　太郎　実印
連絡先の電話番号　００－００００－００００ ──┘

添付情報──③
　登記識別情報又は登記済証　登記原因証明情報
　印鑑証明書　住所証明情報（省略）　相続証明情報

登記識別情報（登記済証）を提供することができない理由
　□不通知　□失効　□失念　□管理支障　□取引円滑障害
　□その他（　　　）　□登記識別情報の通知を希望しません。

令和３年８月10日申請　東京法務局立川出張所
課税価格　　金２０００万円
登録免許税　　金４０万円

不動産の表示
　所　　在　日野市××二丁目
　地　　番　３番４
　地　　目　宅地
　地　　積　１４８．７８㎡

6 遺贈についての登記申請書の作成方法

遺言執行者の有無により記載の仕方が変わってくる

遺贈に関する登記申請書類の作成上の注意点

遺贈の登記は、受遺者を権利者とし、遺贈者である登記名義人を義務者として申請することになります。ただし、遺贈者はすでに死亡していることから、遺言執行者がいる場合には、その遺言執行者が、遺言執行者がいない場合には、遺贈者の相続人の全員が、それぞれ義務者として登記手続きを行うことになります。遺言書の中で遺言執行者が指定されている場合、その人物が遺言執行者となります。受遺者と遺言執行者は同一人物でも問題ありません。この場合は受遺者兼遺言執行者が実質単独申請で登記手続きを行うことになります。

なお、遺言の中で遺言執行者が指定されておらず、かつ、相続人全員の協力を得ることが難しい場合には、受遺者等利害関係人は家庭裁判所に遺言執行者選任の申立てをすることができます。遺言執行者選任申立時には候補者を記載することができ、候補者に自分を指定することも可能です。遺言執行者選任審判がされた後に遺言執行者と共同で登記申請することにより、協力的でない相続人がいる場合でも対応可能となります。

令和3年の民法・不動産登記法改正の施行後は相続人に対する遺贈については、その相続人が単独で申請できるようになります。

① 登記申請書の義務者の欄には、遺言執行者がいる場合は「亡甲野次郎」と遺贈者の氏名・住所、遺言執行者の住所・氏名・電話番号を記載し、遺言執行者がいない場合は「亡甲野次郎相続人 甲野花子」と相続人全員の氏名・住所・電話番号を記載します。

それぞれ氏名の後に押印します。権利者は認印でかまいませんが、義務者（遺言執行者または相続人）は印鑑証明書の印影と同じ印（実印）で押印しなければなりません。義務者については、3か月以内に発行された印鑑証明書を添付します。

② 登記原因証明情報としては、遺言書（公正証書遺言・法務局における自筆証書遺言保管制度を利用した自筆証書遺言を除き家庭裁判所での検認を要するのが原則）と遺贈者の死亡を証する情報（死亡の記載のある除籍謄本など）を提供しなければなりません。遺言執行者がいる場合は、遺贈者の戸籍謄本は出生までさかのぼる必要はありません。

③ 遺言により遺言執行者が指定されている場合は遺言書と遺言者の死亡の記載のある戸籍謄本が、家庭裁判

所が遺言執行者を指定した場合は遺言書と家庭裁判所の選任審判書が、ぞれぞれ代理権限証明情報になります。遺言執行者がない場合は、相続証明情報として、相続人であることを証する戸籍謄本を提出します。

④　登録免許税は、課税価格（提出する固定資産評価証明書に記載された価格。1000円未満切捨て）の1000分の20です（100円未満切捨て）。なお、相続人が受遺者となる場合は、相続登記と同じく課税価格の1000分の４に減額されますが、この場合は受遺者が相続人であることを証する戸籍謄本などの添付が必要となります。

その他気をつけること

遺贈者である所有権の登記名義人の登記簿上の住所氏名と死亡時の住所氏名とが異なるときは、遺贈の登記に先立ち、所有権の登記名義人の住所氏名の変更登記を申請しなければなりません。住所氏名変更登記は、遺言執行者、または相続人（うち１人でも可）が行うことになりますが、受遺者が遺言者に代位して単独で登記申請を行うこともできます。住所変更登記のためには登記上の住所と死亡時の最終住所とのつながりを証明できる資料を準備しなければなりません。住所移転回数が１回の場合には前住所が記載された住民票の写し１通のみで足りますが、被相続人が複数回住所移転していた場合には戸籍の附票の写し等の書類を取得する必要もでてきます。

住民票や戸籍附票の写しを取得しても住所変遷履歴を証明できない場合があります。このような場合は、登記済証や不在籍不在住証明書といった書類を求められることもあります。氏名変更登記の場合には戸籍謄本と本籍地記載のある住民票の写しが必要です。

遺贈のケースごとの登記義務者と代理権限証明情報

	登記義務者	代理権限証明情報
遺言書で遺言執行者が指定されている場合	遺贈者（遺言執行者）	・遺言書※ ・遺贈者の死亡の記載のある戸籍謄本
家庭裁判所で遺言執行者が指定されている場合	遺贈者（遺言執行者）	・遺言書※ ・家庭裁判所の選任審判書の正本
遺言執行者の指定がない場合	遺贈者の相続人	・遺言書※と死亡の記載のある戸籍謄本は登記原因証明情報となる ・相続証明情報として相続人であることを証する戸籍謄本を提出

※公正証書遺言・法務局における自筆証書遺言保管制度を利用した自筆証書遺言以外の遺言書（自筆証書遺言など）の場合は、家庭裁判所の検認済証明書の添付が必要です。

書式　遺贈による所有権移転登記申請書（遺言執行者がいる場合）

登　記　申　請　書

登記の目的　　所有権移転

原　　　因　　令和３年５月25日遺贈

権　利　者　　○○市○○町○丁目○番地

　　　　　　　鈴木　花子　㊞

　　　　　　　連絡先の電話番号　００－００００－００００

義　務　者　　○○市○○町○丁目○番地

　　　　　　　亡　甲野　次郎

　　　　　　　○○市○○町○丁目○番地　　①

遺言執行者　　甲野　花子　実印

　　　　　　　連絡先の電話番号　００－００００－００００

添付書類

　登記識別情報又は登記済証　登記原因証明情報 ―― ②

　印鑑証明書　住所証明情報　代理権限証明情報 ―― ③

登記識別情報（登記済証）を提供することができない理由

　□不通知　□失効　□失念　□管理支障　□取引円滑障害

　□その他（　　　）□登記識別情報の通知を希望しません。

令和３年６月30日申請　○○ 法 務 局　○○支局

課税価格　　金1000万円

登録免許税　金20万円 ―― ④

不動産の表示

　所　　在　○○市○○町○丁目

　地　　番　○○番○

　地　　目　宅地

　地　　積　○○.○○㎡

書式　遺言書（遺言執行者を選任する場合）

遺　言　書

遺言者甲野次郎は、次のとおり遺言する。

第1条　遺言者は遺言者が所有する次の不動産を、内縁の妻鈴木花子（昭和○年○月○日生、○○市○○町○丁目○番地在住）に遺贈する。

土地

所　　在　○○市○○町○丁目

地　　番　○○番○

地　　目　宅地

地　　積　○○.○○㎡

第2条　遺言者は前条記載の財産を除く、遺言者の有するその他一切の財産は、長女甲野花子（昭和○○年○月○日生）に相続させる。

第3条　遺言者は、本遺言の実現のため遺言執行者として長女甲野花子（昭和○年○月○日生）を指定する。

令和元年1月10日

○○市○○町○丁目○番地

甲　野　次　郎　㊞

書式　遺贈による所有権移転登記申請書（遺言執行者がいない場合）

登　記　申　請　書

登記の目的　　所有権移転

原　　因　　令和３年５月25日遺贈

権 利 者　　○○市○○町○丁目○番地

鈴木　一郎　㊞

連絡先の電話番号　００－００００－００００

義 務 者　　○○市○○町○丁目○番地

亡甲野次郎相続人　甲野　花子　実印

連絡先の電話番号　００－００００－００００

○○市○○町○丁目○番地

亡甲野次郎相続人　甲野　太郎　実印

連絡先の電話番号　００－００００－００００ ―― ①

添付書類

登記識別情報又は登記済証　登記原因証明情報 ―― ②

印鑑証明書　住所証明情報　相続証明情報 ―― ③

登記識別情報（登記済証）を提供することができない理由

□不通知　□失効　□失念　□管理支障　□取引円滑障害

□その他（　　　）　□登記識別情報の通知を希望しません。

令和３年６月30日申請　○○ 法 務 局　○○支局

課税価格　　金1000万円

登録免許税　金20万円 ―― ④

不動産の表示

所　　在　○○市○○町○丁目

地　　番　○○番○

地　　目　宅地

地　　積　○○.○○㎡

書式　遺言書（遺言執行者の選任がない場合）

遺　言　書

遺言者甲野次郎は、次のとおり遺言する。

第１条　遺言者は遺言者が所有する次の不動産を、お世話になった友人鈴木一郎（昭和○年○月○日生、○○市○○町○丁目○番地在住）に遺贈する。

【土地】

所　　在　○○市○○町○丁目

地　　番　○○番○

地　　目　宅地

地　　積　○○.○○㎡

第２条　遺言者は、遺言者が所有する次の不動産を、長男甲野太郎（昭和○○年○月○日生）に相続させる。

【土地】

所　　在　○○市▲▲町○丁目

地　　番　○○番○

地　　目　宅地

地　　積　○○.○○㎡

第３条　遺言者は前二条記載の財産を除く、遺言者の有するその他一切の財産は、長女甲野花子（昭和○○年○月○日生）に相続させる。

令和元年１月10日

○○市○○町○丁目○番地

甲　野　次　郎　　㊞

7 抵当権設定についての登記申請書の作成方法

債権額・利息・損害金・債務者といった事項について登記する

抵当権設定の登記申請書作成の際の注意点

抵当権は不動産の占有を抵当権者に移転させず設定者が引き続き不動産を使用するため、抵当権が設定されているのかどうかが外見からはわかりません。そのため、抵当権の登記をしなければ、第三者に対抗できないことになっています。

書式作成上の注意点は以下のとおりです。なお、申請書が複数枚にわたる場合は、申請人（または代理人）が各用紙の綴り目に契印を押します。また、申請書と登録免許税納付のための領収書または収入印紙を貼り付けた用紙との間にも契印します。

① 登記の目的を記載します。抵当権設定登記ですので、「抵当権設定」と記載します。

② 登記原因となった被担保債権の発生原因と抵当権設定契約およびそれらの日付を記載します。

③ 債権額について記載します。

④ 利息について記載します。金銭消費貸借契約が債権の発生原因である場合には、利息制限法で定められた利率上限を超えないようにします（元本が10万円未満の場合は20%、元本が10万円以上100万円未満の場合は18%、元本が100万円以上の場合は15%）。

⑤ 損害金の利率を記載します。

⑥ 債務を負担した債務者の住所・氏名を記載します。

⑦ 抵当権者（登記権利者）である銀行等の本店所在地・商号・会社法人等番号・代表者の氏名（個人の場合は、住所・氏名）と、抵当権設定者（登記義務者）の住所・氏名（または名称）を記載して、それぞれの氏名の後に押印（設定者は実印）します。

抵当権設定者の住所・氏名（名称）は、登記事項証明書の記載と一致していなければなりません。一致していない場合は、事前に登記簿上の住所、氏名（または名称）を現在のものに変更する必要があります。

⑧ 抵当権者・抵当権設定者について、それぞれの連絡先電話番号を記載します。補正の際などの連絡用です。

⑨ 抵当権設定者の登記識別情報または登記済証を添付します。

⑩ 抵当権設定契約書など、登記原因証明情報としての要件を備えた書面を提出します。

⑪ 3か月以内に発行された抵当権設定者の印鑑証明書を添付します。抵当権設定者が個人の場合は市区町村長発行のもの、抵当権設定者が法人

の場合は法務局が発行した届出印についての印鑑証明書です。会社法人等番号を提供すれば印鑑証明書は不要です。

⑫　本例は、抵当権者が会社の場合ですので、会社法人等番号または３か月以内に作成された会社の代表者事項証明書や会社の登記事項証明書を添付します。

⑬　義務者が登記識別情報（登記済証）を添付することができない場合に、該当する理由をチェックします。

⑭　抵当権者が登記識別情報の通知を希望しない場合には、□にチェックを入れます。

⑮　申請日と管轄法務局を記載します。

⑯　課税価格は、債権金額から1000円未満の端数を切り捨てた金額を記載します。

⑰　抵当権を設定する場合の登録免許税は課税価格の1000分の４です。なお、住宅用家屋証明書を取得した場合の登録免許税の税率は1000分の１に軽減されています。100円未満の端数は切り捨てます。

⑱　抵当権を設定する不動産を登記事項証明書どおりに記載します。

不動産番号がある場合は、これを記載することによって⑱の記載を省略できます。

なお、代理人である司法書士等に依頼する場合は、代理権限証書（代理権限証明情報）として委任状を添付します。抵当権設定者（所有者）は委任状に実印を押印しなければなりません。

◎抵当権設定契約書の作成

抵当権設定契約書作成の際には、以下の点に留意します。

・当事者

抵当権設定契約書を作成する際には、誰が抵当権者になり、誰が抵当権設定者になるのかを明示します。

抵当権設定者と債務者は同一人物であることが多いですが、必ずしも一致するとも限りません。事例によっては抵当権設定者と債務者が別になるケースもあります。その場合、抵当権設定者と債務者の双方を明示するのがよいでしょう。

・被担保債権

抵当権が設定される被担保債権についても記載します。

元本・借入日・弁済期・利息・遅延損害金を表示することで、被担保債権を特定します。

・不動産

抵当権が設定される不動産について記します。

土地については「所在・地番・地目・地積」建物については「所在・家屋番号・種類・構造・床面積」を表示することで抵当権が設定される不動産を特定します。

書式　抵当権を設定する場合の登記申請書

登　記　申　請　書

登記の目的　　抵当権設定 ──①
原　　　因　　令和３年７月１日金銭消費貸借同日設定 ──②
債　権　額　　金３０００万円──③
利　　　息　　年３％（年３６５日日割計算）──④
損　害　金　　年１４％（年３６５日日割計算）──⑤
債　務　者　　東京都目黒区××三丁目１番２号
　　　　　　　　　　　　鈴木　太郎 ──⑥
抵 当 権 者　　東京都目黒区○○二丁目１番地
　　　　　　　株式会社○○○○
　　　　　　　（会社法人等番号　1234－56－789009）
　　　　　　　代表取締役　宮本　真吾　㊞
　　　　　　　連絡先の電話番号　００－００００－００００
設　定　者　　東京都目黒区××三丁目１番２号
　　　　　　　鈴木　太郎　実印
　　　　　　　連絡先の電話番号　００－００００－００００ ──⑦⑧
添付書類
⑨── 登記識別情報又は登記済証　登記原因証明情報（⑩）　印鑑証明書──⑪
⑫── 会社法人等番号
⑬─登記識別情報（登記済証）を提供することができない理由
　□ 不通知　□失効　□失念　□その他（　　　　　　）
□ 登記識別情報の通知を希望しません。──⑭

令和３年７月１日申請　東京法務局渋谷出張所 ──⑮
課税価格　　金３０００万円──⑯
登録免許税　金１２万円 ──⑰
不動産の表示（省略）──⑱

8 根抵当権設定についての登記申請書の作成方法

極度額を記載する

◎根抵当権設定の登記申請書作成上の注意点

根抵当権設定登記の登記事項には、極度額、債権の範囲、債務者を必ず記載しなければなりません。このうち極度額は、根抵当権が担保できる金額を定めたものです。担保できる金額が極度額までであるため、抵当権設定登記とは異なり、利息や損害金の定めをすることはできません。

書式作成上の注意点は以下のとおりです。なお、申請書が複数枚にわたる場合は、申請人（または代理人）が各用紙の綴り目に契印を押します。また、申請書と登録免許税納付のための領収書または収入印紙を貼り付けた用紙との間にも契印します。

① 登記の目的を記載します。この場合は根抵当権設定登記ですので、「根抵当権設定」と記載します。複数の不動産を同一の債権の担保とする場合は、「共同根抵当権設定」とします。

② 登記原因である根抵当権設定契約の日付を記載します。

③ 根抵当権設定契約の際に定めた極度額を記載します。

④ 被担保債権の範囲を記載します。債権の範囲には「銀行取引」「手形債権」「小切手債権」などがあります。

なお、契約で確定期日を定めた場合には確定期日も登記事項となります。確定期日は根抵当権設定契約の日から5年以内である必要があります。

⑤ 債務を負担する債務者の住所・氏名を記載します。

⑥ 根抵当権者（登記権利者）である銀行等の本店所在地・商号・会社法人等番号・代表者の氏名を記載します（個人の場合は、住所・氏名）、また、根抵当権設定者（登記義務者）の住所・氏名（または名称）も記載して、それぞれの氏名の後に押印（設定者は実印）します。また、根抵当権設定者の住所・氏名（名称）は、登記事項証明書の記載と一致していなければなりません。一致していない場合、事前に登記簿上の住所、氏名（または名称）を現在のものに変更する必要があります。

⑦ 根抵当権者・根抵当権設定者について、連絡先電話番号を記載します。補正の際などの連絡用です。

⑧ 根抵当権設定者の登記識別情報または登記済証を添付します。

⑨ 根抵当権設定契約書など、登記原因証明情報としての要件を備えた書面を提出します。

⑩ 3か月以内に発行された根抵当権設定者の印鑑証明書を添付します。

根抵当権設定者が個人の場合は市区町村長発行のもの、根抵当権設定者が法人の場合は法務局が発行した届出印についての印鑑証明書です。会社法人等番号を提供した場合、印鑑証明書の添付は不要です。

⑪　本例は、根抵当権者が会社の場合ですので、会社法人等番号または3か月以内に作成された会社の代表者事項証明書や会社の登記事項証明書を添付します。

⑫　義務者が登記識別情報（登記済証）を添付することができない場合に、該当する理由をチェックします。

⑬　根抵当権者が登記識別情報の通知を希望しない場合には、□にチェックを入れます。

⑭　申請日と管轄法務局を記載します。

⑮　課税価格は、極度額から1000円未満の端数を切り捨てた金額を記載します。

⑯　根抵当権設定の登録免許税は課税価格の1000分の4です。100円未満の端数は切り捨てます。

⑰　根抵当権を設定する不動産を登記事項証明書どおりに記載します。

不動産番号がある場合、これを記載すれば⑰の記載を省略できます。

なお、代理人である司法書士等に依頼する場合は、代理権限証書（代理権限証明情報）として委任状を添付します。根抵当権設定者は実印での押印が必要です。

◎根抵当権設定契約書の作成

根抵当権設定契約書の作成の際には、以下の点に留意します。

・極度額と被担保債権の範囲

契約書には極度額（根抵当権によって担保される債権の上限額）と被担保債権の範囲を記載します。「銀行取引」「売買取引」「年月日電気製品供給契約」「手形債権」などが挙げられます。

・債務者

根抵当権を設定する際には、誰の債務を担保するものなのかを示す必要があります。

・確定期日

元本の確定期日は必ずしも定める必要はありません。しかし定めた場合には、その旨を契約書に記載します。

・印紙税

根抵当権設定契約書は課税文書に該当しないため、収入印紙の貼付は不要です。ただし、契約書の条項に債権譲渡に関する条項など、課税対象になる事項が含まれている場合には、課税文書に該当するため、契約書に収入印紙の貼付が必要になります。

・登記

根抵当権設定契約を締結しただけでは、根抵当権を第三者に主張することができないため、契約書には根抵当権設定登記申請を行う時期について記載しておくのがよいでしょう。

書式　根抵当権を設定する場合の登記申請書

登　記　申　請　書

登記の目的　　根抵当権設定 ── ①
原　　　因　　令和３年７月１日設定 ── ②
極　度　額　　金１０００万円 ── ③
債権の範囲　　金銭消費貸借取引　手形債権　小切手債権 ── ④
債　務　者　　東京都目黒区××三丁目１番２号 ─┐
　　　　　　　　　　　　　　鈴木　太郎 ─────┘⑤
根抵当権者　　東京都目黒区○○二丁目１番地 ─────┐
　　　　　　　株式会社○○○○
　　　　　　　（会社法人等番号　1234－56－789009）
　　　　　　　代表取締役　宮本　真吾　㊞　　　　　　⑥⑦
　　　　　　　連絡先の電話番号　００－００００－００００
設　定　者　　東京都目黒区××三丁目１番２号
　　　　　　　鈴木　太郎　実印
　　　　　　　連絡先の電話番号　００－００００－００００ ─┘
添付書類
⑧ ── 登記識別情報又は登記済証　登記原因証明情報(⑨)　印鑑証明書 ── ⑩
　　会社法人等番号 ── ⑪
登記識別情報（登記済証）を提供することができない理由 ── ⑫
　　□不通知　□失効　□失念　□その他（　　　　　　）
□登記識別情報の通知を希望しません。── ⑬

令和３年７月１日申請　東京法務局渋谷出張所 ── ⑭
課 税 価 格　金１０００万円 ── ⑮
登録免許税　金４万円 ── ⑯
不動産の表示 ── ⑰
　　（省略）

9 抵当権抹消についての登記申請書の作成方法

登記原因には「弁済」の他、「解除」「放棄」などがある

◯抵当権抹消の登記申請書作成の際の注意点は

債権の担保として抵当権を設定した後、債務が無事に完済された場合、抵当権は消滅することになりますから、抵当権の登記を抹消する必要があります。

書式作成上の注意点は以下のとおりです。

① 登記の目的を記載します。乙区の何番の登記を抹消するのかを示して、「○番抵当権抹消」と書きます。土地と建物で抵当権の番号が異なる場合は、「抵当権抹消（順位番号後記のとおり）」と表示して、「不動産の表示」欄の「地番」または「家屋番号」の各「○番」の後に「（順位○番）」、と書きます。

抹消する抵当権を、受付年月日及び受付番号で表示してもかまいません。この場合、登記の目的は単に「抵当権抹消」と書けば足ります。

② 登記原因と抵当権が消滅した日を記載します。登記原因には、「弁済」の他「解除」「放棄」などがあります。

③ 登記権利者（抵当権設定者）の住所・氏名（または名称）、登記義務者（抵当権者）である銀行等の主たる事務所の所在地・商号・会社法人等番号・代表者の氏名、個人の場合は住所・氏名を記載して、それぞれの氏名等の後に押印（双方認印で大丈夫です）します。

権利者の住所・氏名（名称）は、登記事項証明書の記載と一致していなければなりません。一致していない場合は、事前に登記簿上の住所、氏名（または名称）を現在のものに変更する必要があります。また、義務者の記載が登記事項証明書の記載と一致していない場合は、会社法人等番号を記載する、または、登記事項証明書上の事務所の所在地・商号から、現在のものまでの変更の経過がわかる登記事項証明書を添付しなければなりません。なお、義務者が合併により変更されている場合には、抵当権抹消の前提として合併による抵当権移転登記が必要です。

④ 登記識別情報（登記済証）は、抵当権を設定した際の抵当権者のものを添付します。

⑤ 登記原因証明情報として、義務者が作成した弁済証書や解除証書などを添付します。

⑥ 抵当権抹消登記の登録免許税は不動産１個につき1000円です。ただ、同一の申請書で20個以上の不動産について抹消の登記をする場合、申請件数一件につき２万円となります。

書式　抵当権を抹消する場合の登記申請書

登　記　申　請　書

登記の目的　　　１番抵当権抹消 ── ①

原　　因　　　令和３年７月27日弁済 ── ②

権 利 者　　　東京都目黒区××三丁目１番２号

　　　　　　　鈴木　太郎　㊞

　　　　　　　連絡先の電話番号　００－００００－００００

義 務 者　　　東京都目黒区○○二丁目１番地

　　　　　　　株式会社○○○○

　　　　　　　（会社法人等番号　1234－56－789009）

　　　　　　　代表取締役　宮本　真吾　㊞

　　　　　　　連絡先の電話番号　００－００００－００００

（権利者・義務者の欄 ── ③）

添付書類

④ ── 登記識別情報又は登記済証　登記原因証明情報 ── ⑤　会社法人等番号

登記識別情報（登記済証）を提供することができない理由

□不通知　□失効　□失念　□管理支障　□取引円滑障害

□その他（　　　）　□登記識別情報の通知を希望しません。

令和３年８月５日申請　東京法務局渋谷出張所

登録免許税　金１，０００円 ── ⑥

不動産の表示

（省略）

書式　弁済証書

弁　済　証　書

令和３年７月27日

東京都目黒区○○二丁目１番地
株式会社○○○○
代表取締役　宮本　真吾　㊞

平成21年３月18日東京法務局渋谷出張所受付第518号をもって登記された本件不動産の抵当権の被担保債権は、令和３年７月27日に全額弁済された。

よって、同日、本件抵当権は被担保債権の弁済により消滅した。

不動産の表示
所　　在　目黒区××三丁目１番地２
家屋番号　１番２
種　　類　居宅
構　　造　木造瓦葺二階建
床 面 積　１階　５０．２８㎡
　　　　　２階　３０．１１㎡

10 相続に関する登記申請書類の作成方法

被相続人の氏名を記載する

◎相続の登記をするには

不動産（土地・建物）の所有者が死亡すると、相続人に所有権が移転します。相続人が複数いる場合には、法定相続分に従って、相続人全員でその不動産を共有する状態になります。

遺言書がなく相続開始後に遺産分割協議を行わない場合には、原則として、法定相続分による登記をすることになります。法定相続分による登記の前に遺産分割協議を行った場合には、遺産分割協議に基づく相続による所有権移転登記をすることができます。

弁護士や司法書士などの代理人に登記申請を依頼する場合には委任状が必要です。書式作成上の注意点は以下のとおりです。

① 登記の目的

「所有権移転」、共有持分の場合は「○○○○（被相続人の氏名）持分全部移転」と記載します。

② 登記原因

相続の年月日を記載します。相続は死亡と同時に開始するので、不動産の所有者が死亡した日（戸籍に記載された死亡日）を記載します。

③ 被相続人と相続人の記載

被相続人の氏名を記載し、氏名の前に「被相続人」と記載します。

また、相続人の住所・氏名を記載し、押印します。住所・氏名は住民票の写しと一致していなければなりません。

④ 添付書類（添付情報）

登記原因証明情報として、被相続人の出生から死亡までの戸籍謄本、改正原戸籍、除籍謄本、住民票の除票の写しなどを添付します。相続人の現在の戸籍謄本も添付する必要があります。遺産分割協議を行った場合には、遺産分割協議書（印鑑証明書付）も添付します。「相続関係説明図」を戸籍謄本、除籍謄本などと一緒に提出すれば、登記完了後に戸籍謄本などを返却してもらえます。その他の遺産分割協議書等の原本還付を受けるには、コピーの提出が必要です。

また、不動産取得者の住所を証する書面として、住民票の写しを添付します。

なお、法定相続情報一覧図を提出する場合には戸籍謄本等・住民票の提出は不要です。

⑤ 課税価格・登録免許税

課税価格は、通常、固定資産評価証明書（提出要）に記載された価格（複数の場合、その合計額）です（1000円未満の端数切捨て）。相続の場合の登録免許税額は、課税価格の1000分の４（100円未満の端数切捨て）です。

書式　相続した場合の登記申請書

登　記　申　請　書

登記の目的　　所有権移転 ── ①

原　　　因　　令和３年４月１日相続 ── ②

相　続　人　　（被相続人　鈴　木　隆　志）
東京都○○区○○町○丁目○○番地
鈴　木　広　志　㊞
連絡先の電話番号　００－００００－００００ ── ③

添付書類 ── ④

登記原因証明情報　住所証明情報

□ 登記識別情報の通知を希望しません。

令和３年５月20日申請　○○ 法 務 局　○○支局

課税価格　金○○○○万円
登録免許税　金○○万円 ── ⑤

不動産の表示

所　　　在　　○○市○○町○丁目
地　　　番　　○○番○
地　　　目　　宅地
地　　　積　　○○.○○㎡

所　　　在　　○○市○○町○丁目○番地
家 屋 番 号　　○○番○
種　　　類　　居　宅
構　　　造　　木造瓦葺２階建
床　面　積　　１階　○○.○○㎡
　　　　　　　２階　○○.○○㎡

書式　遺産分割協議書

遺産分割協議書

本　　　籍　東京都○○区○○町○丁目○○番地
最後の住所　東京都○○区○○町○丁目○○番○○号
被 相 続 人　鈴 木 隆 志（令和３年４月１日死亡）

上記の者の相続人全員は、被相続人の遺産について協議を行った結果、次のとおり分割することに合意した。

１．相続人鈴木広志は次の財産を取得する。

【土地】

所　　在　○○市○○町○丁目
地　　番　○○番○
地　　目　宅地
地　　積　○○○.○○㎡

【建物】

所　　在　○○市○○町○丁目○番地
家屋番号　○○番○
種　　類　居宅
構　　造　木造瓦葺２階建
床 面 積　１階　○○.○○㎡
　　　　　２階　○○.○○㎡

【預貯金】

○○銀行○○支店　普通預金　口座番号○○○○

２．本協議書に記載のない遺産及び後日判明した遺産については、相続人鈴木広志が取得する。

以上のとおり、遺産分割協議が成立したので、本協議書を２通作成し、署名押印の上、各自１通ずつ所持する。

令和３年５月17日

住　　所　東京都○○区○○町○丁目○○番地
　　　　　相続人　鈴 木 広 志　㊞
住　　所　東京都○○区○○町○丁目○○番○○号
　　　　　相続人　鈴 木 恭 子　㊞

書式　相続関係説明図

被相続人　鈴木隆志　相続関係説明図

最後の本籍　東京都○○区○○町○丁目○○番地
最後の住所　東京都○○区○○町○丁目○○番○○号
登記簿上の住所　東京都○○区○○町○丁目○○番○○号

昭和○○年○月○日生
令和３年４月１日死亡
（被相続人）鈴 木 隆 志

妻　鈴 木 順 子
昭和○○年○月○日生
平成○○年○月○日死亡

（相続人）
長男　鈴 木 広 志
昭和○○年○月○日生
住所　東京都○○区○○町
○丁目○○番地

（分割）
長女　鈴 木 恭 子
昭和○○年○月○日生
住所　東京都○○区○○町
○丁目○○番○○号

相続を証する書面は還付した	

書式　法定相続情報

法定相続情報番号　○○○○-○○-○○○○○○

被相続人　鈴木隆志　法定相続情報

最後の住所
　東京都○○区○○町○丁目
　○○番○○号
最後の本籍
　東京都○○区○○町○丁目
　○○番地

出生　昭和○○年○○月○○日
死亡　令和３年４月１日
（被相続人）鈴木隆志

住所　東京都○○区○○町○丁目
　　　○○番地
出生　昭和○○年○○月○○日
（長男）
鈴木広志　　　　　（申出人）

住所　東京都○○区○○町○丁目
　　　○○番○○号
出生　昭和○○年○○月○○日
（長女）
鈴木恭子

以下余白

作成日：令和３年５月10日
作成者：東京都○○区○○町○丁目○○番地
　　　　鈴木　広志　㊞

これは、令和３年５月10日に申出のあった当局保管に係る法定相続情報一覧図の写しである。

令和３年５月13日
　東京法務局○○出張所

登記官　　○○○○

注）本書面は、提出された戸除籍謄本等の記載に基づくものである。相続放棄に関しては、本書面に記載されない。また、相続手続以外に利用することはできない。　　整理番号S○○○○○

11 配偶者居住権についての登記申請書の作成方法

配偶者居住権は登記をしないと第三者に対抗できない

配偶者の居住権を長期的に保護する

民法の相続に関する規定（相続法）により、長期間にわたり生存配偶者の居住権を保障する制度（配偶者居住権）が整備されています。

① 配偶者居住権の内容、成立要件

生存配偶者が、相続開始時に居住していた被相続人所有の建物（住居）を対象として、生存配偶者が居住建物を無償で継続使用できる権利を与えることです。存続期間は、遺産分割協議や遺言、死因贈与契約の定めによって、終身よりも短い期間とすることができます。配偶者居住権を成立させるためには、原則として、以下のいずれか1つを満たしていることが必要です。遺産分割協議は相続人全員の合意が求められますので、死因贈与契約や遺言によって、生前に配偶者居住権を確保する措置を講じておくことが重要です。

- 建物の所有者は他の相続人に決定しても、配偶者に配偶者居住権を取得させる遺産分割協議が成立した
- 被相続人と生存配偶者との間に、被相続人死亡後に生存配偶者に配偶者居住権を取得させるという内容の死因贈与契約が存在していた
- 生存配偶者に配偶者居住権を取得させるという内容の遺言があった

② 配偶者居住権を取得した生存配偶者の権利義務

上記の要件を満たすと、生存配偶者は配偶者居住権を取得し、配偶者居住権の財産的価値に相当する金額を相続したものとして扱われます。これにより、居住建物の所有権を取得するよりも低額の財産的価値を相続したと扱われることから、配偶者居住権以外の財産（預貯金や現金など）の相続も可能になります。

「遺産分割・遺贈・死因贈与」により、その居住建物の全部を無償で使用及び収益をする権利（配偶者居住権）を取得した場合には、配偶者居住権の登記をすることで、権利があることを第三者に主張（対抗）することができます。権利を取得した配偶者は、居住建物の所有者に対し、配偶者居住権の設定登記を申請するよう請求する権利があります。

また、死因贈与契約の場合は、贈与者の生前から受贈者である配偶者の権利を保全しておくため、贈与者の死亡を始期とした「始期付配偶者居住権設定仮登記」を申請することができます。

なお、配偶者短期居住権については登記することはできません。

配偶者居住権の登記申請書

配偶者居住権の登記の前提として、被相続人から建物取得者へ名義変更登記（相続登記）を申請する必要がありますので注意が必要です。また、配偶者居住権の設定登記は、原則として配偶者と居住建物の所有者が共同で申請しなければなりません。しかし、遺言によって設定する場合には、遺言執行者が指定されていれば、遺言執行者が申請することができます。

登記申請書の記載の仕方は以下のようになります。

①　登記の目的

「配偶者居住権設定」と記載します。

②　原因

配偶者居住権を設定することとなった遺産分割や遺贈、死因贈与といった原因と設定日を記載します。遺産分割の場合は、遺産分割協議が成立した日、遺贈や死因贈与の場合は、遺贈者及び贈与者の死亡日を記載します。

③　存続期間

存続期間の定めがあればその期間、定めがなければ、「配偶者居住権者の死亡時まで」と記載します。

④　特約

配偶者が第三者に建物を使用・収益させることができるとする定めがある場合に記載します。なお、この特約の設定には、居住建物の所有者の承諾が必要となります。

⑤　権利者・義務者

権利者として配偶者の住所・氏名、義務者として居住建物の所有者の住所・氏名を記載して押印します。権利者は認印でかまいませんが、義務者は実印での押印が必要です。

⑥　添付書類

登記原因証明情報として申請のために作成した登記原因証明情報の他、遺産分割の場合は、相続登記と同様に遺産分割協議書（印鑑証明書付）や被相続人の出生から死亡までの戸籍、相続人の戸籍などを添付します。遺贈の場合は、遺言書及び被相続人の死亡の記載のある戸籍を添付します。

死因贈与の場合は、死因贈与契約書及び被相続人の死亡の記載のある戸籍を添付します。

その他、居住建物の所有者の被相続人から名義変更をした際の登記識別情報、印鑑証明書（３か月以内のもの）を添付します。④の特約を設定するときは承諾書（実印・印鑑証明書付）が必要となる場合があります。

司法書士などの資格者に登記を依頼する場合には、代理権限証明情報として委任状を添付します。

⑦　課税価格・登録免許税

課税価格は、居住建物の固定資産評価証明書（提出要）などに記載された価格です（1000円未満の端数切捨て）。登録免許税は、課税価格の1000分の２（100円未満切捨て）となります。

書式　配偶者居住権設定の登記申請書

登　記　申　請　書

登記の目的　　配偶者居住権設定 ── ①

②─原　　因　　令和３年○月○日　遺産分割（または「遺贈」・「死因贈与」）

存続期間　　配偶者居住権者の死亡時まで ── ③

④─特　　約　　第三者に居住建物の使用又は収益をさせることができる

権利者　　東京都○○区○○町○丁目○番○号

　　　　　　山田　花子　㊞

　　　　　　連絡先の電話番号　０３－ＸＸＸＸ－ＸＸＸＸ

義務者　　東京都○○区○○町○丁目○番○号

　　　　　　山田　太郎　実印

　　　　　　連絡先の電話番号　０９０－ＸＸＸＸ－ＸＸＸＸ

（権利者・義務者の欄 ── ⑤）

⑥

添付書類　　登記識別情報　登記原因証明情報

　　　　　　印鑑証明書

登記識別情報を提供することができない理由

□不通知　□失効　□失念　□管理支障　□取引円滑障害

□その他（　　　　　）

□登記識別情報の通知を希望しません。

令和３年○月○日申請　　東京法務局

課税価格　　金１０，０００，０００円

登録免許税　　金２０，０００円

（課税価格・登録免許税 ── ⑦）

不動産の表示

所　　在　　千代田区○○町○丁目　○○番地○

家屋番号　　○○番○

種　　類　　居宅

構　　造　　木造スレートぶき２階建

床面積　　１階　５０．００㎡

　　　　　　２階　４０．００㎡

12 住所の移転・更正についての登記申請書の作成方法

正しい情報に変更・更正する

◯住所移転の登記申請書

住所変更の登記について、申請書を作成する際の注意点は以下のとおりです。

① 登記の目的を記載します。何番の所有権の登記名義人（所有者）の住所を変更するのかを示して、「○番所有権登記名義人住所変更」と記載します。住所と氏名を変更する場合には、「○番所有権登記名義人住所氏名変更」とします。

② 登記原因である「住所移転」及び住所を移転した日を記載します。住所を移転した日は、住民票（の写し）や戸籍の附票（の写し）に記載されている日を記載します。数回住所移転している場合は、最後に移転した日を記載します。住所氏名の変更の場合は、原因に「氏名変更」と変更日を追加します。

③ 変更後の事項として、現在の住所（氏名）を記載します。住民票等の記載どおりに正確に記載します。

④ 登記名義人（所有者）の現住所と氏名、連絡先を記載して押印します。

⑤ 登記原因証明情報として、登記簿上の住所から現在の住所への移転がわかる住民票または戸籍の附票を添付します。

なお、数回住所移転している場合で、１通の住民票でその数回の住所の移転を証明できないときは、数通の住民票を添付します。その際、戸籍の附票に登記簿上の住所から現在の住所までの移転の経緯が全部記載されている場合には、戸籍の附票１通で済む場合もあります。また、住民票や戸籍の附票で住所変遷を証明できない場合には登記済権利証等の書類が別途必要になる事もあります。住所氏名の変更の場合は、住所や氏名の変更がわかる「本籍地の記載がある」住民票または戸籍の附票と戸籍謄本を添付します。

⑥ 住所変更登記（住所氏名の変更時も同様です）の登録免許税は、不動産１個につき1000円です。

◯住所を更正する場合

住所がもともと違っている場合には、登記の目的は、⑦「○番所有権登記名義人住所更正」と記載し、更正登記の場合、⑧「原因」は「錯誤」となります。原因の日付は不要です。⑨「更正後の事項」として、正確な住所を記載します。⑩登記原因証明情報として、正しい住所が記載された住民票または戸籍の附票を添付します。⑪登録免許税は、変更登記と同様となります。

書式　住所移転の場合の登記申請書

登　記　申　請　書

登記の目的　　1番所有権登記名義人住所変更 ―― ①

原　　因　　令和3年8月1日住所移転 ―― ②

変更後の事項　　住所　東京都目黒区××三丁目1番2号 ―― ③

申　請　人　　東京都目黒区××三丁目1番2号

　　　　鈴木　太郎　㊞　―― ④

　　連絡先の電話番号　00－0000－0000

添付書類

　登記原因証明情報 ―― ⑤

令和3年8月10日申請　東京法務局渋谷出張所

登録免許税　金2，000円 ―― ⑥

不動産の表示

所　　在　目黒区××二丁目

地　　番　3番4

地　　目　宅地

地　　積　148．78㎡

所　　在　目黒区××二丁目3番地4

家屋番号　3番4

種　　類　居宅

構　　造　木造瓦葺二階建

床 面 積　1階　58．28㎡

　　　　　2階　36．11㎡

書式　登記名義人住所・氏名変更登記申請書

登　記　申　請　書

登記の目的　1番所有権登記名義人住所氏名変更──①

原　　　因　令和3年8月1日氏名変更
　　　　　　令和3年8月10日住所移転──②

変更後の事項　住所　東京都品川区××二丁目3番3号
　　　　　　　氏名　山崎　真由美──③

申　請　人　東京都品川区××二丁目3番3号
　　　　　　　　　山崎　真由美　㊞
　　　　　　連絡先の電話番号00－0000－0000──④

添付書面　登記原因証明情報──⑤

令和3年8月29日申請　東京法務局品川出張所

登録免許税　金1，000円──⑥

不動産の表示
　所　　在　品川区××二丁目
　地　　番　3番3
　地　　目　宅地
　地　　積　98．24㎡

書式　住所が誤っていた場合の登記申請書

登　記　申　請　書

登記の目的　　１番所有権登記名義人住所更正 ── ⑦
原　　　因　　錯誤 ── ⑧
更正後の事項　住所　東京都目黒区××三丁目１番２号 ── ⑨
申　請　人　　東京都目黒区××三丁目１番２号 ─┐
　　　　　　　　　　鈴木　太郎　㊞　　　　　　　├ ④
　　　　　連絡先の電話番号００－００００－００００ ─┘

添付書類
　登記原因証明情報 ── ⑩

令和３年８月10日申請　東京法務局渋谷出張所

登録免許税　金２，０００円 ── ⑪

不動産の表示
　所　　在　目黒区××二丁目
　地　　番　３番４
　地　　目　宅地
　地　　積　１４８．７８㎡

　所　　在　目黒区××二丁目３番地４
　家屋番号　３番４
　種　　類　居宅
　構　　造　木造瓦葺二階建
　床 面 積　1階　５８．２８㎡
　　　　　　2階　３６．１１㎡

13 財産分与による所有権移転登記申請書の作成方法

不動産を譲与した場合、所有権や持ち分の移転登記が必要になる

◎財産分与が行われる場合

離婚の際は、これまでに夫婦で築いてきた財産を、清算する必要があります。これが財産分与です。専業主婦などの場合は離婚後生活に困窮することもあり得るため、一方の配偶者は離婚のときから2年以内であれば、相手方に対して財産分与の請求ができます。この請求権のことを財産分与請求権といいます。

財産分与の対象となる財産については、基本的には、結婚してから形成された財産は財産分与の対象になります。不動産、動産、有価証券、預貯金など、あらゆる財産が分与の対象になります。

◎調停離婚の手続き

当事者同士で話し合いをして話がまとまれば離婚が成立します。これが協議離婚です。一方、離婚の条件などでもめて2人の間で話し合いがつかない場合、いきなり離婚訴訟ではなく、家庭裁判所の離婚調停で調整します。調停の結果、離婚の合意が成立し、離婚に伴う慰謝料や財産分与、親権者などについても話がまとまり、調停委員または裁判官も離婚は妥当であると認められれば、調停は成立します。調停が成立すると、調停委員、裁判官、裁判所書記官の立ち合いの下で、合意内容を記した「調停調書」が作成されます。調停で決められて調書に記載された事項には、確定した判決と同様の強い効力があります。調書で決定されたことに従わなければ強制執行されることもあります。こうして調停調書が作成されると離婚調停成立となり、調停は終了します。

◎登記申請書の書き方

財産分与の対象に自宅等の不動産が含まれている場合は、財産分与を受ける者に名義を変更する必要があります。具体的には所有権の移転登記を行います。申請書の記載の仕方は以下のようになります。

①　登記の目的

「所有権移転」と記載します。夫婦共有で不動産を所有していたときに「一方は引き続き当該自宅に住み続け、一方が退去する」ということがあります。このような事例では退去する方の共有持分が財産分与の対象となります。所共有持分を財産分与する場合には、「○○持分全部移転」と記載します。

②　原因

登記原因は「財産分与」となり、登記原因の日付は、財産分与の協議が成立した日付を記載します。ただし、財産分与が離婚よりも前に成立した場合

は、離婚届を提出した日が原因日付となります。調停離婚の場合は、調停成立日となります。

③　権利者

財産分与を受ける者の氏名と住所を記載します。財産分与により共有持分を取得する場合は、取得する持分割合も記載します。協議離婚の登記申請は権利者（分与を受ける人）と義務者（分与する人）の共同申請となりますが、調停調書等に基づいて登記する場合には権利者が単独で申請をすることが可能です。この場合、義務者が申請人とならないことを明らかにするために、権利者の記載の下にカッコ書きで「(申請人)」と記載します（246ページ書式⑦参照）。

④　義務者

財産分与をする者の氏名と住所を記載します。離婚に伴い復氏したり、住所を移転した場合は、登記簿上の氏名、住所と、印鑑証明書に記載された氏名、住所が異なるため、所有権移転登記に先立ち、登記名義人の氏名変更あるいは住所変更登記を申請する必要があります。

また、調停調書等に基づいて権利者が単独で申請する場合は、義務者の住所・氏名を記載しますが押印は不要です（246ページ書式⑧参照）。

⑤　課税価格

固定資産評価証明書に記載されている評価額の1000円未満を切り捨てた金額を記入します。

⑥　登録免許税

課税価格に1000分の20を掛け合わせ、100円未満を切り捨てた金額になります。

◎添付書類について

まず、登記原因証明情報として報告形式の登記原因証明情報または離婚協議書や財産分与協議書、調停調書等を添付します。離婚前に財産分与が成立した場合は、その効力が発生するのは離婚成立後となるため、離婚の記載のある戸籍謄本を一緒に提出する必要があります。

次に財産分与をする者が添付する書面です。所有権を取得したときの登記済証または登記識別情報、作成から３か月以内の印鑑証明書があります。登録免許税を算定する際に必要となることから、最新年度の固定資産評価証明書の提出も必要です。他方、財産分与を受ける者は住民票の写しを住所証明情報として添付します。

なお、調停や訴訟など裁判上の離婚の場合は協議離婚の場合とは添付書類が異なります。調停調書や判決書の正本を登記原因証明情報とし、これに住民票の写しを添付して、財産分与を受ける者が単独で登記申請をすることができます。裁判所の関与があるため、義務者の押印や登記済証または登記識別情報、印鑑証明書は不要となります（246ページ書式⑨参照）。

最後に代理人が申請する場合は、財産分与をする者と受ける者双方の委任状を添付する必要があります。

書式　財産分与による所有権移転登記申請書（協議離婚）

登　記　申　請　書

登記の目的　所有権移転──①

原　　　因　令和３年７月27日　財産分与──②

権　利　者　東京都目黒区××一丁目２番３号
　　　　　　　　花田　裕子　㊞
　　　　　　連絡先の電話番号　００－００００－００００
　　　　　　（③：権利者の住所・氏名・連絡先）

義　務　者　東京都目黒区××一丁目２番３号
　　　　　　　　山田　健太　実印
　　　　　　連絡先の電話番号　００－００００－００００
　　　　　　（④：義務者の住所・氏名・連絡先）

添 付 書 面　登記原因証明情報　　登記済証又は登記識別情報
　　　　　　印鑑証明書　　住所証明情報

令和３年８月29日申請　東京法務局渋谷出張所

課 税 価 格　金２０００万円──⑤

登録免許税　金４０万円──⑥

不動産の表示

所　　在　目黒区××一丁目
地　　番　２番３
地　　目　宅地
地　　積　１２８．７８㎡

所　　在　目黒区××一丁目２番地３
家屋番号　２番３
種　　類　居宅
構　　造　木造瓦葺二階建
床 面 積　1階　５４．２８㎡
　　　　　2階　３２．１１㎡

書式　登記原因証明情報（協議離婚による所有権移転）

登記原因証明情報

1　登記申請情報の要項

⑴　登記の目的　所有権移転

⑵　登記の原因　令和３年７月27日　財産分与

⑶　当事者　　権利者（甲）　花田　裕子
　　　　　　　義務者（乙）　山田　健太

⑷　不動産の表示
　後記のとおり

2　登記の原因となる事実又は法律行為

⑴　甲と乙は、令和３年７月27日、協議により離婚した。

⑵　令和３年７月27日、甲乙間において、乙は甲に対し本件不動産を分与する旨の協議が成立した。

⑶　よって、同日、本件不動産の所有権は、乙から甲に移転した。

令和３年８月29日　東京法務局渋谷出張所

上記の登記原因のとおり相違ありません。

権利者　住所　東京都目黒区××一丁目２番３号
　　　　　　　　　　　　　　花田　裕子　㊞

義務者　住所　東京都目黒区××一丁目２番３号
　　　　　　　　　　　　　　山田　健太　㊞

不動産の表示

所　　在　目黒区××一丁目
地　　番　２番３
地　　目　宅地
地　　積　１２８．７８㎡

所　　在　目黒区××一丁目２番地３
家屋番号　２番３
種　　類　居宅
構　　造　木造瓦葺二階建
床 面 積　１階　５４．２８㎡
　　　　　２階　３２．１１㎡

書式　財産分与による所有権移転登記申請書（調停離婚）

登　記　申　請　書

登記の目的　所有権移転 ─①

原　　　因　令和３年７月27日　財産分与 ─②

権　利　者　東京都目黒区××一丁目２番３号 ─┐

⑦─(申請人)　　　花田　裕子　㊞ 　　　　　　　　├③

連絡先の電話番号　００－００００－００００ ─┘

義　務　者　東京都目黒区××一丁目２番３号 ─┐

山田　健太 ─┴④⑧

添 付 書 面　登記原因証明情報　　住所証明情報 ─⑨

令和３年８月29日申請　東京法務局渋谷出張所

課 税 価 格　金２０００万円 ─⑤

登録免許税　金４０万円 ─⑥

不動産の表示

所　　　在　目黒区××一丁目

地　　　番　２番３

地　　　目　宅地

地　　　積　１２８．７８㎡

所　　　在　目黒区××一丁目２番地３

家屋番号　２番３

種　　　類　居宅

構　　　造　木造瓦葺二階建

床 面 積　1階　５４．２８㎡

2階　３２．１１㎡

14 その他の場合の登記申請書の作成方法

登記事項や添付書類を確認して申請書を作成する

その他のケース

本書では以下のケースで登記申請する場合の書式を掲載します。

・持分の訂正（248ページ）

登記簿の持分割合が実態と異なる場合には、所有権更正登記申請書を作成します。登記の目的は、更正すべき登記の順位番号に従って「○番所有権更正」と記入します。登記原因は「錯誤」と記入します。原因日付は不要です。更正後の事項として、正確な持分を記入します。

・定期借地権の設定（249ページ）

登記の目的は「賃貸借設定」とし、登記原因については契約成立日を記載します。支払時期については定めがなければ記載しなくてもかまいませんが、賃料は必ず記載します。存続期間については、一般定期借地権の最短年数である50年以上になるようにします。課税価格については、固定資産課税台帳に登録された不動産の評価額を記載します。

・地目の変更（250ページ）

登記の目的は、「地目変更」です。変更後の地目と地積を記載します。農地を農地以外の地目に変更する場合は、添付書類として、「許可書」と記載します。

・建物の滅失（251ページ）

登記の目的は「建物滅失」と記載します。「登記原因及びその日付」欄には、書式のように「令和○年○月○日取壊し」と記載し、建物滅失証明書に記載された建物の取壊しの日を記載します。

・土地の分筆（252ページ）

土地の分筆登記の場合、登記の目的は「土地分筆」と記載します。土地の表示欄については、分筆後の地番・地積について記載します。

「登記原因及びその日付欄」については、分筆の過程がわかるように記載します。日付は記載しなくてかまいません。分筆後の地番については、法務局から新しい予定地番を示されている場合に記載することになります。まだ示されていない場合には空白でかまいません。

・土地の合筆（253ページ）

土地の合筆登記の場合、登記の目的については「合筆」と記載します。「土地の表示」については、合筆により消滅する土地の「登記原因及びその日付欄」に「○番に合筆」と記載します（日付の記載は不要です）。また、合筆後の土地の地番・地目・地積を記載します。

書式　持分を訂正する場合の登記申請書

登　記　申　請　書

登記の目的　　３番所有権更正

原　　　因　　錯誤

更正後の事項　鈴木太郎持分　３分の２

　　　　　　　佐藤花子持分　３分の１

権　利　者　　東京都目黒区××三丁目１番２号

　　　　　　　　　鈴木　太郎　㊞

　　　　　　　連絡先の電話番号　００－００００－００００

義　務　者　　東京都杉並区××一丁目２番３号

　　　　　　　　　佐藤　花子　［実印］

　　　　　　　連絡先の電話番号　００－００００－００００

添付書類

　　登記識別情報又は登記済証　登記原因証明情報

　　印鑑証明書

登記識別情報（登記済証）を提供することができない理由

　　□不通知　□失効　□失念　□その他（　　　　　　　　　　）

令和３年９月１日申請　東京法務局渋谷出張所

登録免許税　金１，０００円

不動産の表示

　　（省略）

書式　一般定期借地権を設定する場合の登記申請書

登　記　申　請　書

登記の目的　　賃借権設定
原　　　因　　令和３年９月５日設定
目　　　的　　建物所有
賃　　　料　　１月10万円
支 払 時 期　　毎月25日
存 続 期 間　　50年
特　　　約　　譲渡・転貸ができる
賃 借 権 者　　東京都立川市××一丁目２番３号
　　　　　　　佐藤　一郎　㊞
　　　　　　　連絡先の電話番号　００－００００－００００
設　定　者　　東京都日野市××一丁目２番３号
　　　　　　　山田　花子　実印
　　　　　　　連絡先の電話番号　００－００００－００００
添付情報
　登記識別情報又は登記済証　登記原因証明情報
　代理権限証明情報　印鑑証明書
登記識別情報（登記済証）を提供することができない理由
　□不通知　□失効　□失念　□管理支障　□取引円滑障害
　□その他（　　　）　□登記識別情報の通知を希望しません。

令和３年９月16日申請　東京法務局立川出張所
課税価格金　　金２０００万円
登録免許税　　金２０万円

不動産の表示
　所　　在　東京都日野市××二丁目
　地　　番　３番４
　地　　目　宅地
　地　　積　１４８．７８㎡

書式　地目変更の場合の登記申請書

登　記　申　請　書

登記の目的　　地目変更

添付書類　　許可書

令和３年９月１日申請　　　東京法務局府中支局

申　請　人　　東京都多摩市○○二丁目３番４号

小林　進　㊞

連絡先の電話番号００－００００－００００

不動産番号					
土地の表示	所　在	多摩市○○三丁目			
	①地　番	②地　目	③地　積㎡		登記原因及びその日付
	１００番１	畑	１００		
		宅　地	１００	３０	②③令和３年８月10日 地目変更

書式　建物が滅失した場合の登記申請書

登　記　申　請　書

登記の目的　　建物滅失

添 付 書 類　　建物滅失証明書

（会社法人等番号　１２３４－１２－１２３４５６）

令和３年９月１日申請　東京法務局　新宿出張所

申　請　人　　東京都杉並区○○一丁目２番３号

佐藤　一郎　㊞

連絡先の電話番号００－００００－００００

<table>
<tr><td colspan="2">不動産番号</td><td colspan="4"></td></tr>
<tr><td rowspan="8">建物の表示</td><td rowspan="2">所　在</td><td colspan="4">新宿区○○一丁目２３番地４</td></tr>
<tr><td colspan="3"></td><td></td></tr>
<tr><td>家屋番号</td><td>２３番４</td><td colspan="3"></td></tr>
<tr><td>主である建物
又は附属建物</td><td>①種類</td><td>②構造</td><td>③床面積
㎡</td><td>登記原因及
びその日付</td></tr>
<tr><td></td><td>居宅</td><td>木造瓦葺
２階建て</td><td>４５　２３
３０　１２</td><td>令和３年
８月10日取壊し</td></tr>
<tr><td></td><td></td><td></td><td></td><td></td></tr>
<tr><td></td><td></td><td></td><td></td><td></td></tr>
<tr><td></td><td></td><td></td><td></td><td></td></tr>
<tr><td></td><td colspan="5"></td></tr>
</table>

書式　土地分筆の場合の登記申請書

登　記　申　請　書

登記の目的　　土地分筆

添付情報

　　地積測量図　承諾書　立会証明書

令和３年９月１日申請　東京法務局町田出張所

申請人　東京都町田市××一丁目５番６号

佐藤　一郎　㊞

連絡先の電話番号００－００００－００００

登録免許税　　金３，０００円

<table>
<tr><td colspan="2">不動産番号</td><td colspan="4"></td></tr>
<tr><td rowspan="9">土
地
の
表
示</td><td rowspan="2">所　在</td><td colspan="4">町田市××２丁目</td></tr>
<tr><td colspan="4"></td></tr>
<tr><td>①地番</td><td>②地目</td><td colspan="2">③地積㎡</td><td>登記原因及びその日付</td></tr>
<tr><td>７番</td><td>宅地</td><td>１２０</td><td>００</td><td></td></tr>
<tr><td>Ⓐ７番１</td><td></td><td>５０</td><td>００</td><td>①③７番１・７番２・
７番３に分筆</td></tr>
<tr><td>Ⓑ７番２</td><td></td><td>４０</td><td>００</td><td>７番から分筆</td></tr>
<tr><td>Ⓒ７番３</td><td></td><td>３０</td><td>００</td><td>７番から分筆</td></tr>
<tr><td></td><td></td><td></td><td></td><td></td></tr>
<tr><td></td><td></td><td></td><td></td><td></td></tr>
<tr><td></td><td colspan="5"></td></tr>
</table>

書式　土地合筆の場合の登記申請書

登　記　申　請　書

登記の目的　　合筆

添付情報

　　登記済証又は登記識別情報　印鑑証明書

令和３年９月１日申請　東京法務局町田出張所

申請人　東京都町田市××一丁目５番６号

佐藤　一郎 実印

連絡先の電話番号００－００００－００００

登録免許税　１，０００円

<table>
<tr><td colspan="2">不動産番号</td><td colspan="5"></td></tr>
<tr><td rowspan="10">土地の表示</td><td rowspan="2">所 在</td><td colspan="5">町田市××３丁目</td></tr>
<tr><td colspan="5"></td></tr>
<tr><td>①地 番</td><td>②地 目</td><td colspan="2">③地 積㎡</td><td>登記原因及びその日付</td></tr>
<tr><td>３番</td><td>宅 地</td><td>１００</td><td>５０</td><td></td></tr>
<tr><td>４番</td><td>宅 地</td><td>１５０</td><td>３０</td><td>３番に合筆</td></tr>
<tr><td>３番</td><td>宅 地</td><td>２５０</td><td>８０</td><td>４番を合筆</td></tr>
<tr><td></td><td></td><td></td><td></td><td></td></tr>
<tr><td></td><td></td><td></td><td></td><td></td></tr>
<tr><td></td><td></td><td></td><td></td><td></td></tr>
<tr><td colspan="5"></td></tr>
</table>

索　引

【監修者紹介】

中村　啓一（なかむら　けいいち）

司法書士（大阪司法書士会所属、簡裁訴訟代理関係業務認定）。1976年生まれ。鳥取県出身。2013年5月司法書士登録。大阪市内、和歌山市内の司法書士法人で不動産登記、商業登記、相続手続、生前対策などの業務に従事した後、2018年に司法書士事務所を開設。単に書類作成するだけでなく、様々な視点から最善となる方法を模索、アドバイスを行い依頼者をサポートしている。
監修書に、『最新　売掛金回収・債権管理の基本と対策』『株式会社の変更登記と手続き実務マニュアル』『最新 親の入院・介護・財産管理・遺言の法律入門』（小社刊）がある。

シンセリティー司法書士事務所
大阪市中央区北久宝寺町１－７－９ 堺筋本町プラザビル 702
https://souzoku-shintaku.net

図解
最新　不動産登記の基本と実務がわかる事典

2021年７月30日　第１刷発行

監修者　中村啓一《なかむらけいいち》
発行者　前田俊秀
発行所　株式会社三修社
〒150-0001　東京都渋谷区神宮前2-2-22
TEL　03-3405-4511　FAX　03-3405-4522
振替　00190-9-72758
https://www.sanshusha.co.jp
編集担当　北村英治
印刷所　萩原印刷株式会社
製本所　牧製本印刷株式会社

ISBN978-4-384-04872-8 C2032